고쿠분
고이치로의

들뢰즈
제대로
읽기

DELEUZE NO TETSUGAKU GENRI
by Koichiro Kokubun

ⓒ 2013 by Koichiro Kokubun
First published 2013 by Iwanami Shoten, Publishers, Tokyo.
This Korean language edition published 2015 by East-Asia Publishig Co., Seoul
by arrangement with the proprietor c/o Iwanami Shoten, Publishers, Tokyo.

고쿠분 고이치로의 들뢰즈 제대로 읽기

초판 1쇄 펴낸날 2015년 6월 30일 | **초판 3쇄 펴낸날** 2021년 2월 15일

지은이 고쿠분 고이치로 | **옮긴이** 박철은 | **펴낸이** 한성봉
편집 안상준 ·강태영 | **디자인** 김숙희 ·유지연 | **마케팅** 박신용 ·강은혜 | **경영지원** 국지연
펴낸곳 도서출판 동아시아 | **등록** 1998년 3월 5일 제1998-000243호
주소 서울시 중구 퇴계로30길 15-8 [필동1가 26]
페이스북 www.facebook.com/dongasiabooks | **전자우편** dongasiabook@naver.com
블로그 blog.naver.com/dongasiabook | **트위터** www.twitter.com/dongasiabooks
전화 02) 757-9724, 5 | **팩스** 02) 757-9726

ISBN 978-89-6262-105-1 93160

이 도서의 국립중앙도서관 출판예정도서목록(CIP)은 서지정보유통지원시스템 홈페이지(http://seoji.
nl.go.kr)와 국가자료공동목록시스템(http://www.nl.go.kr/kolisnet)에서 이용하실 수 있습니다.
(CIP제어번호 : CIP2015016741)

고쿠분
고이치로의

들뢰즈
제대로
읽기

고쿠분 고이치로 國分功一郎 지음
박철은 옮김

동아시아

일러두기

• 들뢰즈 및 들뢰즈=가타리의 저작에 관해서는 이하의 약호를 사용해 본문 중의 인용부를 표시했다.

Gilles Deleuze

ES: *Empirisme et subjectivité: essai sur la nature selon Hume*, PUF, 1953. (『経験論と主体性─ヒューム における人間的自然についての試論』本田元・財津理訳, 河出書房新社, 二〇〇〇年)

SMM: «De Sacher-Masoch au masochisme», *Arguments*, 5ᵉ année, n⁰ 21, 1ᵉʳ trimestre 1961. (「ザッヘ ル・まゾッホからマゾヒズムへ」 國分功一郎訳,『みすず』 二〇〇五年, 四月号)

NPh: *Nietzsche et la philosophie*, PUF, 1962. (『ニーチェと哲学』 江川隆男訳, 河出書房新社(河出文庫), 二〇〇八年)

PCK: *Philosophie critique de Kant*, PUF, 1963. (『カントの批判哲学』 國分功一郎訳, 筑摩書房(ちくま 学芸文庫), 二〇〇八年)

PS: *Proust et les signes*, PUF, 1964. (『プルーストとシーニュ─文学機械としての『失われた時を求めて』』 (増補版), 宇波彰訳, 法政大学出版局, 一九七七年)

B: *Le bergsonisme*, PUF, 1966. (『ベルクソンの哲学』 宇波彰訳, 法政大学出版局, 一九七四年)

PSM: *Présentation de Sacher-Masoch: le froid et le cruel*, Minuit, 1967. (『マゾッホとサド』 蓮實重彦訳, 晶文社, 一九九八年)

DR: *Différence et répétition*, PUF, 1968. (『差異と反復』(全二冊), 財津理訳, 河出書房新社(河出文庫), 二〇〇七年)

SPE: *Spinoza et le probléme de l'expression*, Minuit, 1968. (『スピノザと表現の問題』 工藤喜作・小柴康 子・小谷晴男訳, 法政大学出版局, 一九九一年)

LS: *Logique du sens*, Minuit, 1969. (『意味の論理学』(全二冊), 小泉義之訳, 河出書房新社(河出文庫), 二〇〇七年)

D: *Dialogues* [Gilles Deleuze et Claire Parnet], Flammarion, 1977; nouvelle édition, 1996. (『ディアロー グ─ドゥルーズの思想』 江川隆男・増田靖彦訳, 河出書房新社(河出文庫), 二〇一一年)

SPP: *Spinoza: Philosophie pratique*, Minuit, 1981. (『スピノザ─実践の哲学』 鈴木雅大訳, 平凡社(平凡 社ライブラリー), 二〇〇二年)

IM: *Cinéma 1: l'image-mouvement*, Minuit, 1983. (『シネマ1 運動イメージ』 財津理・斎藤範訳, 法政 大学出版局, 二〇〇八年)

IT: *Cinéma 2: l'image-temps*, Minuit, 1985. (『シネマ2 時間イメージ』 宇野邦一・石原陽一郎・江澤 健一郎・大原理志・岡村民夫訳, 法政大学出版局, 二〇〇六年)

F: *Foucault*, Minuit, 1986. (『フーコー』 宇野邦一訳, 河出書房新社(河出文庫), 二〇〇七年)

PL: *Le Pli: Leibniz et le baroque*, Minuit, 1988. (『襞—ライプニッツとバロック』 宇野邦一訳, 河出書房新社, 一九九八年)

PP: *Pourparlers 1972-1990*, Minuit, 1990. (『記号と事件——一九七二——一九九〇年の対話』 宮林寛訳, 河出書房新社(河出文庫), 二〇〇七年)

E: «L'épuisé», in Samuel Beckett, *Quad et autres pièces pour la télévision*, traduit de l'anglais par Edith Fournier, Minuit, 1992. (『消尽したもの』 宇野邦一訳, ジル・ドゥルーズ&サミュエル・ベケット『消尽したもの』 宇野邦一・高橋康也訳, 白水社, 一九九四年)

CC: *Critique et Clinique*, Minuit, 1993. (『批判と臨床』 守中高明・谷昌親訳, 河出書房新社(河出文庫) 二〇一〇年)

ID: *L'île déserte et autres textes: textes et entretiens 1953-1974*, édition préparée par David Lapoujade, Minuit, 2002. (『無人島』(全二冊), 宇野邦一ほか訳, 河出書房新社, 二〇〇三年)

DRF: *Deux régimes de fous: textes et entretiens 1975-1995*, édition préparée par David Lapoujade, Minuit, 2003. (『狂人の二つの体制』(全二冊), 宇野邦一ほか訳, 河出書房新社, 二〇〇四年)

Félix Guattari

MS: «Machine et structure», in *Psychanalyse et transversalité: essais d'analyse institutionnelle*, F. Maspero, 1972; rééd.: La découverte, 2003. (「機械と構造」, 『精神分析と横断性—制度分析の試み』 杉村昌昭・毬藻充訳, 法政大学出版局, 一九九四年)

EAO: *Ecrits pour l'anti-Œdipe*, textes agencés par Stéphane Nadaud, Léo Scheer, 2004. (『アンチ・オイディプス草稿』 ステファン・ナドー編, 國分功一郎・千葉雅也訳, みすず書房, 二〇一〇年)

Gilles Deleuze et Félix Guattari

AO: *L'anti-Œdipe*, Minuit, 1972. (『アンチ・オイディプス—資本主義と分裂症』(全二冊), 宇野邦一訳, 河出書房新社(河出文庫), 二〇〇六年)

MP: *Mille plateaux*, Minuit, 1980. (『千のプラトー—資本主義と分裂症』(全三冊), 宇野邦一・小沢秋広・田中敏彦・豊崎光一・宮林寛・守中高明訳, 河出書房新社(河出文庫), 二〇一〇年)

QPh: *Qu'est-ce que la philosophie?*, Minuit, 1991. (『哲学とは何か』 財津理訳, 河出書房新社(河出文庫), 二〇一二年)

시작하며

질 들뢰즈Gilles Deleuze(1925~1995)는 20세기를 대표하는 철학자 중 한 사람이다. 1925년 프랑스 파리의 17구에서 태어났다. 어린 시절은 심심풀이로 우표 수집을 하는 평범한 아이였다고 본인은 훗날 회상하고 있다. 15세 때에 제2차 세계대전이 발발했고, 피난처인 노르망디에서 젊은 문학교사로부터 프랑스 문학의 지도를 받아 지적 호기심을 가지기 시작했다. 철학과 만난 것은 그 뒤 고등학교(리세lycée) 마지막 학년 때였다. 첫 철학 수업에서 '이것이야말로 내가 해야 할 일이다'라고 계시를 받아 그대로 철학연구자의 길을 걸었다. 소르본에서 쓴 영국의 경험론 철학자 데이비드 흄David Hume에 관한 학위논문이 최초의 저작이 된다. 그 뒤 수년의 '침묵' 기간을 거쳐 1960년대에는 그때까지의 연구를 뒤집는 저작을 잇달아 발표했다. 1972년에 정신분석가이자 정치활동가인 펠릭스 가타리Félix Guattari(1930~1992)와 공동으로 집필 및 출판한 『안티 오이디푸스』에 의해 그 명성은 확고해졌다. 나중에 앵글로색슨 문화권 내에서 '포스트모더니즘'이나 '포스트구조주의' 등으로 일컬어지는 조류의 일익을 담당하는 철학자로서 그 이름은 세계적으로 알려지게 되었다.

그러나 들뢰즈는 이동하는 것을 좋아하지 않았다. 그 세계적 명성에도 불구하고 강연 등에 시간을 할애하는 일은 적었고, 파리 17구의 아파트에 틀어박혀 대학에서의 강의와 집필에 전념했다. 그러한 의미에서 그 인생은 놀라울 정도로 변화가 적다. 젊은 시절부터 폐 질환으로 고생하고 있었지만 만년에는 심한 천식 발작 때문에 산소흡입기를 사용해야만 하는 상태에 빠졌다고 한다. 그 때문인지 1995년 11월 4일, 자택의 창에서 몸을 던져 세상을 떠났다. 들뢰즈에게는 1982년 발표한 「야세르 아라파트의 위대함 Grandeur de Yasser Arafat」이라는 글이 있는데, 그날은 바로 오슬로 합의에 조인하고 아라파트와 악수한 당시의 이스라엘 수상인 이츠하크 라빈이 암살된 날이었다.

들뢰즈의 저작은 전 세계적으로 독자를 확보하고 있고, 연구도 왕성히 행해지고 있다. 전문지가 있고 전문 국제회의가 있으며, 매년 산더미 같은 연구논문이 쓰이고 있다. 그렇지만 그것은 들뢰즈의 저작이 읽히고 있음을 조금도 의미하지 않는다. 오히려 사태는 정반대이다. 20세기의 철학이 남긴 위대한 유산 중 하나는, 읽는 것은 복잡하다는 당연한 사실이었다. 그러나 이 유산이 가르치는 바는 왕성히 거론되고 있는 저작에 있어서는 오히려 잊혀버렸다. 그러므로 이 책이 목표로 하는 것은 질 들뢰즈라는 철학자의 저작을 읽는 것이다. 그것에 의해 우리는 들뢰즈를 읽기 위한 최소한의 조건을 갖추려 시도할 것이다. 이 책의 거창한 제목은 그러한 의도를 나타내고 있다(원제는 '들뢰즈의 철학원리'이다—옮긴이). '원리'란 사태가 의거하는 근원적인 법칙을 의미한다. 따라서 '들뢰즈의 철학원리'는 들뢰즈의 철학적인 사고의 근원에 있는 법칙을 의미하고 있다. 그것을 이해한다면 거기서부터 발생하는 여러 개념들이나 테제들도 이해할 수 있을 것이다. 그러나 그것이 이해되지 않으면 그 여러 개념들이나 테제들은 뿔뿔이 흩어진 채, 그것을 다루는 자들이 제멋대로 투사하는 원망顯望을 수용하는 것이 되어버림에 틀림없다.

그러면 들뢰즈의 철학원리의 해명은 어디서부터 개시되어야 할 것인가? 우리는 이 철학자에 관해 현재 가장 활발하게 논해지고 있다고 생각되는 테마를 출발점으로 해야 한다. 논쟁적으로 논의되고 있는 테마에 있어서야말로, 읽는 것이 문제가 되기 때문이다.

　　들뢰즈의 사상에 대한 평가는 정치를 둘러싸고 양분되어 있는 듯하다. 한편으로는 들뢰즈에게서 새로운 정치를 발견하려고 하는 시도가 있고, 다른 한편으로는 들뢰즈의 정치 부재를 비판하는 경향이 있다. 어째서 '정치적 들뢰즈'와 '비정치적 들뢰즈'라는 두 이미지가 나타나는 것일까? 어느 쪽이 정확한 들뢰즈상像인 것일까?

　　들뢰즈의 사상은 최근 특히 앵글로색슨계의 연구자들 사이에서 폭발적인 확장을 보였지만 그러한 연구서의 대부분이 '정치적 들뢰즈'와 관계하고 있다. 정치라는 테마를 **명시적**으로 채택하고 있는 연구자를 들어보면, 들뢰즈적인 미시 정치의 중요성을 강조하는 니콜라스 소번(1970년생), 정력적으로 들뢰즈와 정치에 관해 계속 쓰고 있는 이언 뷰캐넌(1969년생), 들뢰즈의 작업을 마르크스주의의 쇄신으로 간주하는 제이슨 리드나 『들뢰즈와 마르크스』(2009년)라는 논집 등이 있고, 그 외에도 정말로 많아서 일일이 셀 수가 없다(Thoburn 2003; Buchanan 2000; Read 2003; Buchanan and Thoburn(eds.) 2008; Jain(ed.) 2009). 일찍이 1990년대 말 들뢰즈의 사상이 환골탈태된 베르그송류의 생의 철학으로서, 혹은 잠재적인 것의 존재론으로서만 읽히고 있다는 지적이 있던 적이 있지만(宇野・浅田 1997년의 아사다 아키라浅田彰의 발언), 그 뒤 2000년 이후는 명백하게 '정치적 들뢰즈'가 이 철학자 연구의 중심에 위치하고 있다.

이론異論은 있지만, 이 방향성에 있어서 가장 성공한 작업은 안토니오 네그리(1933년생)와 마이클 하트(1960년생)의 『제국』(2000년)(네그리&하트 2003)이다. 그들이 '다중multitude'이라 이름 붙인 새로운 정치 주체는 스피노자에게서 유래하는 것이라고 알려져 있지만, 이 착상은 원래 하트가 들뢰즈를 연구하던 중에 얻은 것이다. 하트는 『들뢰즈의 철학사상』(1993년)에서, 들뢰즈가 그 철학 이력의 초기에 베르그송부터 니체, 그리고 스피노자로 거슬러 가 마지막으로 이 17세기의 철학자 안에서 "실천의 영역으로 육박해갈 돌파구"를 발견한 것이라고 말한다(하트 1996, 234쪽). 그다음 하트는 들뢰즈가 논한 '다양체'나 '배치arrangement'(원문은 '어레인지먼트アレンジメント'이지만 이 책에서는 '어레인지먼트arrangement'나 '아장스망agencement'이 아닌 '배치'로 일괄 번역했다. 이에 대한 저자의 설명은 이 책 258쪽의 주 24번에 실려 있다—옮긴이)라는 개념을 민주주의 사회의 가능성vision과 결부함과 동시에 '군중=다양성multitude'이 쇄신과 경신을 거쳐 짜여가는 과정 내에서 그 나름의 정치적 유토피아를 발견했다(238-241쪽). 『제국』에서는 국제적인 정치 경제 정세가 상세하게 분석되고 있는데, 근저에는 이 도식이 완전히 유지되고 있다. 또한 네그리에게 있어서 들뢰즈의 중요성, 특히 그 스피노자론의 중요성은 논할 여지가 없다. 네그리는 옥중에서 『야생의 별종』을 집필, 1981년에 이것을 출판하는데, 그 속에서 가장 참조한 것이 들뢰즈의 『스피노자와 표현의 문제』(1968년)였다(또한 『야생의 별종』의 프랑스어역(1982년)에는 들뢰즈의 서문이 첨부되어 있다). 『제국』은 전 세계적으로 독자를 얻었는데 현재의 들뢰즈 연구를 지배하는 '정치적 들뢰즈'상을 이것이 강하게 뒷받침하고 있음은 상상하기 어렵지 않다. 많은 논자가 들뢰즈 안에서 새로운 정치를 발견하려 하고, 실제로 발견했다고 믿으며 그렇게 쓰고, 그리고 그것이 읽히고 있다.

　그렇지만 다른 한편으로 들뢰즈 내에서 정치를 발견하는 것을 완전히 잘못이라고 하며 '비정치적 들뢰즈'상을 강하게 주장하는 논자들이 있다. 그 급선봉에 선 자가 슬라보예 지젝Slavoj Žižek(1949년생)이다. 그는 "들뢰즈 자신의 텍스트 중에 **어떠한 것도** 직접적으로 정치적이었던 사례 따위는 **없다**"라고 단정하고 "들뢰즈는 '스스로에게 있어서' 대단히 엘리트적인 필자이고, 정치에는 무관심하다"라고 기술하고 있다(지젝 2004, 49쪽. 강조는 원문). 지젝의 이와 같은 평가는 들뢰즈와 정치를 안이하게 결부하는 현재의 들뢰즈 수용(지젝에 의하면 주로 "앵글로색슨적인 들뢰즈")에 대한 야유를 담은 것이다. 스스로의 정치적 지향성을 들뢰즈에 투영하는 것으로 만족하고 있는 논자들을 지젝은 안타까워하고 있다.

　그러나 지젝은 오히려 위와 같이 단언하는 것으로 '정치적 들뢰즈'의 가능성을 오히려 온존溫存하고 있다고도 말할 수 있을 것이다. 그의 논의는 반론을 불러들일 수 있기 때문이다(필시 지젝은 반론을 기대하고 있을 것이다). 이에 비해 이미 자명한 이치인 양 들뢰즈의 사상은 정치와 무관계하고 들뢰즈는 정치에 무관심하다고 생각하는 논자도 있다. 그 한 사람으로서 알랭 바디우Alain Badiou(1937년생)의 이름을 들 수 있다. 그에 의하면 들뢰즈는 '잠재적인 것'이라는 단 하나의 '장치'로 '격동의 시대'의 여러 사건들("끝을 향해 치닫고 있던 식민지 전쟁, 드골주의, 1968년 5월, 그리고 붉은 시대, 미테랑주의의 재흥, 사회주의 국가의 붕괴…")을 흡수해버렸다(바디우 1998, 148쪽). 즉, 들뢰즈의 사상은 '잠재적인 것'이라는 만능의 개념에 의해서 어떠한 정치적인 사건도 설명해버릴 수 있다는 것이다. 그리고 무엇이든 설명할 수 있다는 것은 아무것도 설명하고 있지 않다는 것이다. 바디우가 들뢰즈에게서 정치의 결여를 보고 있음은 명백하다. 르네 쉐레(1922년생)가 전하는 바에 의하면 자크 랑시에르(1940년생) 역시도 사적인 대화였지만, '들뢰즈주의의 정치는 가능한가' 하는 질문에 대해 아니라고 답했다고 한다. 랑시에르에게 있어서 이 일은 주장하거나 논의하거나 할 필요조차 없다는 것이다(쉐레 2003, 47쪽).

'비정치적 들뢰즈'상은 들뢰즈에 대해 비판적인 논자만 주장하고 있지는 않다는 것에도 주의해야만 한다. 피터 홀워드는 '창조'를 키워드로 해서 이 철학자의 사상을 부감俯瞰한 저작의 결론부에서 "적지 않은 수의 열광적인 사람들이 이 임무에 다대한 에너지와 재능을 계속 소비하고 있다고는 해도 들뢰즈의 작업은 본질적으로 이 세계의 정치에 대해 무관심하다는 것이 진리이다"(홀워드 2010, 352쪽)라고 단언하고 있다.[1] 들뢰즈의 사상을 정치적으로 활용한다는 '임무'에 '적지 않은 수의 열광적인 사람들'이 매진하고 있다고 하는 상황 판단을 덧붙이고 있다는 것에서도 홀워드가 안이하게 이러한 주장을 내세우지는 않았음을 추측할 수 있다. 들뢰즈의 사상에 매료된 그 역시도 현재의 그 수용 상황을 의문시하고 있다. 홀워드의 주상이 옳은지 그른지는 아직 알 수 없다. 하지만 그의 의문은 옳다.

들뢰즈의 사상은 '생성변화'나 '혁명적으로 되는 것' 등 세계의 변혁과 직결되는 듯한 개념으로 꾸며지고 있다. 그렇지만 (나중에 보겠지만) 다른 한편으로 들뢰즈는 수동성에 무게를 두는 철학자이기도 하고 의지나 능동성이라는 것을 철저하게 의심하고 있었다. 이 두 가지 경향들은 전혀 대립하지 않고 그의 하나의 사상을 자아내고 있다. 단적으로 말하면 어떠한 힘이 수용되는 것으로 생성변화가 일어난다는 사상이다. 이것은 다음과 같이 바꿔 말할 수 있다. 들뢰즈는 '변한다'(=생성변화)라는 것에 관해 철저하게 생각했지만 '바꾼다'(=혁명)라는 것은 생각하고 있지 않다. 거기서 발견되는 것은 그야말로 헤라클레이토스적인 유전流轉의 사상으로, 현재의 들뢰즈 독자 대부분이 선호하는 혁명적인 개입의 사상은 아니다. 따라서 '비정치적 들뢰즈'상을 주장한 지젝 등의 주장에는 강한 근거가 있다. 들뢰즈의 사상은 **일어날 것이 일어날 만해서 일어난다**는 생각과 대체 무엇이 다른가 하는 의문이 나오게 되기 때문이다. 정치를 어떻게 정의하든 이 생각이 정치와는 좀 먼 곳에 있음은 말할 것도 없다.

지젝은 이 의문을 다시 전개해가는 데 있어 중요한 논점을 제시하고 있다. 지젝에 의하면 들뢰즈의 고유한 철학적 방법은 초기의 전문저술 monograph(『차이와 반복』이나 『의미의 논리』 등)이나 몇 개의 입문적 소론(『프루스트와 기호들』이나 『자허마조흐 소개』 등)에서 찾아야만 하고, 이러한 일련의 저작은 들뢰즈가 펠릭스 가타리와 함께 저술한 저서와는 구별되어야만 한다. 그것은 현재 널리 수용되고 있는 '앵글로색슨적'인 '정치적 들뢰즈'는 **'가타리화'된** 들뢰즈에 다름 아니기 때문이다. 지젝은 들뢰즈와 가타리의 공저 『안티 오이디푸스』야말로 들뢰즈의 작품에 있어 최악의 것이라고 하고, 이 '가타리화'된 들뢰즈를 철저하게 배척하려 한다.

지젝이 다소 도발적으로 쓰고 있는 감이 있지만 이 지적은 극히 중요하다. 그리고 그 중요성을 이해하기 위해서는 들뢰즈 평가에 있어 가타리라는 인물의 위치에 관해 간단히 설명해두어야만 한다. 들뢰즈는 주저主著라 할 만한 두 권의 저서 『차이와 반복』(1968년)과 『의미의 논리』(1969년)를 발표한 뒤, 정신의료와 관계하고 있던 정치활동가인 가타리와 만나 그 뒤 약 2년 반의 협동작업을 거쳐 『안티 오이디푸스』(1972년)를 공동 서명署名으로 출판한다. 그 뒤에도 두 사람은 협동작업을 계속해, 『카프카』(1975년), 『천 개의 고원』(1980년) 등이 공동 서명으로 출판되었다.

이 들뢰즈와 가타리의 공동 서명으로 발표된 저서들은 '공저'라는 말로 일반적으로 상기되는 저서와는 다르다. 공저란 많은 경우 복수의 저자가 각자의 책임에 따라 나눠 쓴 논고 등을 모은 것이지만, 들뢰즈와 가타리의 공저에는 그러한 분담이 발견되지 않는다. 단지 한 권의 책이 있고 거기에 두 사람이 저자로서 서명하고 있을 뿐이다. 이러한 저작의 형태는 그때까지 전혀 없던 것은 아니지만 철학서로서는 참신한 기술방식이다. '둘이서 쓰다écrire à deux'라는 것의 여러 문제들에 관해서는 나중에 접하기로 하자. 여기서 지적해야 하는 것은 오히려 그러한 기술방식이었기 때문에『안티 오이디푸스』등 공동 서명인 저서에 관해 그것이 들뢰즈와 가타리 두 사람(이하 이 특이한 '저자'를 가리키는 데 있어 '들뢰즈=가타리'라는 표기를 채용하자)에 의해 쓰였음이 종종 무시되고 있다는 사실이다.『안티 오이디푸스』를 위해 가타리가 쓴 방대한 텍스트를 편집한 스테판 나도(1969년생)도 지적하고 있듯이 들뢰즈=가타리의 저서는 셀 수 없을 정도로 많은 연구자들에 의해 들뢰즈의 책으로서 인용되고 있다[2](Nadaud 2004, p.19).

이상의 확인을 통해 우리는 앞에서 지적이 했던 지적의 중요성을 보다 잘 이해할 수 있다. 지젝에 의하면 들뢰즈는 비정치적인 철학자이다. 그것과는 정반대의 성격을 갖는 정치활동가 가타리는 들뢰즈와의 공저 안에 정치적 요소를 도입했다. 그렇다면 어떻게든 '정치적 들뢰즈'상을 그려내려고 하는 논자들은 들뢰즈=가타리의 저작을 들뢰즈의 저서인 듯 다루고, 또한 그 속의 정치적 요소를 전경화前景化하는 것으로 들뢰즈의 엘리트적, 비정치적인 측면을 지우려 하고 있는 셈이 될 것이다. 들뢰즈를 읽으면서 형편이 불리할 때에는 들뢰즈=가타리의 저작을 들뢰즈의 말로서 인용하여 조리를 맞추고 있는 것이 된다. 그러므로 (지젝은 거기까지는 말하고 있지 않지만) 들뢰즈와 들뢰즈=가타리의 혼동은 **들뢰즈 속에서 정치적 사상을 읽어내고 싶은 논자들의 욕망을 직접적으로 표현하고 있는** 것이 된다.

그렇다면 다음과 같은 가능성도 생각할 필요가 생긴다. '정치적 들뢰즈' 상은 단적으로 가타리의 그림자는 아닌가? 적지 않은 수의 열광적인 사람들은 다대한 에너지와 재능을 소비하면서 가타리의 사상을 해독하고 있던 것은 아닌가? 실제로 나도Nadaud가 편집한 『안티 오이디푸스 초고』(2004 년)로 명백하게 드러났듯이, 들뢰즈=가타리의 작업에서 나타나는 다양한 개념(영토화/탈영토화/재영토화, 코드화/탈코드화, 욕망하는 기계들, 연접連接/통접/이접離接, 원국가原國家, 집단적 언표행위, 분열분석, 말벌과 난蘭의 사랑…)은 어느 것이나 가타리에게서 유래하고 있다.[3] '정치적 들뢰즈'와 '비정치적 들뢰즈'라는 두 이미지에 관해 묻는 우리는 들뢰즈와 들뢰즈=가타리의 관계에 관해 엄밀한 고찰을 요구받게 될 것이다.

만약 이와 같이 들뢰즈와 들뢰즈=가타리라는 두 저자를 구별하면 우리는 또 하나의 문제와 직면하게 된다. 말하자면 구별된 대상의 대상성이라고 말할 수 있는 문제이다. 들뢰즈=가타리는 그들의 사상이라고밖에 말할 수 없는 갖가지 개념들을 내세우고 철학이나 역사나 사회를 독자적인 방법으로 그렸다. 그러한 의미에서 들뢰즈=가타리의 사상을 연구할 때 그 연구대상은 명확하다. 이에 비해 들뢰즈의 사상은 그렇지는 않다. 들뢰즈 저작의 대부분은 특정 철학자나 작가를 대상으로 한 전문저술이기 때문이다. 여기에서는 대상이 되는 철학자의 개념이나 작가라는 테마가 상세하게 해설되고 있다.

바꿔 말하면 들뢰즈의 책에서 해설되고 있는 것은 대상으로서 채택된 철학자나 작가의 사상이지 들뢰즈의 사상은 아니다. 데카르트는 코기토Cogito의 사상을 설파하고, 칸트는 초월론적 탐구를 밀고 나갔으며, 헤겔은 변증법으로 모든 것을 감싸 안고, 베르그송은 지속으로 현실을 보는 시각을 전환시키려 했다. 그러나 들뢰즈의 저서는 그러한 스타일로 쓰여 있지 않다. 들뢰즈는 항상 어떠한 구체적인 대상에서 출발하여 그저 해석한다. 그럼에도 그것이 들뢰즈의 독자에 의해 '들뢰즈의 사상'으로서 읽히고 있는 것이다. 이것은 너무나도 당연한 일인데도 너무나도 많은 들뢰즈 연구자에 의해 망각되고 있는 사실, 혹은 (필시 의도적으로) 무시되고 있는 사실이다.

연구서에 그 필자의 예단豫斷, 즉 연구대상 그 자체로부터 얻어진 정보가 아니라 연구대상과 접하기 이전부터 그 필자가 품고 있던 사상이 쓰여 있다면 그것은 부정확한 연구서로서 배척될 것이고 배척되어야만 한다. 이 원칙은 연구서를 집필하는 어떠한 필자에 대해서도 적용된다. 예컨대, 들뢰즈가 쓴 스피노자에 관한 연구서에 들뢰즈 자신의 예단, 즉 스피노자와 접하기 이전부터 들뢰즈가 품고 있던 사상이 쓰여 있다면 그것은 단적으로 부정확한 기술로서 배척되어야만 한다. 그렇지만 사태는 그렇게 되고 있지 않다. 예를 들어, 들뢰즈에게서 큰 영향을 받은 논자의 한 사람인 마이클 하트는 스스로가 들뢰즈를 읽는 데 있어서 정한 지침을 다음과 같이 설명하고 있다. "만약 어떤 철학자의 논의 속에 들뢰즈가 비난의 화살을 향할 부분이 있었다고 한다면 그는 그 부분을 비판하는 것이 아니라 그저 스스로의 논의 속에서 제외시켜버리는 것이다"(하트 1996, 18~19쪽).

만약 하트가 말하는 바가 옳다면 들뢰즈는 스스로의 예단에 의해 대상이 되는 텍스트를 적당하게 잘라 붙이고 있는 셈이 될 것이다. 그렇다면 하트가 말하는 부정확하고 불성실한 독해 절차가 설령 들뢰즈 속에 있었다고

해도 왜 하트는 그것을 비난하지 않는 것인가? 왜 들뢰즈의 논문은 특별취급 받는 것인가? 그런 짓을 하는 철학연구자는 연구자로서 실격이다. 따라서 우리는 당연하지만 다음과 같이 질문해야만 한다. 정말로 사태는 하트가 말하고 있는 바와 같은 것인가? 정말로 들뢰즈는 자신의 사상에 유리하게 적당히 텍스트를 잘라 붙이고 있는 것인가?

　이상의 문제를 극복할 수 없는 한 질 들뢰즈를 논한다는 작업은 완전히 **무의미**한 것에 머무를 것이다. 왜냐하면 그의 사상, 그의 철학이 대체 어디에 있는지를 알지 못하는데도 그것을 논하기는 불가능하기 때문이다. 그것은 마치 있지도 않은, 묻혀 있는 보물에 관해 생각하고 있는 것과 같다고 말하지 않을 수 없다. 세간에 떠도는 많은 들뢰즈론이, 있지도 않은 '들뢰즈의 사상'이라는 대상을 둘러싸고 자신들의 예단을 기술하고 있는 데 지나지 않을 가능성이 큰 것이다. 따라서 우리는 '들뢰즈의 사상'은 대체 어디에서 발견되는가 하는 기본적인 질문에서 출발해야만 한다.

차례

자유간접화법적 구상

| 제 1 장 |

방법

우리는 '정치적 들뢰즈'에 관해 질문을 던지는 것에서 시작했다. 그것을 묻기 위해서는 들뢰즈와 들뢰즈=가타리의 관계에 관해 물어야만 한다. 그리고 들뢰즈와 들뢰즈=가타리의 관계에 관해 묻기 위해서는 들뢰즈의 사상, 들뢰즈의 철학이 어디에 있는가를 묻는 것에서부터 시작해야만 한다. 단지 어떤 대상을 해석하고 있는데 지나지 않는 저서에서 어떻게 "사상"을 읽어낼 수 있을까? 가능하다고 하면 왜 그러한가? 여기서 유의미하게 들뢰즈에 관해 논하기 위해서는 이것에서부터 출발해야만 한다.

1. 자유간접화법

우리가 든 의문은 알랭 바디우에 의해 이미 정식화되고 있다. 상세하게 살펴보자. 바디우는 들뢰즈가 언제 어디에서나 항상 같은 이야기를 하고 있다는 비난 섞인 이야기에서부터 시작하고 있다. 그에 의하면 "확실히 들뢰즈의 방법은 하나의 사례로부터 출발할 것을 요구한다"(바디우 1998, 24쪽). 들뢰즈는 일반이론 같은 것을 내세우려고는 하지 않고 항상 구체적 사례로부터 고찰을 시작한다. 그러나 바디우에 의하면 이것은 들뢰즈가 구체적 사례를 서로 환원 불가능한 것으로서 다루고 있음을 의미하지 않는다. 그 다양한 구체적인 예들(『차이와 반복』에서 다뤄지는 철학사상의 논의들, 스피노자와 같은 고전적 철학자, 영화와 같은 예술, 푸코와 같은 위대한 동시대인, 프루스트와 같은 작가…)은 어느 것이나 "어떠한 유의미한 차이도 없는" 것으로서 다뤄져버린다. 왜인가? "항상 문제가 되고 있는 것은 **개념**

의 사례들을 점검하는 것"이기 때문이다(24쪽. 강조는 지은이). 들뢰즈는 확실히 구체적 사례로부터 출발하지만, 그 어떤 사례에 있어서도 자신이 내세우는 개념들(예를 들어, '잠재성')이 그 속에서 어떻게 되고 있는가를 점검하고 있는 데 지나지 않는다고 한다. 그리고 바디우는 그러한 개념들을 어느 것이나 "**단조롭다**"라고 단정한 다음(25쪽. 강조는 원문), 다음과 같이 묻는다.

> 거기서부터 또한 들뢰즈의 독자들을 실로 종종 놀라게 한 일도 생기는 것이다. 자유간접화법의 항상적인 사용, 즉 "말하고 있는 것은 누구인가?"가 떠맡게 된 결정 불가능성이 그것이다. 예컨대, 내가 "힘들 간의 힘인 인간이 스스로를 조성하고 있는 힘을 접을 수 있는 것은, 외부가 자기 자신을 접고 어떤 '그 자신'을 인간 속에서 파고들 때뿐이다"(『푸코』 121쪽)를 읽는다고 하면 문제가 되고 있는 것은 정말로 푸코의 하나의 언표인 것인가? 혹은 이미 하나의 해석인가? (바디우 1998, 24쪽)

바디우가 "들뢰즈의 독자들을 실로 종종 놀라게 한 일"로서 지적하고 있는 것은, 들뢰즈의 저작에서는 그 논술대상으로는 어떻게 해도 귀속시킬 수 없는 듯 생각되는 논술이 발견된다는 것이다. 위에서 인용된 들뢰즈의 『푸코』의 한 문장은 미셸 푸코Michel Foucault(1926~1984)의 저작에서 인용quote한 것은 아님은 물론이고 그것을 보고report하는 것이라고도 생각할 수 없다. 그렇다면 푸코를 논한 들뢰즈의 텍스트에서 "말하고 있는 것은 누구인가?" 들뢰즈는 푸코를 해석한다는 이름하에 자신의 사상을 자기 좋을 대로 말하고 있는 것일까? 만약 그렇다면 들뢰즈의 푸코 해석은 해석자 자신의 예단을 과도하게 반영한 부정확한 것이라고 말할 수 있다. 그러나 바디우는 그러한 평가가 나올 가능성을 예상하고 다음과 같이 기술한다. "[들뢰즈의 저작에서] 사례는 결코 사고에 있어서의 대상은 아니다"(바디우 1998, 25쪽). 들뢰즈에게, 예컨대 푸코와 같은 사례를 채택함이란 그 사례 그 자체를 사고하는 것은 아니다. 사례는 들뢰즈 사고의 '대상'은 아닌 것이다….

말할 것도 없이 이 결론은 들뢰즈의 철학적 방법을 존중하는 듯 보이지만 또한 그것을 비난하는 것이기도 하다. 조금 보충해서 말하면 '들뢰즈의 방법은 유별나므로 그것은 그것으로 인정해주자'라는 것이다. 그렇다면 이렇게 말해야만 한다. 바디우가 불손한 태도로 들뢰즈를 대하고 있기 때문에 알아차리기 어려울지도 모르겠지만, 이러한 태도는 **들뢰즈에게 호의적인 논자들의 들뢰즈 해석의 태도와 완전히 동일한 것**이라고 말이다. 들뢰즈 이외에 대해서는 해석의 부정확함을 허용하지 않지만, 들뢰즈에 대해서만은 부정확함을 발견해도 묵인한다(마이클 하트는 이렇게 말하고 있었다. "만약 어떤 철학자의 논의 속에 들뢰즈가 비난의 화살을 향할 부분이 있었다고 한다면 그는 그 부분을 비판하는 것이 아니라 그저 스스로의 논의 속에서 제외시켜버리는 것이다"). 바디우는 들뢰즈에게 호의적인 논자들로부터 비판을 받고 있지만 그들은 한통속이다.

그러나 바디우는 존대尊大하기 때문에 들뢰즈에 대해 단지 호의적일 뿐인 논자들이 낼 수 없는 뛰어난 논점을 제시하고 있다. 우리들이 이 불모의 대립(들뢰즈의 독해방법을 허용할 것인가, 그렇지 않으면 그것을 추종할 것인가)을 뛰어넘기 위한 열쇠도 여기에 있다. 그것이 들뢰즈에게 있어서 '자유간접화법의 항상적인 사용'이라는 문제이다.

'자유간접화법discours indirect libre'이란 직접화법discours direct과 간접화법discours indirect 사이의 중간적인 성질을 갖는 화법으로, 간접화법의 표지가 되는 접속사(영어라면 that 등, 프랑스어라면 주로 que)와 전달동사(영어라면 say나 think 등, 프랑스어라면 주로 dire나 penser)가 생략됨과 함께 간접화법에 있어서 종속절이 인칭, 법, 시제를 그대로 유지해서 독립절이 된 것이다. 일반적으로는 문학에서 작중 인물의 말, 내심의 생각, 독백 등을 기술하는 데 사용된다(프랑스 문학에서는 구스타프 플로베르(1821~1880)가, 영문학에서는 제인 오스틴(1775~1817)이 많이 이용한 것으로 알려져 있다).

각자의 화법에 관해 살펴보자. 직접화법이란 말해진 내용을 전달자가 그대로 전하는 형식이다. 예를 들면,

— Il a dit: «Ce n'est pas vrai.»

— He said, "It's not true."

— 그는 말했다. "틀려."

전달자는 말해진 내용에 손을 대지 않는다. 그 때문에 그것을 괄호로 묶는다. 즉, 직접화법은 인용quote을 위한 형식이다.

이에 비해 간접화법에서는 말해진 내용을 전달자가 스스로의 묘사 속에 도입한다. 예를 들면,

— Il a dit que ce n'était pas vrai.

— He said (that) it was not true.

— 그는 그것은 틀렸다고 말했다.

말해진 내용이 묘사 속에 도입되어버리기 때문에 **그 내용과 묘사를 구별하기 위해** 전달동사나 접속사가 사용된다. 즉, 간접화법은 보고report를 위한 형식이다.

두 화법은 철학논문의 논술형태로서 설명하면 다음과 같이 될 것이다. 직접화법은 당연하지만 논문에 있어서 인용에 해당한다("X는 다음과 같이 기술하고 있다. 'A란 B이다'"). 이에 비해 간접화법은 논자가 자신의 견해가 아니라는 것을 명시하면서 자신의 말로 어떠한 내용을 보고하는 형태에 해당한다("X에 의하면 A는 B이다", "X는 A를 B라고 생각하고 있다"). 통상 철학논문은 직접화법과 간접화법의 조합에 의해 성립하고 있다고 말할 수 있다.

그러면 자유간접화법이란 무엇인가? 말해진 내용이 **도입된 것을 지시하는 표지가 없는 채로 묘사에 도입되어버리는** 화법이다. 앞의 예를 좇아 말하면, "ce n'était pas vrai"("it was not true"/"그것은 틀렸다")가 인용부 없이 그대로 문장 속에 나타나게 된다. "그것은 틀렸다"라고 판단하고 있는 것은 '그'이지 화자는 아니다. 그렇지만 화자가 그것을 보고할 때에 사용해야 할 표지("Il a dit que"/"He said that"/"그는 …라고 말했다")가 없는 채 말해진 측의 판단이 거기에 나타나는 것이다. **마치 화자의 판단인 듯이.**

여기서 주목해야 할 것은 자유간접화법에 관해 문법의 참고서와 같은 형식화된 예를 드는 것이 어렵다는 사실이다. 왜냐하면 각각의 사례는 독특한 방식으로 이 화법을 '자연스럽게' 도입하기 때문이다. 예컨대, "Il a dit: «Ce n'est pas vrai»"라든가 "Il a dit que ce n'était pas vrai" 등으로 쓰면 의미가 통하는 문맥에 있다고 할 때, 그렇게 쓰지 않고 "ce n'était pas vrai"라는 구를 그대로 문장 속에 끼워 넣을 뿐이라면 그 구는 단지 정정되어야 할 오류가 되어버린다. 그것이 단순한 오류로서가 아니라 자유간접화법으로서 받아들여지기 위해서는 구가 삽입되는 문장 전체가 그 구를 자유간접화법으로서 '자연스럽게' 도입하기 위한 어떤 조건을 만족하고 있어야만 한다. 그러나 그 조건은 규칙화할 수 없다(필시 그것을 규칙화할 수 있다고 생각하는 것은 예술적 창조의 조건을 규칙화할 수 있다고 생각하는 셈일 것이다).

우리들의 예("ce n'était pas vrai"/"it was not true"/"그것은 틀렸다")에서도 그것이 하나의 문장 속에서 자유간접화법으로서 성공하고 있는지 아닌지는 그것을 도입하기까지의 문체 혹은 문장력에 의한다. 그러므로 문법서에서 자유간접화법의 설명을 위해 사용되는 예는 항상 플로베르나 오스틴 같은 문호들에게서 인용한 것이다. 자유간접화법은 문체와 분리할 수 없고, 따라서 문법으로서 일반화할 수 없다. 자유간접화법이란 그 사례별로 그때마다 단 하나의 방식으로서만 가능한 화법이다. 직접화법과 간접화법은 일반적인 규칙에 기반을 두어 서로 바꿔 쓸 수 있다(물론 뉘앙스의 차는 생기지만 문법적 규칙에 기반을 두어 그 오류를 지적하기는 불가능하다). 그리고 **성공한** 자유간접화법의 예를 직접화법과 간접화법으로 바꿔 쓰는 것도 가능하다(실제로는 바꿔 쓰기에 있어서 몇 가지 해석의 여지는 있지만). 그러나 **직접화법과 간접화법의 문례를 자유간접화법으로 바꿔 쓸 수 있는 규칙은 존재하지 않는다.**

자유간접화법에서는 (1) 말해진 측의 판단이 말하고 있는 자의 판단인 듯 나타나고, (2) 그러한 화법은 방법으로서 일반화할 수 없다. 이 두 규정들을 조금 더 파고들어보자. 직접화법은 전달하는 측과 전달되는 측의 엄밀한 구별에 기반을 두고 있다. 전달하는 측이 전달되는 측을 최대한으로 멀리하고 있다고 말해도 좋다. 전달하는 측이 전달되는 사항에 관해 생각하고 있는 것은 극히 억제된다. 그러므로 전달되는 측의 발언, 사고는 그대로 표시된다. 이에 비해 간접화법은 전달되는 사항을 스스로의 전달양식(묘사 혹은 논리)에 받아들인다. 그것은 반드시 실제로 말해진/생각된 말을 환언換言한다(직접화법에서 간접화법으로 바꿔 쓰는 테스트에서는 항상 주어 및 동사의 시제를 바꿔 쓰기가 문제가 된다). 그 때문에 이 화법에서는 전달하는 측과 전달되는 측을 구별하는 표지를 배치한다("Il a dit que"/"He said that" 등). 그러면 자유간접화법에 있어서는 어떨까? 여기서는 전달되는 측의 발언, 사고내용이 전달하는 측의 전달양식(논리)에 도입되고, 게다가 도입되었다고 하는 표지가 배치되지 않는다. 전달되는 측의 발언, 사고내용은 흡사 전달하고 있는 측의 발언, 사고내용인 듯 나타난다. 소설로 말하면 등장인물의 발화임에도 불구하고 형식으로서는 화자의 발화인 듯 나타난다. 이것은 화자와 등장인물이 구별되지 않게 됨을 의미하고 있다. 전달하는 측과 전달되는 측이 일치해버린다.

따라서 이 화법이 철학논문에서 사용된다면 바디우가 말하고 있듯이 "말하고 있는 것은 누구인가?"라는 문제가 나타나는 것은 당연하다. "힘들 간의 힘인 인간이 스스로를 조성하고 있는 힘을 접을 수 있는 것은 외부가 자기 자신을 접고, 어떤 '그 자신'을 인간 속에서 파고들 때뿐이다"라고 말하고 있는 것은 푸코인가 들뢰즈인가? 바디우는 이것에 관해, 들뢰즈는 각각의 사례에 관해서는 생각하고 있지 않다, 각각의 사례 따위는 어떻게 되어도 좋고 자신의 기성旣成의(바디우가 말하는 '단조'로운) 개념을 각 사례에 밀어붙여 스스로의 사상을 내세우고 싶을 뿐이라고 기술한다.

우리는 앞서 말한 자유간접화법의 분석으로부터 이제 이 바디우의 비판에 답할 수 있다. **바디우 자신이 말하듯이,** 들뢰즈가 항상 구체적인 사례로부터 출발하고 있고, 게다가 자유간접화법을 사용하고 있다고 한다면 그 것은 기성의 이론이나 원리나 개념을 각 사례에 밀어붙여 '해석'하는 것일 리는 없다. 왜냐하면 자유간접화법의 사용을 방법으로서 일반화할 수 없 는 이상 사례 그 자체를 사고하고 있지 않다면 자유간접화법은 실패하기 때문이다. 구체적인 사례를 인용quote하고 보고report하는 가운데 '자연스럽 게' 이 화법이 나타나게 되는 논리 내지 묘사를 그때마다 단 하나의 방식으 로 구성하지 않는 한 자유간접화법은 나타날 수 없다. 자유간접화법을 이 용하고 있다면 그 사례를 바로 '사고에 있어서의 대상'으로 하지 않으면 안 되는 것이다.

들뢰즈의 철학논문에서 자유간접화법이 성공하고 있다면 그것은 바로 들뢰즈가 자유간접화법을 '자연스럽게' 도입할 수 있을 정도로 거기서 채 택한 대상을 사고하고 있음을 의미하고 있다. 자유간접화법의 항상적 사 용은 들뢰즈가 구체적 사례를 사고하고 있지 않다는 증거가 아니라 구체적 사례를 사고하고 있다는 증거이다. 들뢰즈는 항상 구체적인 사례로부터 출발해서 자유간접화법을 항상적으로 사용한다는 극히 중요한 지적을 한 바디우는 단 하나, "사례는 결코 사고에 있어서의 대상은 아니다"라는 점 에 있어서 오류를 범하고 있다.

2. 철학연구의 과제

그렇지만 이래서는 아직 바디우가 제기한 의문에 충분한 대답이 되지는 않을 것이다. 왜 들뢰즈는 자유간접화법을 항상적으로 사용하는 것일까?

왜 '말하고 있는 것은 누구인가?'라는 질문을 품게 하는 서술방식을 취하는 것인가? 그렇게 하지 않으면 안 되는 것인가? 진정한 문제는 여기서부터 시작된다.

애당초 들뢰즈는 철학연구의 과제를 어떻게 생각하고 있었던 것일까? 들뢰즈는 다음과 같이 기술하고 있다.

> 모든 철학자는 새로운 개념을 야기하고 그것을 제시하지만, 그들은 그러한 개념이 어떠한 문제에 응답하는 것인지, 그 문제 자체를 말하지 않는다. 그렇다기보다 질문을 완전히 설명하고 있지 않다. 예컨대, 흄은 믿음이라는 독자적 개념을 제시하고 있지만 인식의 문제가 제기되는 것에 의해 인식이 한정 가능한 믿음의 한 양태가 됨은 어째서인가에 관한 사정을 말하고 있지는 않다. 철학사는 어떤 특정 철학자가 기술한 것을 또 한 번 기술하는 것이 아니며, 철학자에게는 반드시 언외言外로 암시하는 것이 있지만 그것은 무엇인지, 철학자 본인은 기술하고 있지 않으나 그가 말한 것 속에 나타나고 있는 것은 무엇인지를 말해야 한다. (PP, p.186)

철학자는 어떤 철학이론을 내세운다. 흄이 '믿음'이라는 독자적 개념에 기반을 두어 경험론을 내세우고 데카르트가 '코기토'라는 독자적인 개념에 기반을 두어 합리론을 내세웠듯이. 그렇지만 그들은 그 개념들이 대체 어떠한 '문제problème'에 응답하고 있는지를 말하지 않는다. 혹은 완전히 말하고 있지 않다. 철학자는 스스로가 사고하고 있던 것 전부를 말하지 않는다. 항상 무언가를 감추고 있다는 것은 아니다. 철학자 자신이 스스로 무엇을 사고하고 있는지 그 전부를 알고 있지는 않은 것이다. 사고는 **철학자의 의**

식을 넘어서는, 보다 넓은 범위에 미치고 있다.

이 점을 구체적으로 살펴보자. 들뢰즈가 최초로 출판한 책은 경험론 철학자 데이비드 흄(1711~1776)이다. 이것은 장 이폴리트Jean Hyppolite (1907~1968)와 조르주 캉길렘Georges Canguilhem(1904~1995)의 지도하에 들뢰즈가 불과 22세 때 쓴 것이지만 거기서 이미 위와 같은 연구태도가 명확히 나타나 있다. 예를 들어, 들뢰즈에 의하면 흄의 질문이란 "정신은 어떻게 하나의 주체로 생성하는가?"라는 것이다(ES, p.3). 그러나 흄의 텍스트에 이 질문이 그대로 기술되고 있는 것은 아니다. 오히려 놀랍게도 들뢰즈가 이 책에서 인용하고 있는 흄의 텍스트에는 '주체subject/sujet'라는 말은 **한 번도 나타나지 않는다**. 그것은 바로 "철학자 본인은 기술하고 있지 않으나 그가 말한 것 속에 나타나고 있는 것"으로서 파악된 문제이다.

다른 예를 들어보자. 이 예는 다소 복잡하다. 들뢰즈는 흄의 연합설에 대한 앙리 베르그송Henri Bergson(1859~1941)의 유명한 반론을 인용하고 있다. 우선 연합설부터 설명하자. 흄에 의하면 정신이란 서로 관계를 갖지 않는 흩어진 관념의 집합에 지나지 않는다. 따라서 정신은 그 상태로는 어떠한 인식도 갖지 않는다. 정신이 어떤 의식을 갖는 것은 그러한 흩어진 관념들을 관계 짓고 연합시킬 때이다. 말하자면 관념들의 단순한 집합이 하나의 체계가 될 때 인식이 발생한다. 예를 들면, 우리는 매일 아침 태양이 떠오르는 것을 본다. 그 지각은 하나하나가 흩어진 관념을 형성한다('오늘 아침 태양이 떠올랐다', '어제도 태양이 떠올랐다', '그전에도 태양은 떠올랐다', …). 그렇지만 어느 순간 그 흩어진 관념들이 연합된다. 그때에 '내일도 태양은 떠오를 것이다'라는 인식이 성립한다. "내가 무언가를 인식했다고 말할 수 있는 것은 내가 '나는 태양이 떠오르는 것을 1,000번이나 보았다'라고 확신할 때가 아니라 '**내일도 태양은 떠오를 것이다**', '물은 100도에 도달했을 때 **항상 필연적으로 끓는다**'라고 판단할 때이다"(PCK, p.20. 강조는 원문).

그렇다고는 해도 내일도 태양이 떠오를 보장 따위는 없다. 1,000번 그것을 보았다고 해도 내일도 그렇다고는 단정할 수 없다. 그럼에도 어느 때에 우리가 그렇게 **믿는다**는 사태가 일어난다. 인식이란 그렇게 해서 우리가 본 적도 없는 것, 접한 적도 없는 것을 긍정하는 것이다. 인식은 소여所與의 경험을 **넘어서 있다.** 관념들이 연합됨에 의해 이러한 **믿음**이 발생하고 소여의 경험을 넘어섬으로써 우리의 인식이 성립한다. 이것은 흩어진 관념의 단순한 집합이 하나의 체계로 생성함에, 요컨대 정신이 하나의 주체로 생성함에 다름 아니다.

그런데 베르그송은 이것을 어떻게 비판했는가? 확실히 우리는 인식 속에 관념들이 연합되어 있는 것을 본다. 그렇지만 대체 왜 어떤 관념이 어떤 관념과 연합되는 것일까? 실제로 어떤 관념 간이든 "충분히 멀리 거슬러 올라가면 항상 그 두 개에 속하는 공통의 류類가 발견될 것이고, 나아가서는 양자에 대해 하이픈의 역할을 하는 유사類似가 발견될 것이다"(ES, p.114). 즉, 어떤 관념도 어떤 관념과도 결부될 수 있다. 그렇다면 왜 이 관념이고, 저 관념은 아닌가? 예를 들면, 왜 '어제는 태양이 떠올랐다'라는 관념은 '그저께도 태양이 떠올랐다'라는 관념과 결부하는 것인가? 왜 다른 관념과 결부하지 않는가? 왜 닭의 아침 울음소리라는 관념과 결부해서 '닭이 꼬끼오 하고 울면 태양이 떠오른다'라는 관념을 형성하는 일은 없는 것인가? 연합설은 **관념이 연합되고 있다는 사실**을 설명하고 있는 데 지나지 않는다. 왜 '그것보다는 오히려 이것이' 선택되는 것인지 그 원리를 조금도 설명하고 있지 않다. 이것이 베르그송에 의한 비판의 개요이다.

들뢰즈는 베르그송의 비판으로부터 흄을 옹호하며 다음과 같이 기술한다. "아무리 조심스럽게 말한다고 해도 우리는 흄이야말로 그것을 생각한 최초의 사람이라고 말할 수 있다." 관념연합이라는 이론은 확실히 '저것보다는 오히려 이것이'를 설명할 수 없다. "왜 하나의 특수한 의식 속에서, 이러이러한 순간에, 이 지각이, 다른 관념보다도 오히려 이 이러이러한 관념을 환기하게 되는 것일까? 다른 관념보다도 오히려 이 관념이 환기된다는 것은 관념연합으로는 설명할 수 없다"(ES, p.115). 따라서

> 이 관점에서 보자면 관계를 다음과 같이 정의해야만 한다. '두 관념들이 상상 속에서 자의적으로 접합될 때조차도, 두 관념을 비교하는 것은 합당하다고 우리가 판단할 수 있게 하는 그 특수한 정황'[작은따옴표 안은 들뢰즈에 의한 흄 인용]. 실로 연합은 온갖 관계 일반을 가능하게 하기 위해 필요하다고 해도, 특수한 것으로서의 각자의 관계는 어느 것도 연합에 의해서는 결코 설명되지 않는다. 관계에 충분한 이유를 주는 것은 정황circumstance이다.
> 이 정황이라는 개념은 흄 철학 속에서 항상 모습을 보이고 있다. 그것은 역사의 핵심에 있다. (ES, p.115. 강조는 원문)

각자의 사례에 있어서 '정황'이야말로 '그것보다는 오히려 이것이'를 설명한다. 이 정황의 개념이야말로 흄이 미리 준비하고 있던 베르그송에 대한 대답이라고 들뢰즈는 말한다. 그러나 위 구절에서 들뢰즈가 인용하고 있는 흄의 텍스트를 읽어보아도 알 수 있듯이 '정황'은 흄에 의해 의식적으로 개념으로서 제시되고 있는 것은 아니다. '정황'은 단지 보통명사로서 나타나고 있는 데 지나지 않는다. 들뢰즈가 인용하고 있는 흄의 텍스트에는

몇 번인가 이 단어가 나타나고 있지만 어느 것을 읽어보아도 그것이 개념으로서 제시되고 있다고는 생각할 수 없다.[1]

확실히 이 '정황'의 개념으로 베르그송의 비판에 대해 대답할 수 있을지도 모른다. 물론 그 자체도 의심스럽다는 쪽도 있겠지만 여기서는 그것은 차치해두자. 중요한 것은 들뢰즈가 **논술의 대상이 되고 있는 철학자에 의해 의도적으로 개념으로서 사용되고 있던 것은 아닌 단어를 개념화해서 제시하고 있다**는 것이다. 그것은 들뢰즈가 다음과 같이 생각하고 있음을 의미한다. 흄은 그렇다고는 알지 못한 채 '정황'을 개념화하고 있었던 것이라고 말이다. 따라서 들뢰즈에 의하면 흄의 연합설이라는 철학적 이론은 지각, 관념, 경험, 믿음, 넘어섬, 그리고 정황이라는 요소들에 의해 구성된 복합적인 것이 된다. 그리고 이 복합체는 그것을 제시하고 있는 철학자에 의해서도 그 전체가 파악되고 있다고는 단정할 수 없다. 말하자면 텍스트에 나타나고 있는 현재적인 요소와는 다른 잠재적인 요소를 복수 포함하고 있다.

이 흄론Hume論에 의하면 철학이론이란 '전개된 질문question développée'이지 그 이외의 무엇도 아니다. 철학이론의 목적은 문제를 해결하는 것에 있는 것이 아니라 "정식화된 질문에 필연적으로 접어 넣어져 있는 의미[implications nécessaires d'une question formulée]를 **철저하게** 전개하는 것에 있다"(ES, p.119. 강조는 원문). 이것은 들뢰즈 자신의 독해 태도를 설명한 것으로서 읽을 수 있다. 철학이론은 철학자 자신에 의해 전개된 질문이지만 철학자 자신이 거기에 "접어 넣어져 있는 의미(im-*plication*)"를 완전히 전개해내는 것은 아니다. 철학연구란 이른바 질문 속에 접어 넣어진 주름(pli)을 여는=설명하는(ex-*pliquer*) 것이다. 그를 위해서는 철학적 이론의 생성을 촉구한 질문으로까지 거슬러 올라가야만 한다.

이상을 들뢰즈가 제멋대로 선택한 철학연구의 방법이라 생각해서는 안 된다. 이것은, 철학연구란 무엇인가, 철학에 있어서 사람은 무엇을 연구해야 하는가 하는 질문에 대한 들뢰즈의 대답이라고 해도 좋다. 만약 철학연구가 대상이 되는 철학자의 사상을 모사하는 것, 정리해내는 것이라면 그것은 **그 철학자가 기술한 것을 다시 한 번 기술하고 있는 데 지나지 않는다**(물론 교과서로서 그러한 것은 필요하기는 하지만). 그리고 앞에서 기술한 대로 대상이 되는 철학자의 사상과는 다른 사상을 그 철학자의 이름을 빌려 말하고 있는 것이라면, **그것은 철학연구는 아니다**(그것은 그 사람의 주장이다). 그렇다면 철학연구는 무엇을 해야 하는가? 철학자에게 사유를 강요한 어떠한 질문, 그 철학자 본인에게조차 명석하게 의식되고 있지 않은 그 질문을 그려내는 것, 때로는 그 철학자 본인이 의식해서 개념화한 것도 아닌 '개념'마저 사용해서, 때로는 그 대상을 논하기에 불가피하다고 생각되는 주제topic를 뛰어넘는 것조차 꺼리지 않고 그 질문을 그려내는 것, 들뢰즈는 그것이야말로 철학연구의 사명이라고 생각하고 그것을 실천했다. 이 점을 놓치면 하트=바디우와 같은 견해에 빠져버린다("만약 어떤 철학자의 논의 속에 들뢰즈가 비난의 화살을 돌릴 부분이 있었다고 한다면 그는 그 부분을 비판하는 것이 아니라 그저 스스로의 논의 속에서 제외시켜버리는 것이다", "사례는 결코 사고에 있어서의 대상은 아니다"). 그들은 철학자가 말한 것밖에 읽지 않는다. 그리고 철학자의 사상은 철학자의 의식의 통제control하에 있다고 생각하고 있다. 그러나 철학자의 사유는 철학자의 의식을 넘어서 있다.

철학자의 의식을 넘는 것으로서의 사유, 즉 말해진 것과는 다르게 파악될 수 있는, 말해진 것 이상의 것을 포함하고 말해진 것 이전에 위치하는 것으로서의 사유. 들뢰즈는 그것을 하나의 이미지로서 파악하여 '사유의 이미지image de la pensée'라 부르고 있다(DR, chap.3). '이미지'라는 단어가 나왔다고 해서 이것을 모호한 것으로서 파악해서는 안 된다. 사유의 이미지에서 기대되고 있는 것은 명확하게 비판적인 기능이다. 들뢰즈는 철학에서 개시의 문제를 논함에 있어서 이 용어term를 도입하고 있다.

개시한다는 것은 모든 전제를 배제함을 의미한다(그렇지 않다면 '개시'는 계속이 된다). 그렇지만 실제로는 그러한 것은 있을 수 없다. 철학자는 전제를 완전히 제거할 수 없다. 예를 들면, 르네 데카르트René Descartes(1596~1650)는 모든 것을 의심하여 코기토의 진리에 도달했다. 그러면 데카르트는 모든 전제를 제거하고 자신의 철학을 개시한 것일까? 그렇지는 않다. '나는 생각한다, 그러므로 존재한다'가 제1의 진리이기 위해서는 사람은 자아(나), 사고(생각한다), 존재(있음)가 무엇을 의미하고 있는지를 알고 있어야만 한다. "따라서 '나는 사고한다'의 순수자아가 개시와 같은 외관을 드러내고 있어도 그것은 그 순수자아가 자신의 전제들을 이미 경험적 자아 속으로 되돌려 보낸 결과일 뿐이다"(DR, p.169). 사유의 이미지는 이렇게 철학자가 스스로 사유한 것을 말로 분석해낼 때 암묵적 전제를 폭로하기 위한 도구이다. 그러면 어떤 철학자에게 사유를 강요한 어떤 문제까지 거슬러 올라가는 것은 이 사유의 이미지의 수준에서 어떠한 전제를 드러내는 것과 이어질까?

들뢰즈에게 철학연구는 대상이 되는 철학자가 그것이라고는 의식하지 않고 직면하고 있던, 혹은 다 말할 수 없었던 '문제'로 거슬러 올라가 그것을 열어젖히고 그 문제가 위치하게 되는 사유의 이미지를 명백하게 하는 것이다. 우리가 지금 문제로 삼고 있는 자유간접화법의 다용多用은 **이 사유의 이미지에 도달하기 위해 도입된 방법**이라고 생각할 수 있다. 사유의 이미지에 도달하는 것은 논술대상이 되고 있는 철학자가 말하고 있는 것만을 논해서는 실현되지 않는다. 논술대상이 되는 사유가 정위定位하고 있는 면에 논술 그 자체가 정위해야만 하는 것이다. 그때 논하는 자와 논해지는 자의 구별은 한없이 모호해진다. 그것을 모호하게 하는 것으로 단숨에 논술대상의 사유의 이미지로 거슬러 올라가는 것이다.

그러면 이와 같이 정의된 들뢰즈의 철학연구 방법은 '들뢰즈의 철학'과 어떠한 관계를 갖는가? 이렇게 철학을 연구하는 인물로부터 어떻게 그 인물의 '사상'을 끄집어낼 수 있는가?

3. 철학의 과제

사유의 이미지는 만년의 『철학이란 무엇인가』(1991년)에서는 '내재면plan d'immanence'이라고도 불리게 되고 '개념concept'과의 관련에 있어서 더욱 명확하게 정의된다. 각각의 정의를 보면서 용어를 정리하자. 우선 개념. 철학은 개념에 관계하는 학문으로서 정의된다. "철학은 개념을 **창조하는** 것을 특질로 하는 학문분야이다"[2](Qph, p.10. 강조는 원문). 이 명제가 의미하는 바는 뒤에서 살펴보기로 하고 갈 길을 서두르자. 여기서 말하고 있는 개념이란 무엇인가? 들뢰즈는 개념을 복수의 '합성요소composante'로 이루어진 것, 그러한 요소의 '공립共立, con-sistance'으로서 정의한다(Qph, pp.21, 25). 개념은 복수의 요소가 조합된 것이다. 예컨대, 데카르트가 창조한 코기토의 개념. '코기토'는 일반적으로 명사 취급되지만 말할 것도 없이 '생각한다'를 의미하는 라틴어 동사 cogitare가 일인칭 단수현재형으로 활용된 cogito로, 즉 '나는 생각한다'를 의미한다. 따라서 그저 cogito라 써도 그것은 단지 '나는 생각한다'를 의미할 뿐이지 개념은 아니다. cogito는 데카르트의 이름과 함께 비로소 개념으로서 나타난다. 개념은 **철학자에 의해 그것에 쓰여 넣어진 서명과 분리할 수 없다.**[3] 이 개념은 '나는 의심한다je doute', '나는 생각한다je pense', '나는 존재한다je suis'라는 세 합성요소를 통과하는 '자아je'에 의해 성립하고 있다. 코기토란 이 세 합성요소들이 이 '자아'에 있어서 합치하는 그러한 개념에 다름 아니다(Qph, pp.29-31). 어느 것이 결여되어도 코기토는 성립하지 않는다.[4] 개념이란 이렇게 그것을 구성하는 합성요소가 응축한 점이다.[5]

　복수 요소의 조합인 개념이 위치하는 장소가 '내재면'이다. 왜 '면plan'이라 불리는 것일까? 개념은 독립해 있지 않고 반드시 다른 개념들과 연결되어 있는 것으로,[6] 그러한 개념들의 네트워크를 위치시키는 하나의 논리공간이 필요하기 때문이다. 예를 들면, '나는 생각한다, 그러므로 나는 존재한다'라는 코기토 명제는 최종적으로 '나는 생각하는 것[res cogitans]이다'라는 명제를 유도해낸다. 그러나 '나는 생각한다, 그러므로 나는 존재한다'는 그것만으로는 '나는 생각하는 것이다'라는 명제를 유도해낼 수는 없을 것이다. 즉, 그것은 그 독자적인 개념들의 네트워크 속에 위치하고 있기 때문에 비로소 이러한 도출이 가능해지고 있다. 한 개념은 다른 개념들과의 관계에서 고찰되어야 비로소 의미를 갖는다. 그 관계가 위치하고 있는 것이 여기서 말하는 내재면이다. 그러면 왜 '내재immanence'라 불리는 것일까? 이 면에 위치하는 여러 개념들은 개념끼리의 관계에 의해서만 규정되고 있고 그 관계 외부, 즉 그 면을 **초월**하는 장소에 있는 원인에 의해서는 규정되지 않기 때문이다. 예컨대, 사회적인 영향으로 개념을 설명하기는 불가능하다. 확실히 어떤 개념을 창조한 철학자 본인은 다양한 사회적 영향을 받고 있었을 것이다. 그렇지만 개념 그 자체는 내재면상에서의 개념들의 네트워크에서만 이해 가능하다. 개념은 내재면상에서의 관계들에 의해서만 개념이다.

중요한 것은 여기서부터이다. 개념은 내재면과의 관계에 있어서 **상대적임과 동시에 절대적이기도 하다**고 들뢰즈는 기술하고 있다(Qph, p.26). 개념의 상대성 쪽은 앞에서 본 개념의 규정을 가리키고 있다. 개념은 그 자신의 합성요소와의 관계에 있어서, 그리고 또 다른 개념들과의 관계에 있어서, 그리고 또 그 개념이 한정을 받는 장으로서의 내재면과의 관계에 있어서 비로소 하나의 개념이다.[7] 그러한 관계 혹은 제한이 여기서 개념의 상대성이라 불리고 있다. 그렇지만 동시에 개념은 절대적이다.[8] 즉, 제한을 받지 않는 하나의 전체를 이루고 있다.

무슨 뜻일까? 개념은 복수의 합성요소를 갖는다고 말해진다. 그러나 이 합성요소들은 결코 그 개념을 위해 만들어진 것은 아니다(당연하지만 '나는 의심한다'라든가 '나는 생각한다' 등은 코기토라는 개념과는 별도로 그 자신으로서 존재할 수 있는 언표이다). 즉, 개념이라는 것은 실은 **서로 일치하지 않는 단편과 같은 합성요소를 억지로 응축한 것에 의해 성립하고 있다.** "철학적 개념이란 서로의 모서리가 합치하지 않기 때문에 각자가 서로 완전히 짝이 맞지 않는 단편적 전체이다"(p.38). 딱 들어맞지 않음에도 그 합성요소들이 응축해 있을 수 있음은 그것이 위치하고 있는 내재면, 즉 사유의 이미지 덕분이다. 예컨대, 모든 것을 의심하고 절대적인 개시를 찾는 데카르트의 사유의 이미지야말로 '나는 의심한다', '나는 생각한다', '나는 존재한다'라는 완전히 별개의 단편적 언표를 코기토의 합성요소이게 한다(토머스 홉스Thomas Hobbes(1588~1679)는 데카르트에게 반론해서 "그렇다면 '나는 산책한다, 그러므로 나는 존재한다'라고도 말할 수 있을 것이다"라고 기술했지만 그렇게 말할 수 있는 것은 그가 완전히 다른 사유의 이미지 속에 있기 때문에 다름 아니다).

들뢰즈의 다른 설명은 이러하다. "개념들은 열도列島 혹은 골격을 이루고 있고, 또한 하나의 두개頭蓋라기보다 오히려 하나의 척추를 이루고 있다. 다른 한편 [내재]면은 그 독립된 개개의 부분들[isolat]을 적시고 있는 숨[respiration]이다"(Qph, p.39). 개념은 흩어진, 각자 독립된 섬들을 종합한 열도이다. 혹은 뼈에 비유하면 무언가를 수용하는 그릇과 같은 두개가 아니라 복수의 뼈가 뼈와는 다른 힘(근육이나 신경 등)에 의해 종합된 척추와 같은 것이다. 내재면은 그것들이 적시고 있는 공간이고, 그러한 부분들을 호흡시키고 있는 것이다.

그러므로 어떤 개념에 관해 한 부분만을 수정하는 일은 있을 수 없고, 예컨대 합성요소를 추가했다면 그것을 둘러싼 전체가 변화해버린다. 들뢰즈가 잘 드는 예는 데카르트의 코기토에 대해 임마누엘 칸트Immanuel Kant(1724~1804)가 행한 비판이다.[9] 데카르트에 있어서는 '나는 생각한다'가 '나는 존재한다'를 유도해낸다. 즉, '생각하는 나'가 나의 존재를 규정한다. 그러나 칸트에 의하면 이것만으로는 나의 존재가 어떻게 규정되는지, 또한 어떠한 형식으로 규정된 것으로서 나타나는지 알 수 없다. 나의 존재는 어떠한 형식에 있어서 규정되는 것인가? 바로 시간이라는 형식에 있어서라고 칸트는 대답한다.

칸트는 데카르트가 일찍이 배제한 시간이라는 합성요소를 코기토에 부가한다.[10] 시간 속에서 비로소 생각하는 나의 존재를 규정한다. 그러면 그 때 사고하는 나(능동적 자아)와 그것에 의해 규정되는 존재(수동적 자아) 사이에는 간극이 생긴다. 규정작용은 시간 속에서 실현되기 때문이다. 따라서 나는 한 수동적 자아로서 규정되는 것이지만, 그 자아에게는 사고하는 나는 '다른 것'이다(이리하여 랭보의 "나란 한 사람의 타자이다je est un autre"라는 문구는 칸트의 사상을 나타낸 시적 표현의 하나로 기술된다(들뢰즈 「칸트 철학을 요약해줄 네 개의 시적 표현에 관하여」)). 칸트는 자아 속의 균열을 발견한 것이라고 들뢰즈는 말한다. 데카르트적 코기토에 시간을 부가한 칸트는 그것에 의해 전체를 변경해버렸다. 즉, 칸트는 그것에 의해 "데카르트적 코기토에 의해서는 점거될 수 없는 한 면을 세우고, 데카르트적 코기토에 의해서는 실현될 수 없는 한 문제를 구축했다"(p.35).

점차 들뢰즈의 사상 혹은 들뢰즈 철학의 소재가 보이게 되었다고 생각된다. 칸트는 데카르트적 코기토에 의해서는 실현될 수 없는 한 문제를 구축했다. 칸트는 그것에 의해 (들뢰즈가 말하는) '금이 간 코기토'라는 개념, 나아가서는 새로운 시간의 개념을 창조했다. 칸트가 그것을 행한 것은 데카르트를 비판하는 것, 정확히는 데카르트가 다루고 있던 질문을 비판하는 것에 의해서이다. 질문을 비판하는 것에 의해 행해지는 새로운 질문의 발견과 개념의 창조. 이것은 새로운 질문을 발견하거나 개념을 창조하기 위한, **수많은 방식 중의 하나는 아니다.** 들뢰즈에 의하면 그것이야말로 질문을 발견하는 유일한 방식이고, 개념을 창조하는 **유일한 방식**이다.

들뢰즈는 최초의 저서인 흄론부터 가장 만년의 『철학이란 무엇인가』에 이르기까지 이 생각을 유지하고 있다. "철학에 있어서는 질문과 질문의 비판이란 단 하나의 것에 지나지 않는다."[12] "철학에 있어서조차 인간은 잘 이해되고 있지 않다. 혹은 잘못 설정되었다고 스스로가 평가하는 문제와의 관련에서밖에 개념을 창조하지 않는다"(Qph, p.22). 철학자는 질문을 비판하는 것에 의해 질문을 발견하고 개념을 창조한다. 들뢰즈가 그렇게 철학사를 바라보고 있던 것이라 하면 그 자신도 또한 마찬가지로 스스로의 철학을 자아내고 있었다고 생각해야만 한다.

들뢰즈 역시도 철학사상의 어떠한 질문을 비판하며 새로운 질문을 발견하고 그리고 개념을 창조했다. 우리가 누군가에 관해 쓰고 있는 데 지나지 않을 이 철학자 속에서 왜인지 그의 사상이나 철학을 발견해버리고 있는 것은 들뢰즈가 이러한 방식으로 책을 썼기 때문이다. 즉, 자유간접화법적 구상vision에 의해 사유의 이미지와 직면하고, 거기에 있는 문제를 열어젖힌다. 그렇게 하는 것으로 문제의 설정 방식 그 자체에 대한 비판으로 향하고 새로운 질문을 발견하며 개념을 창조한다. 이러한 것이 행해지고 있었기 때문에 다름 아니다. 그리고 이미 기술했던 대로 온갖 개념들은 서명署名되고 있다. 자유간접화법적 구상에서는 논하는 측과 논해지는 측의 경계가 모호해진다. 그러므로 논하는 자에게 '고유'한 사상이 거기서부터 생기는 것은 불가사의한 느낌이 든다. 그러나 오히려 반대이다. 그것에 의해서 비로소 개념은 창조된다. 한 사람의 철학자의 서명을 가진 개념이 창조된다. 여기에서 비로소 우리는 질 들뢰즈의 사상, 질 들뢰즈의 철학에 관해 말할 수 있게 된다.

이상은 들뢰즈뿐만 아니라 철학사 전체에 적용 가능한 도식인 듯하다. 그리고 또한 왜 철학사 내에서 다양한 사고방식이 공존해왔는가에 관한 하나의 설득력 있는 설명도 된다고 생각할 수 있다. 예컨대, 합리론과 경험론의 대립이 있다. 혹은 대륙계의 철학과 분석철학의 대립이 있다. 왜인가? 들뢰즈에 따르면 그것들이 전혀 다른 질문의 계보를 좇고 있기 때문이 될 것이다. 질문은 질문의 비판과 일심동체이므로 질문(=질문의 비판)은 역사 속에서 하나의 계보를 만든다. 그리고 그 계보는 갖가지 개념으로 채워져 간다. 만약 그렇지 않다면 철학사는 하나의 '진리'를 향해 수렴해가는 것은 아닌가 하고 생각되겠지만 2,000년 이상을 거쳤는데도 그러한 기색은 없다. 그것은 철학사가 '진리'보다도 오히려 '질문'과 '개념'을 둘러싸고 전개되어왔기 때문은 아닐까.

우리는 들뢰즈의 사상, 들뢰즈의 철학은 어디에 있는가 하고 묻고 있었다. 여기서 질문을 전개하면서 알게 된 것은, 들뢰즈가 대체 어떠한 질문의 계보에 스스로를 정위하고 있었는가를 명백하게 하지 않으면 들뢰즈의 사상과 철학을 확정할 수 없다는 것이다. 들뢰즈가 창조한 여러 개념들은 이 질문의 계보를 통해서만 그 의미가 명백해진다.

그러면 들뢰즈는 대체 어떠한 질문의 계보에 정위하려 하고 있던 것일까?

자연주의에 관하여

자연주의는 들뢰즈의 철학적 발상의 근간에 있는 사고방식이다. 들뢰즈는 이 테마를 로마의 철학시인 루크레티우스Titus Lucretius Carus(기원전 99년경~기원전 55년경)를 다룬 「루크레티우스와 시뮬라크르」라는 글에서 논하고 있다(LS, pp.307-324).

여기서 문제가 되고 있는 것은 철학의 역할이다. 들뢰즈는 다음과 같이 기술하고 있다.

> "철학은 어디에 도움이 되는 것인가?"라고 묻는 사람에게는 다음과 같이 답하지 않을 수 없다. 자유로운 인간의 모습을 만드는 것, 권력을 안정시키기 위해 신화와 영혼의 동요를 필요로 하는 모든 자를 고발하는 것, 그저 그뿐이라고는 해도, 대체 다른 무엇이 그것에 관심을 갖는다는 것인가. (LS, p.322)

철학은 자유로운 인간의 모습을 그린다. 그리고 권력을 안정시키기 위한 "신화"나 "영혼의 동요"를 이용하는 자들을 고발한다. 어떤 의미인가? '영혼의 동요'란 불안이나 공포를 가리키고 있다. 불안이나 공포는 고통과는 다르다. **고통이 찾아올지도 모른다**는 기분이다. 사람은 고통이 찾아올지도 모른다는 가능성을 알게 되었을 때 실제로 그것을 본 것도 체험한 것도 아닌데도 강한 영혼의 동요를 느낀다. 오히려 본 적도 체험한 적도 없기 때문에 불안이나 공포는 제한 없이 확대된다. 그리하여 종교나 미신이 생겨난다. '신화'란 그러한 종교나 미신의 기능을 가리킨다.

영혼의 동요를 야기하는 신화에 관해 들뢰즈는 그것이 '거짓된 무한'에 기반을 두고 있다고 지적한다. 거짓된 무한이란 **제한이 없다**는 의미에서의 무한이다. 이 무한은 '아무리 해도 당신들에게는 알 수 없는 것이 있다'라고 말해서 불안과 공포를 부추긴다. 거짓된 무한을 눈앞에서 듣게 되었을 때, 사람은 아무리 확실한 앎을 갖고 있다고 해도 아무래도 불안하게 되어 벌벌 떤다. 벌벌 떨고 있는 자는 그 기분을 어떻게든 해달라고 권력에 호소한다. 권력자는 이 불안을 이용해서 그들을 지배하고, 또한 지배된 자는 안심을 얻었음에 틀림없다고 만족한다. 이러한 의미에서 불안이나 공포를 부추기는 자는 권력자의 친구이다.

　루크레티우스는 "가능한 한 고통을 피하기 위해서는 극히 적은 것으로 족하다…. 그러나 영혼의 동요를 극복하기 위해서는 보다 깊은 기법이 필요해진다"라고 기술하고 있다. 이 철학시인은 영혼의 동요를 야기하는 신화로부터 사람들을 해방하기 위해서는 어떻게 하면 좋은가를 생각하고 있었다. 들뢰즈에 의하면 그를 위해 필요한 것이 '자연'의 관념이다. 자연이란 여기서 단지 현상의 총체를 의미하는 것은 아니다. 그것은 구별을 가르치는 관념이다. 즉, 인간의 삶 속에서 무엇이 자연에 속하고 무엇이 자연에 속하지 않는지, 그것을 자연의 관념은 가르친다.

　자연을 정의하는 것은 아주 어렵지만 들뢰즈는 다음과 같이 설명하고 있다. 자연은 '관습coutume'과 대립하는 것은 아니다. 왜냐하면 자연스러운 관습이 존재하기 때문이다. 자연은 '규약convention'과 대립하는 것도 아니다. 아무리 권리가 규약에 의존하고 있는 듯 생각되어도, 우리는 자연권이라는 것을 생각할 수 있기 때문이다. 자연은 '발명invention'과 대립하는 것도 아니다. 발명이란 자연 그 자체의 발견이기 때문이다. 그러나 자연은 '신화mythe'와는 대립한다. "인간의 불행은 인간의 습관이나 규약이나 발명이나 산업이 원인인 것이 아니라 그것들 속에 뒤섞이는 신화와, 신화에 의해 인간의 감정과 작업 속에 야기되는 거짓된 무한의 결과인 것이다"(LS, p.322).

　따라서 자유로운 인간의 상像을 그리기 위해서는 자연의 관념이 필요하다. 그리고 그러한 자연의 관념을 발견할 수 있는 것은 철학을 제외하면 달리 없다는 것이 들뢰즈가 확신하는 바이다. "최초의 철학자는 자연주의자이다. 그는 신들에 관해 말하는 대신 자연에 관해 말한다"(LS, p.323).

초월론적
경험론

| 제 2 장 |

원리

앞 장에서 우리는 질 들뢰즈의 철학이 대체 어디에서 발견되는가를 명백하게 하려고 시도했다. 들뢰즈는 다른 철학자나 작가를 설명하고 있는 데 지나지 않는다. 그렇지만 그 해설은 '들뢰즈의 철학'을 표현하고 있는 듯 읽히고, 또한 실제로 그것을 표현하고 있다. 그것은 왜인가?

이 사태를 이해하기 위해 우리는 들뢰즈가 빈번하게 이용하는 자유간접화법에 주목했다. 들뢰즈는 논술 대상이 되고 있는 철학자의 사고가 정위하고 있는 면('내재면'이라 불린다)에서 발견되는 개념들의 네트워크를 그려내기를 지향하고 있다. 그를 위해서는 철학자에 의해 말해진 것을 다시 말하는 것만으로는 불충분하다. 왜냐하면 철학자의 사고는 본인의 의식을 넘어서 있기 때문이다. 따라서 논술은 말해진 것의 전제, 들뢰즈가 '사유의 이미지'라 부르는 것에까지 거슬러 올라가야만 한다. 논하는 측과 논해지는 측을 구별할 수 없게 되는 자유간접화법은 그 때문에 도입되었다.

들뢰즈는 철학을 '개념의 창조'라 정의했지만 개념은 임의로 창조할 수 있는 것은 아니다. 개념이 창조되는 것은 새로운 질문이 발견될 때이고 새로운 질문을 발견함이란 기존의 질문을 비판하는 것에 다름 아니었다. "철학에 있어서는 질문과 질문의 비판이란 단 하나의 것에 지나지 않는다"(ES, p.119). '사유의 이미지'까지 거슬러 올라감이란 어떤 철학의 출발점에 있던 질문과 직면하는 것을 의미한다. 그리고 그 질문을 비판할 수 있을 때 새로운 질문이 제기되고, 그 새로운 질문에 응답하기 위해 새로운 개념이 창조된다. 자유간접화법의 사용이 들뢰즈의 철학관에 의해 요청되는 것이었음을 여기서부터 알 수 있다.

이리하여 들뢰즈 철학의 소재와 방법을 알게 된 지금, 이번에는 '들뢰즈의 철학'이란 무엇인가를 물어야만 한다. 들뢰즈는 자유간접화법적 구상vision에 의해 다양한 철학자들을 논했다. 그것에 의해 그는 어떠한 질문을 한 것인가? 즉, 어떠한 질문을 비판한 것인가? 바꿔 말하면 그는 어떠한 개념을 비판하는 곳에서부터 출발해서 스스로의 개념들을 창조하고 있었던 것인가?

1. 초월론 철학과 경험론 철학

들뢰즈가 최초로 저술한 저작은 데이비드 흄에 관한 것이었다. 이 출발점은 무엇을 의미하고 있는 것일까?

흄은 경험론이라 불리는 철학을 주장했다. 경험론이란 그 이름대로 인간의 지성이나 인식의 기초를 경험에서 찾는 철학이다. 경험론이 표적으로 삼은 것은 대륙계의 합리론 철학이었다. 합리론 철학에서는, 예를 들면 코기토와 같은 경험에서 괴리된 원리가 철학의 기초에 자리 잡고 있다. 경험론 철학은 그것을 비판하고 경험세계에 입각해서 철학을 구축할 것을 주장한다. 일반적으로 경험론 철학은 보수적인 사상으로 간주되고 있다. 경험세계에 입각한 철학의 구축을 지향하고 있는 것이라면 실제로 존재하고 있는 이 경험세계를 긍정하는 사상이 그 철학 속에서 발견되어도 신기한 일은 아니다. 이것과 대조한다면 합리론은 급진적인radical 현실변혁의 사상이 될 수 있다고 생각될지도 모른다. 경험에 기반을 두지 않는 원리를 기초로 하는 철학이라면 실제로 존재하고 있는 이 경험세계를 부정할 수 있다고 생각할 수 있기 때문이다.

들뢰즈가 『경험론과 주체성』(1953년)의 첫머리 부분에서 은밀하게 무너뜨리고 있는 것은 이상과 같은 '보수적인 철학인 경험론'이라는 경직된 편견이다. 들뢰즈는 흄 철학의 근본에 있는 질문을 극히 간결한 한 문장으로 설명하고 있다. "흄이 받아들이게 되는 질문은 이렇다. **정신은 어떻게 하나의 인간적 자연으로 생성하는가?**"(ES, p.2. 강조는 원문) 이 질문은 무엇을 의미하고 있는가? '인간적 자연'이라 불리고 있는 것은 생성의 결과로서 나타난다는 것, 따라서 인간에 관해 생각함에 있어 그것을 전제로는 할 수 없다는 것이다. 같은 질문은 "정신은 어떻게 하나의 주체로 생성하는 가?"라고도 환언되고 있다(ES, p.3). 여기서 '정신'은 그저 여러 개념들의 집합을, '주체'는 그 관념들이 관념연합에 의해 체계화된 상태를 가리키고 있다. 이미 주체가 있어 그것이 다양한 외계로부터의 자극을 지각하는 것은 아니다. 정신이라 불리는 것은 단순히 흩어진 관념들의 집합collection으로 관념들을 넣는 용기容器도 아니다.[1] "정신은 정신 속의 관념과 동일하다"(ES, p.3). 그러나 정신을 구성하는 그 흩어진 관념들이 일정한 원리에 따라 연합되었을 때 '항상성과 균일성'을 가진 체계system가 발생한다. 연합에는 '근접contiguity', '유사resemblance', '원인과 결과cause and effect'의 세 가지 원리가 있다고 말할 수 있지만 이 세 가지 원리들에 기반을 두어 행해지는 관념연합이 어떤 임계점에 달했을 때 정신이라는 소여의 상태를 **넘어선** 주체가 발생한다.

여기서 발견되는 것은 주체의 존재를 전제하지 않고 그것을 구성된 것으로서 파악하는 시각, 그 **발생을 묻는** 시각이다. 정신에 의한 '넘어섬'을 '변용變容'이라 환언한다면 들뢰즈는 다음과 같이 기술하고도 있다. "변용들의 심리학은 하나의 구성된 주체[sujet constitué]의 철학이 될 것이다. /이러한 철학이야말로 합리론이 잃어버린 철학에 다름 아니다"(ES, p.13). 합리론은 주체를 전제한다. 그것에 비해 경험론은 주체 그 자체의 발생을 묻는다. 주체를 **구성된 것**으로서 파악한다. 이런 의미에서는 합리론이야말로 보수적이다. 그 이상으로는 의심을 진행시키지 않는 지점을 설정하고 있기 때문이다. '인간적 자연', 즉 인간 본성human nature에 관해서도 마찬가지이다. "정신은 자연은 아니다. 정신에는 자연이 갖추어져 있지 않다"(ES, p.3). 인간 본성은 관념연합의 효과로서 발생한다. 바꿔 말하면 관념연합의 방식이 바뀌면 인간본성은 변화한다.[2] 주체도 자연도 전제하지 않고 단지 그 발생을 묻는 것. 동일한 것이 이성에 관해서도 기술되고 있다. "정신은 이성은 아니다. 이성은 정신의 한 변용에 지나지 않는다. 그런 의미에서 이성은 본능, 습관, 자연이라고 불릴 것이다"(ES, p.14). 발생에 관해 묻는 것은 변화에 관해 묻는 것이고, 변화의 조건을 묻는 것이다. 들뢰즈가 흄에게서 발견하고 있는 것은 철학이 그때까지 전제로 해온 관념들의 변화 가능성을 묻는 철학이다.

그러면 왜 들뢰즈는 흄의 경험론 철학을 **이 시각으로 읽은 것인가?** 그리고 왜 **거기서부터 출발한 것인가?** 일반적으로 들뢰즈의 이름은 베르그송주의자나 스피노자주의자로 알려져 있다. 그러한 일반적인 들뢰즈의 이미지는 흄 연구자 들뢰즈와는 실상 너무나도 동떨어져 있는 듯 생각된다. 그 때문에 우리는 이 들뢰즈의 출발점에 주목한다. 왜 들뢰즈는 흄의 경험론을 발생의 시점으로 읽은 것인가?

흄의 경험론 철학은 종종 임마누엘 칸트의 초월론 철학을 준비한 것이라고들 한다. 어떠한 인과성도 의심할 수 있다고 하고, 주체도 자연도 이성도 전제하지 않는 흄의 철학은 칸트로 하여금 "나를 독단론의 잠에서 해방시켜주었다"라고 말하게 했다. 그러나 칸트는 그다음에 (앞 장에서 소개한 베르그송과는 다른 방식으로) 흄의 연합설을 비판했다. 칸트에 의하면, 현상 속에 주관에 의해 알아차릴 수 있는 일정한 법칙성이 무릇 존재하고 있지 않다면 관념연합 자체가 생길 수 없다. 예컨대, 우리는 '내일도 태양은 떠오를 것이다'라고 말한다. 그렇지만 '내일'은 아직 오지 않았다. 우리에게 주어져 있는 것은 지금까지 계속 태양이 떠올라왔다는 사실뿐이다. 그럼에도 우리는 그러한 소여의 관념('어제도 태양은 떠올랐다', '그저께도 태양은 떠올랐다', …)을 **넘어서서** '내일'에 관해 긍정한다. 거기에는 어떠한 비약, 흄이 말하는 '믿음'이 있다. 소여되는 것만으로는 정초定礎될 수 없는 이 **넘어섬**에 의해서 비로소 인식은 정초되고 있다. 즉, "우리는 자신들에게 주어지는 **것보다 이상의 것**을 말하며 경험이라는 소여를 넘어서버리고 있다"(PCK, p.19. 강조는 원문). 여기서 칸트는 다음과 같은 비판을 가한다. 그 믿음이 발생하기 위해서는 경험이 그것을 뒷받침해주어야만 한다. 태양이 날에 따라 떠오르거나 떠오르지 않거나 한다면 인식은 발생하지 않는다.[3] 태양이 매일 아침 떠오른다는 법칙이 있어야 비로소 인식이 발생하는 것이다. 따라서 흄과 같이 주관에 의한 구성만으로 인식을, 나아가서는 인과성을 정초하기는 불가능할 것이다. 칸트는 그렇게 생각했다.

들뢰즈는 칸트에 의한 이 흄 비판을 받아들여 그 타당성도 확인하고 있다.[4] 확실히 이 비판은 옳다. 그러나 그다음에 들뢰즈는 칸트 철학의 전 단계에 흄 철학을 위치시키는 것이 아니라 독특한 용어로 양자를 병렬시켜 보인다. 문제가 되는 것은『경험론과 주체성』의 제5장이다. '경험론과 주체성'이라 제목이 붙고, 바로 같은 책 전체의 요약으로서도 읽을 수 있는 이 장 속에서 들뢰즈는 돌연 다음과 같이 선언한다. "철학 일반에 관해 말할 수 있는 것은, 철학은 항상 하나의 분석면[plan d'analyse]을 탐구해왔다는 것이다"(ES, p.92). '분석면'은 그 이후에는 사용되지 않은 말이지만 '내재면'에 해당하는 것으로 생각해도 문제없을 것이다(필시 여기서 면이라는 형상形象은 철학사를 하나의 직선으로서 파악함을 피하기 위해 도입되고 있을 것이다). 그리고 여기서부터 하나의 철학은 **그것이 물으려 하는 질문에 따라** 다른 별개의 면에 정위한다는 것이 강조된다. 예로 들고 있는 것은 다음 두 면이다.

만약 '방법적으로 환원된 하나의 면'에 정위한다면 그때에 묻게 되는 질문은 '소여는 어떻게 존재할 수 있는가?' 혹은 '어떻게 어떠한 것이 하나의 주체(주관)에 주어지는가?'가 된다. 이것은 칸트적 면을 가리키고 있다. 칸트는 '주체와 객체의 일치adaequatio rei et intellectus'라는 오래된 형이상학적 사고방식을 거부하고 물物 그 자체(객체)의 현현인 현상이 인식능력(주체)에 종속된다는 생각을 내세웠다. 주체는 물 자체를 인식하는 것은 불가능하고 그 현현을 스스로가 갖는 형식에 따라 인식하고 있다. 이것은 바로 '소여'는 어떻게 존재하고 또 주체에게 주어지는가 하는 질문에 대한 대답에 다름 아니다. 따라서 들뢰즈는 다음과 같이 명확히 기술한다. "바로 이때 우리는 초월론적 비판을 행하고 있는 것이 된다"(ES, p.92).

다른 한편, '어떤 순수하게 내재적인 시점'에 몸을 둔다면 그때 묻게 되는 질문은 '어떻게 주체는 소여 속에서 구성되는가?'가 된다. 이것은 흄적 면을 지시하고 있다. 이 질문에 대한 대답이 (앞에서 설명한) 믿음에 의해 소여를 넘어서는 것으로 생성하는 주체의 논리에 다름 아니다. 이 면에서는 주체는 전제되지 않는다. 그것은 구성되어야 하는 것이다. 들뢰즈에 의하면 이것은 경험론 철학에 의해 비로소 가능해진 질문이다. "바로 이때 비판은 경험론적인 것이 된다"(ES, p.92).

들뢰즈는 '경험론적' 비판이 '초월론적' 비판에 의해 극복되었다고는 생각하지 않는다. 각자를 다른 '면'에 위치시킴과 동시에 그 두 면들을 병치해 보인다. 칸트는 흄을 비판하고 그것에 의해 새로운 질문을 발견했다. 그리고 그것은 확실히 철학사에 있어서 결정적인 한 걸음이었다. 그렇지만 그렇다고 해도 칸트에게는 **질문하기를 그만둬버린 질문이 있었다.** 그것은 무엇인가? 말할 것도 없이 바로 주체의 생성에 대한 질문이다. 칸트는 생성 혹은 발생의 대상일 터인 주체를 전제한다. 칸트적 면에 사로잡혀 있는 '어떻게 어떠한 것이 하나의 주체(주관)에 주어지는가?'라는 질문은 이 전제가 있어서 비로소 성립한다.

논점을 정리하기 위해 여기서 칸트의 용어를 도입하자. 칸트는 '초월론적transcendental'이라 불리는 탐구의 영역을 열었다. 이 말은 때로는 '선험적'(=경험에 앞선다)이라 번역되는 것에서도 알 수 있듯이 경험되는 대상에 관해서가 아니라 경험 그 자체에 관해 그 조건을 묻는 것을 의미한다. **경험 가능성의 조건**을 묻는 것이 초월론적 탐구이다. 들뢰즈는 10년 뒤『칸트의 비판철학』(1963년) 내에서 이것을 정의하고 다음과 같이 기술하고 있다. "초월론적이란 경험이 필연적으로 우리의 아프리오리a priori한 표상에 따를 때의 원리를 가리킨다"(PCK, p.22). '아프리오리한 표상'이란 우리가 무언가를 인식하는 것에 앞서서 갖고 있는 표상을 가리킨다. 구체적으로는 감성이 외계의 다양한 것을 받아들일 때의 형식인 '시간과 공간', 그리고 오성悟性이 인식을 형성할 때에 이용하는 개념인 '범주category'이다(단, 이 두 가지 중 엄밀히 '표상'이라 부를 수 있는 것은 후자인 오성 개념뿐이다). 칸트에 의하면 우리가 이러한 아프리오리한 표상을 갖고 있는 것은 '인식의 사실'이다. 우리가 무언가를 인식하고 판단을 내릴 때에는 **사실로서** 시간·공간이라는 형식으로 외계의 다양한 것을 받아들이고 있고, 원인·결과라든가 가능·불가능과 같은 몇몇 개념을 이용하고 있다.

그런데 이러한 '사실의 문제quid facti'에 대해 칸트가 '권리의 문제quid juris'라 부르는 것이 존재한다. 경험에서 유래하는 것도 아닌 이 아프리오리한 표상들(감성의 형식과 오성의 개념)을 어떻게 경험에 적용하는 것이 **가능한가** 하는 문제이다. 게다가 '인식의 사실'로부터 알 수 있듯이 우리의 경험은 **필**

연적으로 이 표상들에 따른다. 어떻게 그러한 것이 일어날 **수 있는가?** '초월론적'이란 그때의 '원리'를 지명하고 있다. 처음으로 돌아가 말하자면 어떻게 경험이라는 것이 가능한가를 묻는 것이다.

들뢰즈는 칸트에 의한 초월론적인 것의 발견을 높이 평가한다. 그렇지만 그것과 동시에 칸트에 의한 초월론 철학 운용의 누락점을 명백하게 하려고 한다. 『경험론과 주체성』을 발표하고 15년 뒤인 1968년에 출판된 국가박사논문 『차이와 반복』에서는 다음과 같이 지적하고 있다. "데카르트와 마찬가지로 칸트에게 있어서도 '나는 생각한다'에서의 '자아'의 동일성이 바로 모든 능력의 일치의 근거가 되고, '같은' 것으로서 상정된 한 대상의 형식에 관한 모든 능력의 조화의 근거가 되고 있다"(DR, p.174). 들뢰즈는 『칸트의 비판철학』이래 칸트의 철학 체계를, 능력들(감성, 구상력, 오성, 이성)이 서로 역할을 바꿔 넣으면서 특정 목적을 달성하는 '치환체계système de permutations'로서 파악하는 시각을 취하고 있다.[5]

이 치환체계는 능력들이 일치해서 협동함을 전제하고 있지만 위 인용문에서 문제시하고 있는 것은 그 전제의 근거가 "'자아'의 동일성"에서 구해지고 있다는 것이다. 왜 그것을 문제시해야만 하는 것인가? 들뢰즈는 이어서 이렇게 기술하고 있다. "명백하게 칸트는 그렇게 해서 초월론적이라 불리는 구조들을 심리학적인 의식의 경험적 행위들을 **모방하는 것에 의해 그리고 있다**[*décalquer*]"(DR, pp.176-177. 강조는 지은이). 초월론적 영역은 경험적 영역을 정초하는 것이다. 그렇지만 칸트는 초월론적 영역을 그려내는 데 있어 경험적 영역을 바로 카본지carbon paper로 복사하듯이 해서 '모방한다'. 그러므로 경험적 영역과는 별개의 것일 터인 초월론적 영역에서 우리가 경험적으로 알고 있는 '자아'가 발견되어버린다. 칸트가 그리는 초월론적 영역은 **불순**하다. 나아가 이 '자아'는 칸트의 체계에서는 '초월론적 통각統覺'이라 불리고 있지만 이것은 '그러한 것이 있다고밖에 생각할 수 없다'라는 방식으로 상정 혹은 전제되고 있는 것으로, 칸트는 그 발생을 묻고 있지 않다.

『차이와 반복』에 이어서 발표된 『의미의 논리』(1969년)에서도 마찬가지로, 칸트가 초월론적 영역에서 "통각의 종합적 통일성으로서의 '자아'"라는 형태를 부여한 것이 비판되고 있다(LS, p.128). 그렇지만 이 책에서 비판은 거기에 머무르지 않는다. 칸트의 초월론 철학을 비판적으로 이어받은 에드문트 후설Edmund Husserl(1859~1938)이 초월론적 영역에 "라이프니츠류의 개체화의 중심과 개체적 시스템의 중심, 모나드Monad와 관점, '자아'를 등록"한 것이 비판되고(LS, p.121. 단, 라이프니츠를 원용한 것만은 평가되고 있다), 나아가서는 후설을 비판적으로 계승한 장 폴 사르트르Jean Paul Sartre(1905~1980)가 거기에 '의식'을 도입한 것도 비판된다(LS, p.120, note 5, pp.124, 128). 후설도 사르트르도 칸트와 같은 사고방식 안에 있고 '초월론적 통각'을 여러 가지로 바꿔보았을 뿐이라는 이야기가 될 것이다. 칸트가 행한 초월론적 탐구와 그 후계자들에 대한 들뢰즈의 비판은 『의미의 논리』의 다음 대목에 집약되어 있다. "정초하는 것이 정초되는 것과 닮아 있음은 있을 수 없다"(LS, p.120).

그러면 이상을 정리하면 무엇을 말할 수 있을 것인가? 들뢰즈는 흄 연구로부터 출발했다. 그리고 그 흄 연구는 칸트 철학과 긴장관계 속에 있었다. 칸트의 흄 비판이 결정적인 의미를 갖는다는 것을 들뢰즈는 충분히 이해하고 있다(그러므로 흄론에서도 칸트론에서도 칸트의 흄 비판의 중요성을 강조한다). 또한 이 비판이 초월론적이라 불리는 탐구의 가능성을 연 것도 높게 평가하고 있다(그러므로 칸트 이후의 초월론 철학의 행방을 상세하게 좇고, 또한 그 문제점을 지적하고 있다). 그러나 동시에 들뢰즈는 칸트 이후의 초월론 철학이 지니는 결정적인 누락점을 지적한다. 그것이 발생에 대한 시선이다. 초월론적 영역은 경험적 영역을 정초하는 것이다. 그럼에도 칸트 이후의 초월론 철학은 경험적 영역을 '모방하는' 것으로 그것을 그리고, 발생의 문제에 발을 들여놓으려 하지 않는다. 들뢰즈가 흄에게서 발견한 것은 바로 이 발생의 시각이었다. 흄에게서는 칸트가 묻는 것을 그만둬 버렸던 발생의 문제가 발견되었다. 발생을 묻는 것은 변화를 묻는 것, 그리고 변화의 조건을 묻는 것이다. 그렇다면 역으로, 발생을 묻지 않는 초월론 철학은 최종적인 곳에서 변화의 조건에 관한 질문을 봉인하는 것이 될 것이다.

들뢰즈의 철학적 시도란 초월론 철학의 가능성을 계승함과 동시에 그것이 잃어버린 발생의 질문을 경험론 철학에 의해 보충하는 것으로서 그려낼 수 있다. 모순된 표현인 듯 생각되지만 주저 『차이와 반복』에서 사용되고 또 그의 마지막 텍스트로 알려진 「내재—하나의 삶…」(1995년)에서도 채택된 표현을 인용한다면, '초월론적 경험론L'empirisme transcendantal'이야말로 들뢰즈의 철학적 시도의 근간에 있다. 이것은 초월론 철학과 경험론 철학의 종합이다. 왜 그러한 종합이 필요했었는가 하면 발생을 묻는 초월론 철학을 구상하기 위해서이다.

이 관점에서 보면 들뢰즈의 사상은 놀랍도록 일관성을 갖고 나타난다. 초월론적 경험론의 과제project는 1953년의 처녀작 『경험론과 주체성』에 이미 그려져 있었다. 1968년에 출판된 주저 『차이와 반복』은 초월론적 경험론이야말로 초월론적인 것을 그려내기 위한 유일한 수단이라고 분명히 말한다.⁶ 다음 해에 출판된 또 한 권의 주저 『의미의 논리』는 칸트에 의한 초월론 철학의 운용을 강하게 비판하고 '자아moi'나 '개체individu'나 '인칭personne'을 전제하지 않는 초월론적 영역을 그려내기 위해 '의미sense', '사건événement', '특이성singularité'의 개념을 내세웠다. 들뢰즈는 거기서부터 20년 이상 지난 만년에 이르러서도 초월론적인 것과 경험론의 관계를 집요하게 논하고 있고, 1991년에 출판된 『철학이란 무엇인가』에서는 초월론적 영역을 말할 수 있는 것은 '어떤 근원적인 경험론'이라고 말한다.⁷ 그리고 들뢰즈가 생전에 발표한 마지막 텍스트인 「내재―하나의 삶…」도, 초월론적인 것을 그려낼 수 있는 것은 초월론적 경험론뿐이라는 테제를 반복하고 있다.⁸ 우선은 이상의 사실을 통해 초월론적 경험론이야말로 들뢰즈의 철학원리라고 단정하는 것이 허용될 것이다. 들뢰즈 철학의 발상 근간에는 초월론적 경험론의 구상이 있다. 그러면 초월론적 경험론이란 대체 무엇인가?

2. 무인도

초월론적 경험론은 초월론 철학의 칸트적인 운용을 비판하는 형태로 구상되었다. 그 비판의 근저에는 발생에 대한 시점이 있다. 칸트는 상정해야 할 것이 아닌 것을 상정하고 있고, 그 발생을 묻고 있지 않다. 그렇다면 발생을 물을 때 근원적인 것은 대체 무엇일까? 칸트류의 초월론 철학은 '자아'나 '초월론적 통각'을 상정하고 있다는 점에서 비판되었다. 그렇다면 무엇이 그것에 앞서 있는가? 이것은 초월론적 경험론의 기원과 관계되는 질문이다.

　자아에 앞선 세계, 자아가 없는 세계. 들뢰즈는 그것을 '무인도ile déserte'라
는 다소 불가사의한 형상을 통해 논하고 있다. 게다가 극히 초기 단계였다.
1950년대에 쓰여 오랜 세월에 걸쳐 미발표된 채였던 초고 「무인도의 원인
과 이유」(ID, pp.11~17)가 그 아이디어를 전하고 있다. 이 텍스트는 1950
년대, 즉 들뢰즈가 흄론밖에 발표하고 있지 않았던 시대에 쓰였다. 어떤 잡
지의 '무인도' 특집호에 게재될 예정이었지만 어떠한 이유인지 게재되지
않았다. 들뢰즈는 만년인 1989년에 자기 저작의 서지를 작성했지만, 그 속
에서 이 단문을 『차이와 반복』의 문제계問題系와 이어지는 것으로서 위치시
키고 있다고 한다.[9] 이 사실은 들뢰즈 자신이 이 글의 중요성을 인정하고
있었다는 것, 따라서 이것을 이른바 젊었을 때 쓴 것으로서 갈무리해서는
안 된다는 것을 의미하고 있다. 실제로 『차이와 반복』의 결론 가까이에서
는 이 글과 같은 테마가 논해지고 있고, 또한 들뢰즈는 완전히 같은 테마로
다른 중요한 논고를 써서 그것을 『의미의 논리』에 보론으로서 수록하고 있
다.[10] 이러한 주변사정으로 미루어 봐도, 내용으로 살펴봐도 이것은 들뢰즈
철학의 출발점에 있는 텍스트이고, 초월론적 경험론을 구상하는 들뢰즈가
그 서장으로 쓴 것으로서 읽을 수 있다.

　「무인도의 원인과 이유」는 불가사의한 텍스트이다. 대륙도大陸島와 대
양도大洋島라는 지리학상의 구분에서 시작하는 논술은 "어떤 섬이 무인無人
[désert]이라는 것은 우리에게 있어서 **철학적으로는** 정상적인 것으로 생각
되어야 마땅한 것이다"(ID, p.11. 강조는 지은이)라는 극히 난해한, 어딘
가 철학적 테제 같은 무언가를 거쳐, 무인도라는 형상形象의 본질에 들뢰즈
의 독자적인 시점으로 다가간다. '무인도 문학'이라고도 말할 법한, 장 지

로두Jean Giraudoux의『쉬잔과 태평양』(1921년) 및 대니얼 디포Daniel Defoe의『로빈슨 크루소』(1819년)의 이름을 들고, 전자는 긍정적으로 후자는 부정적으로 논하며 거기서부터 일종의 신화비판의 테마를 들며 논술은 막을 내린다. 단행본에서 7쪽 정도인 단문이지만 이상에서 알 수 있듯이, 화제는 지리학, 철학, 문학, 신화학 등 여러 방면에 미치고 있고 또한 논술도 고도로 압축되어 있기 때문에 그 전모를 소개하기는 불가능하다. 여기서는 어디까지나 초월론적 경험론의 서장으로서 이 텍스트를 소개하는 데 머무를 것이다. 이때 핵심이 되는 것은 앞에서 인용한 한 글귀, "철학적으로는"이라는 문구가 포함된 한 글귀이다. 이 글귀는 곧 "어떤 섬이 무인도가 아니게 되기 위해서는 거기에 사람이 살면 되는 것은 아니다"(ID, p.12)라는 더욱 수수께끼 같은 역설로 전개되고 있다. 그것만이 아니다. 들뢰즈는 "어떠한 섬도 이론적으로는 무인이고, 또한 계속 그렇게 있을 수 있다"(ID, p.12)라고도 기술한다.

이상의 역설적 명제를 어떻게 이해하면 좋을까? 핵심이 되는 것은 '무인désert'이라는 말이다. 들뢰즈는 거기에서 '철학적'인 의미를 읽어내고 있다. 무인이란 물론 사람이 없다는 의미이다. 역으로 사람이 있는 상태란 섬이라는 **객체**에 사람이라는 **주체**가 살고 있는 상태를 가리킨다. 들뢰즈가 여기서 말하려고 하고 있는 것은 무인상태의 섬에 누군가 한 사람이 뚝 떨어졌다고 해도 이 **비-무인상태**(섬이라는 객체에 사람이라는 주체가 살고 있는 상태)가 바로 발생할지는 의심스럽다는 것이다. 무인상태를 '철학적'으로 생각하면, 그것은 주체도 객체도 없는 세계가 될 것이다. 그러면 그러한 무인상태는 어떻게 하면 붕괴할까? 그곳에 사람이 사는 것만으로는 그 상태는 무너지지 않는다. 비-무인상태가 갖는 주체/객체의 범주category가 어떤 비약과 함께 나타나지 않는다면 무인도는 계속 무인상태로 있게 된다. 무인도의 무인상태는 단지 그 섬에 사람이 있다는 것만으로는 소거되지 않는다. 그러므로 들뢰즈는 다음과 같이 말하기도 한다. "무인도 위에 그러한 한 피조물이 있다고 하면 그것은 자신을 그 최초의 운동 속에서 상상하고 또한 반성하는 한에서, 그 자체로 무인도이다"(ID, p.13).

　이것만으로는 꽤 이해하기 어려울 것이다. 그러므로 같은 테마를 다룬 다른 논문을 참조하고자 한다. 「타자의 이론(타자, 로빈슨, 그리고 도착倒錯)」이라는 제목으로 1967년에 《크리틱》지에 발표되고 그 뒤 『의미의 논리』에 보론으로 수록된 「미셸 투르니에와 타자가 없는 세계」에서 들뢰즈는 이 무인도의 역설을 보다 이론적으로 해설하고 있다. 이것은 미셸 투르니에Michel Tournier(1924년생)의 소설 『방드르디, 태평양의 끝』(1967년)을 논한 서평논문이지만, 투르니에의 소설 자체가 디포의 『로빈슨 크루소』에서 소재를 취하여 쓰인 것으로 무인도에 표류한 로빈슨을 어떤 철학적인 시선으로 좇는 이야기이다. '타자'라는 논점에서 이 소설을 해독한 들뢰즈의 논고가 「무인도의 원인과 이유」와 상통하는 주제를 갖고 있음은 틀림없다. 또한 '타자'라는 논점은 「무인도의 원인과 이유」의 논의論議 근저에서는 발견되지만, 거기에서는 전경화되고 있지 않았다.

　투르니에론은 다음과 같이 기술된다. "로빈슨이란 타자가 없는 섬에 있는 남자이다"(LS, p.354). 당연하다고 생각될지도 모른다. 그러나 상상해보자. '타자가 없는 섬'이란 대체 어떤 것일까? 그것은 용이하게 상상할 수 있는 것일까? 우리는 보통 타자가 있는 세계를 살고 있다. 거기서 상상되는 무인도는 타자가 있는 세계로부터 상상된 '무인도'이다. 바꿔 말하면 비-무인상태로부터 고찰된 무인상태이다. 비-무인상태에 있을 때 우리는 타자의 존재를 전제하고 있고 타자에 의해서 야기되는 어떤 효과 속에 있을 것이다. 그렇다면 그 효과에 관해 고찰하지 않는 한 우리는 비−무인상태를 무인상태에 투영하는 것이 되어버린다. '로빈슨'에 따르려고 한다면, 즉 무인도 위의 한 피조물에 따르기 위해서는 그 효과 그 자체를 명백하게 해야만 한다. 비−무인상태가 전제하고 있는, 타자가 야기하는 효과를 다시 거론해야만 한다. 그러면 타자가 야기하는 효과란 무엇인가?

타자가 야기하는 효과란 내가 지각하는 대상이나 내가 생각하는 관념에 따라 '주변적인 세계'를 조직하는 것이다. 내가 한 번에 볼 수 있는 범위는 한정되어 있다. 길거리에 서서 건물을 보면 건물의 정면밖에 볼 수 없다. 그러나 보통 우리는 정면의 벽 뒤에는 건물이 이어져 있고 방이나 복도 등이 있다고 생각하고 있다. 왜 그렇게 생각하고 믿으며 상정하는 것이 가능한가 하면, "대상 속에서 내가 보고 있지 않은 부분을 나는 동시에 타자에게는 보이는 것으로서 생각하기 때문이다"(LS, p.355). 타자라는 것을 상정하기 때문에 비로소 보이지 않는 '여백' 부분을 **타자에게는 보이는 부분**으로서 처리하고 그것이 **항상적으로** 존재하고 있다고 생각할 수 있다. 이것은 **공간**의 성립요건이지만 그것만은 아니다. 나에게는 사각이 있고, 어떤 대상의 밖과 안을 동시에 보는 것은 불가능하다. 그리고 안쪽을 보기 위해서는 **안쪽으로 이동하는 시간**이 필요하다. 타자에 의해서 야기되는 '주변적인 세계'의 조직화는 그러한 추이의 시간을 규정한다. 들뢰즈는 이 추이에 관해 "한쪽[의 대상]에서 다른 쪽[의 대상]으로의 이행을 조정하는 추이의 규칙"(LS, p.354)이 존재한다고 기술하고 있다. 그 규칙에 따라 "한 바퀴 돌아서 이 숨겨진 부분에 도달하면 대상의 뒤에 있던 타자에 합류해서 그 대상에 관해 예견되고 있던 전체화를 달성할 수 있을 것이다"라고 상정할 수 있기 때문에, 바로 우리는 대상의 일부밖에 보이지 않아도 그 대상 전체를 생각할 수 있다(LS, p.355). 우리는 세계의 그저 일부밖에 보고 있지 않다. 그럼에도 왜 세계가 존재하고 있다고 생각하고 있는가 하면, 타자가 야기하는 시간적·공간적인 효과 속에 몸을 두고 있기 때문이다.

이상으로부터 타자란 무엇인가를 정의할 수 있다. 타자란 그것 없이는 지각이 기능할 수 없게 되는 "지각영역의 구조structure du champ perceptif"이다(LS, p.357). 바꿔 말하면 대상의 대상성을 보증하는 구조이다. 타자는 **지각영역에 있어서 대상은 아니다.** 왜냐하면 타자가 없으면 지각영역 그 자체가, 따라서 대상의 대상성이 성립하지 않기 때문이다. 그것만이 아니다. 타자야말로 대상의 대상성을 보증하고 있는 것이라고 하면, 타자를 뺀 곳에서는 무릇 **자아라는 것을 상정하기가 불가능하다.** 자아는 아프리오리하게 존재하는 기체基體는 아니다. 대상의 대상성의 경우와 마찬가지로 의식이 타자에 의해 '나는 이러했다j'étais'로 빠져들어가, **지나가면서도 계기繼起하는** '나'가 대상으로서 규정되어 비로소 자아라는 것이 성립한다. 바꿔 말하면 자아란 '나에게 있어서의 지나쳐간 대상mes objets passés'이다.[11] 자아가 있어서 외계의 것을 대상화하는 작용을 획득하는 것이 아니라, 대상화 작용의 획득에 의해 비로소 자아가 발생한다. 따라서 타자는 지각영역에 있어서 대상이 아닌 것뿐만 아니라 **나를 지각하는 주체도 아니다.** 지각하는 주체/지각되는 객체라는 구도 그 자체가 타자에 의해 성립하는 것이기 때문이다. 타자가 없으면 자아도 없다는 역설. 타자가 야기하는 가장 근본적인 효과란 "나의 의식과 그 대상의 구별"이 될 것이다. "이 구별은 실제로는 타자의 구조로부터 귀결한다"(LS, p.360). 이 명제는 물론 그 반대명제를 동반한다. "타자가 부재한다면 의식과 그 대상은 이미 하나일 뿐이다"(LS,

p. 361).

이상으로부터 무인도라는 형상이 갖는 이론적·철학적 지위를 정면으로 생각해볼 수 있을 것이다. 무인도에는 타자가 없다. 타자가 빠지면 어떻게 되는가? 나에게 보이지 않는 부분의 지각을 떠받쳐주는 자가 없다. 더 이상 자신에게는 보이지 않지만 누군가에게는 보이고 있을 것이라고 상정할 수 없다. 따라서 그때 **나에게 보이지 않는 것**은 단적으로 **존재하지 않는다**. 들뢰즈는 투르니에의 소설에서 로빈슨의 말을 인용하고 있다. "내가 섬에서 보지 않은 것은 절대로 알 수 없는 것이다"(LS, p. 355). 그것만이 아니다. 타자가 있지 않으므로 자아도 성립하지 않는다. 따라서 "나의 의식과 그 대상의 구별"이 성립하지 않는다. "의식과 그 대상은 이미 하나일 뿐이다." 따라서 무인도 위에 있는 피조물은 "그 자신이 무인도이다." "섬은 인간의 몽상에 지나지 않고, 사람은 섬의 순수의식이다"(ID, p. 13).

'무인désert'은 이러한 역설적인 상태, 타자가 없으므로 자아도 없는 상태를 가리키고 있다. 「무인도의 원인과 이유」는 "어떤 섬이 무인도가 아니게 되기 위해서는 거기에 사람이 살면 되는 것은 아니다"라고 기술하고 있었다. 왜냐하면 무인도의 무인상태가 붕괴하기 위해서는 사람이 사는 것만이 아니라 타자에 의한 지각영역의 구조화가 일어나야만 하기 때문이다. 타자는 나와 대상의 구별을 야기한다. 타자를 빼면 그러한 구별은 없다. 나라는 주체와 섬이라는 객체가 있는 것이 아니라 "무인도와 그 거주자의 일체성"(ID, p. 13)이 있을 뿐이다.[12]

이상을 우리는, 감성에 의한 직관의 형식으로서의 시간·공간의 발생 과정process, 나아가서는 그 형식으로 다양한 것을 수용하는 주체 내지 자아의 발생 과정을 묘사한 이론으로서 읽을 수 있을 것이다. 들뢰즈는 칸트가 자아나 초월론적 통각을 상정하고 있음을 비판했다. 그리고 실제로 그 비판에 기반을 두어 자아나 시간·공간의 발생을 이론화했다. 게다가 그 이론화의 근간에는 흄적인 발상이 있다. 「무인도의 원인과 이유」에서 들뢰즈는 다음과 같이 기술하고 있다.

> 무인도와 그 거주자의 일체성이란, 그 때문에 커튼 뒤에 있지 않으면서 커튼 뒤를 보고 있다고 생각하는 것과 마찬가지로, 현실적인 것이 아니라 상상적인 것이다. (ID, pp.13-14)

여기서 말하고 있는 커튼의 이야기는, 앞에서 본 투르니에론의 한 구절 "대상 속에 내가 보고 있지 않은 부분을 나는 동시에 타자에게는 보이는 것으로서 생각한다"와 완전히 같은 것을 기술하고 있다. 그리고 자신에게 보이지 않는 커튼 뒤쪽을 타자가 보고 있을 것이라고 생각하는 것은 믿음에 속한다. 흄은 믿음에 의해 인간의 인식이 소여(=커튼 앞쪽만의 지각)를 넘어선다고 생각했다. 들뢰즈의 무인도론은 흄적 발상을 근간에 갖고 있음을 알 수 있다. 단, 한 가지 차이가 있다. 그것은 '타자'라는 요소가 등장하고 있다는 것이다. 지각은 어디까지나 타자에 의해 성립한다. 믿음이라는 것은 그 효과에 다름 아니다. 그렇다면 들뢰즈는 칸트적인 상정을 비판하면서 무인도를 이론화하고 있고, 흄이 인식의 사실(믿음에 의한 소여의 넘어섬)로서밖에 생각할 수 없었던 것의 발생을 묻고, 타자가 야기하는 효과에 주목했다고 생각할 수 있을 것이다.

실은 투르니에론에서는 "요컨대, 타자는 세계 속의 여백과 추이를 보증한다. **타자는 근접과 유사의 윤활제이다**"(LS, p.355. 강조는 지은이)라고 기술되어 있었다. '근접'과 '유사'는 바로 흄이 관념연합의 원리로서 든 것이다. '회화繪畵는 우리의 사고를 그 원래 상으로 자연히 유도한다'(유사)라든가, '어떤 건물의 한 구획에 대한 언급은 다른 구획에 관한 상상을 자연히 유도한다'(근접)라는 원리로 흄은 우리의 관념연합을, 나아가서는 소여의 넘어섬을 설명했지만, 결국 그것들은 단지 인식의 사실로서(즉, 어떻게 해서인지는 잘 알 수 없지만 인식을 조사해보면 나오는 사실로서) 제시되고 있었던 것에 지나지 않는다. 그에 비해 들뢰즈는 '타자'야말로 이 원리들의 발생원이라고 기술하고 있는 것이 된다.

나아가 여기서부터 앞 인용의 머리 부분에 관해 생각할 수 있다. '무인도와 그 거주자의 일체성'은 (커튼의 이야기와 마찬가지로) '상상적인 것'이라고 들뢰즈는 말한다. 커튼의 이야기는 흄적인 믿음의 논의와 직결되고 있다. 그렇다면 '상상적인 것'이란 여기서 인식이 믿음에 의해 뒷받침되고 있음과 마찬가지의 사태를 가리키고 있다고 생각할 수 있을 것이다. 즉, '무인도와 그 거주자의 일체성'도 또한 어떤 믿음과 같은 것에 의해 뒷받침되고 있는 위태로운 존재가 될 것이다. 확실히 **"철학적"**으로는 섬이 무인임은 정상적인 것이고, **"이론적"**으로는 어떠한 섬도 무인이며, 또한 계속 그렇게 있다(ID, pp.11-12). 그렇지만 그러한 철학적·이론적으로 '정상'적인 상태, 자아와 대상이 구별되지 않는 상태, 무인도와 그 거주자의 일체성, 무인도의 무인성… 뭐라고 불러도 좋지만 그러한 것은 현실에서는 커튼 뒤에 없는데도 커튼 뒤를 보고 있다고 생각하는 것과 같은 위험성을 품고 있다. 그러므로 들뢰즈는 다음과 같이 기술하고도 있다. 인간은 섬을 만들어내는 운동 그 자체와 일체가 되지는 않으므로 실제로는 "그들은 항상 외부로부터 섬과 조우하고, 사실상 그들의 존재는 섬의 무인상태를 방해한다"

(ID. p.13). 섬의 무인상태가 '방해'받는다는 것은 대상의 대상성, 지각의 구조, 자아, 통각이라는 것이 발생함을 의미한다. 외부로부터 오는 타자에 의해 칸트가 상정하고 있던 몇몇 개념들이 발생하는 것이다.

3. 사건

무인도는 초월론적 경험론에 있어서의 원초적 광경이다. 거기에 타자가 나타남에 의해 우리가 잘 아는 경험세계가 생성된다. 그러면 이렇게 해서 초월론 철학이 재구성될 때 초월론적인 것은 대체 어떻게 해석될 것인가? 초월론적인 것은 경험세계를 정초한다. 그러면 그것은 단적으로 무엇인가? 이것은 초월론적 경험론이 다루는 기본요소에 관한 질문이다.

들뢰즈에게 초월론적인 것이란 '사건événement'이다. 들뢰즈는 이것을 '특이성singularité'이라고도 부른다. "여러 특이성들이야말로 참된 초월론적인 사건이다"(LS. p.125). 양자는 완전히 동일시되고 둘을 하이픈으로 이은 '특이성-사건singularité-événement'이라는 표현도 들뢰즈는 사용하고 있다. 그렇지만 초월론적인 것이 사건임은 곧바로 믿기는 힘들다. 실제로 이러한 사건의 개념이 고안되기까지에는 긴 여정이 있었다. 생략하지 말고 그것을 좇아가자. 사건의 개념을 구축하는 데 출발점이 된 것은 고트프리트 빌헬름 라이프니츠Gottfried Wilhelm Leibniz(1646~1716)의 철학[13], 그중에서도 그의 가능세계론이다.

라이프니츠는 가능세계라는 개념을 창안했다. 라이프니츠가 선호한 예를 사용해서 이것을 설명해보자. 카이사르는 루비콘강을 건넜다. 그것은 이 현실세계에 사는 우리가 알고 있는 사실이다. 그러나 동시에 우리는 그 사실의 반대를 생각할 수 있다. 루비콘강을 건너지 않은 카이사르는 **그 자체로서는** 모순을 포함하지 않는다.[14] 게다가 어쩌면 카이사르는 루비콘강을 건너지 않았을지도 모른다. 우리는 카이사르가 루비콘강을 건너지 않았던 세계를 생각할 수 있다. 이것을 '가능세계에서는 카이사르는 루비콘강을 건너지 않았다'라고 환언하자고 하는 것이 가능세계라는 생각이다.

루비콘강을 건너지 않았던 카이사르가 그 자체로서는 모순을 포함하지 않는다는 것은 무슨 말일까? 그러면 그것은 무엇과 모순되는가? 당연하지만 우리가 아는 이 현실세계와 모순된다. 삼두정치의 붕괴, '주사위는 던져졌다'라는 한마디, 파르살루스전투의 승리. 루비콘강의 도하라는 **사건**은 다른 무한히 많은 사건이 이루는 계열série 속에 짜 넣어져 있다. 루비콘강을 건너지 않았던 카이사르는 카이사르가 루비콘강을 건넌 이 현실세계와는 **양립하지 않는다.** 루비콘강을 건너지 않았던 카이사르로부터는 우리가 아는 이 세계에서는 현실화하지 않았던 다른 사건의 계열이 뻗어져 있다. 즉, 루비콘강의 도하라는 **사건**에서 계열은 '분기diverger'하고 있다. 분기한 계열들 간의 양립 불가능성을 라이프니츠는 '불공가능성不共可能性, imcompossibilité'이라 부른다. 두 카이사르에 의해 표현되는 두 세계, 이 현실세계와 다른 가능세계는 불공가능적이다. 바꿔 말하면 이 현실세계에는 공가능적인 사건의 계열들만이 현실화하고 있다. 세계란 '수렴converger'한 공가능적인 계열들의 다발이다. 이것은 온갖 개체가 세계와의 공가능적인 관계를 갖고 있음을 의미한다. 루비콘강을 건넌 카이사르는 카이사르가 루비콘강을 건넌 이 세계를 '표현exprimer'하고 있다고 말할 수 있을 것이다.[15]

라이프니츠는 술어의 개념은 주어의 개념 속에 포함되어 있다고 기술하고 있다.[16] 이것은 예컨대, '카이사르'라는 주어에는 '루비콘강을 건너다'라는 술어가 포함되어 있다는 것이다. 단, 주의해야 할 것이 있다. 이 테제가 의미하고 있는 것은 미리 주어가 있고 거기에 술어가 부여된다는 것은 아니다.[17] 무슨 뜻인가? 사건에 있어서 계열은 분기하는 것이었다. 계열이 분기한다는 것은 거기에서 **다른 개체가 발생한다**는 것을 의미한다. 즉, 카이사르가 루비콘강을 건넌다는 사건에 있어서, 한편으로는 '루비콘강을 건너다'라는 술어(=사건)를 내포하는 '카이사르'가, 다른 한편으로 '루비콘강을 건너지 않다'라는 술어(=사건)를 내포하는 '카이사르'가 발생한다(라이프니츠 자신이 '술어'를 '사건'과 동일시하고 있다[18]). 사건에 앞서서 주체는 존재하지 않는다. 사건이란 개체에 선행하고 개체를 발생시키는 발생소generator에 다름 아니다. 들뢰즈는 '사건'을 '특이성'이라 환언하면서 다음과 같이 기술하고 있다. "여러 개체들은 그것들이 포섭하고 있는 여러 특이성들의 주변에서 구성된다"(LS, p.135).

그리고 라이프니츠는 사건의 개념에 의해 개체의 발생과 세계의 발생을 그려 보인다. 거기에서 나타나는 것은 모든 것이 주어로부터 연역되는 고정적인 세계가 아니라 모든 것의 주어(주체)가 동사(사건) 작용의 흔적으로서 있고, 사건이 도래하는 그 도래 자체가 집약되어 세계를 이루는 유동적인 세계이다. 발생을 그려내는 것에 강하게 집착하는 들뢰즈가 이 철학에 매료되지 않았을 리가 없다. 실제로 들뢰즈는『차이와 반복』및『의미의 논리』에서 방대한 페이지를 이 바로크의 철학자에게 할애하고 있고, 만년인 1988년에는『주름』이라는 라이프니츠론까지 출판하고 있다.

그렇지만 그럼에도 들뢰즈는 최종적으로 라이프니츠에 대해 근본적인 이론異論을 드러내게 된다. 라이프니츠는 가능세계에 의해 극히 매력적인 철학을 만들어냈다. 그러나 그는 그것을 '신에 의한 최선의 선택'을 이론화하기 위해서만 사용했다. 이 현실은 확실히 다른 것으로서도 있을 수 있었지만, 실제로는 왜 이렇게 있는가 하면 신이 이것이 바로 최선이라고 바랐기 때문이다… 복수 계열의 수렴과 분기에 의해 그려진 세계상은 **결국 지금 여기에 있는 단일한 현실**에 봉사하게 된다. 라이프니츠는 기성의 현실을 변호하는 데 머무른다. 즉, 호교론적護教論的이다. 특히 들뢰즈는 "새로운 개념을 창조하는 데 있어서는 '기성의 감정들'을 전도하지 않도록 배려해야만 한다"라는 라이프니츠의 말을 극히 강한 어조로 비난하고 있다.[19]

들뢰즈는 최종적인 곳에서 라이프니츠에게 강한 비난을 가한다. 이 17세기의 철학자가 창조한 개념을 모두 소거하는 것이 아니라 라이프니츠가 아슬아슬한 곳에서 도망친 사건의 개념을 스스로 구축하려고 시도한다. 따라서 여기서의 과제는 다음과 같은 것이 될 것이다. 사건이라는 이 발생소를 현실세계에 대한 봉사로부터 해방하는 것. 이것은, 즉 라이프니츠가 가능세계론으로 그린 발생의 메커니즘을 **이 현실세계 내**에서 발견하는 것을 의미한다. 『의미의 논리』는 이 과제를, '정적 발생genèse statique'이 아니라 '동적 발생genèse dynamique'을 물어야만 한다는 표현으로 설명하고 있다(전자는 명확히 라이프니츠적인 사건과 계열의 이론을 가리키고 있다). "상정된 사건에서, 현상에 있어서 그 실현으로 그리고 명제에 있어서 그 표현으로 향하는 정적 발생은 더 이상 문제는 아니다. 질문되어야 할 것은 현상에서 사건으로 [⋯] 직접 향하는 동적 생성이다"(LS, p.217). '현상', 즉 현실세계로부터 역으로 사건을 상정하고 그 상정된 사건이 어떻게 현상에서 실현되고 있는가(카이사르가 루비콘강을 건넜다고 하면 건너지 않은 가능세계도 생각할 수 있고⋯)를 고찰하는 것이 아니라, 이 '현상'에 도래하는 사건과 '현상'

의 관계 그 자체를 묻는다.

들뢰즈 철학의 대명사가 되고 있는 '잠재성virtualité'이라는 개념은 필시 이 과제로부터 요청된 것이다. 그 지향하는 바는 '가능성possibilité' 개념의 탈구축이다. 가능세계는 가능성이라는 양상하에 있는 것이지만, 들뢰즈는 이 것을 실재성réalité과의 쌍으로 파악한 다음, 그것에 대립하는 다른 쌍으로서 잠재성virtualité과 현동성現動性, actualité이라는 쌍을 제시한다(이때 들뢰즈는 '가 능성'에 관한 베르그송의 개념을 원용하고 있다[20]). 우리는 통상, 가능성이 현 실에 몇 가지 있고 그중 하나가 선택되고 있다고 생각한다. 그러나 이 생각 은 뒤바뀌어 있다. 왜냐하면 가능성이 발견되는 것은 항상 어떤 사항이 실 현된 뒤이기 때문이다. 카이사르가 루비콘강을 건넜기 때문에 비로소 우 리는 카이사르가 루비콘강을 건너지 않았던 가능세계를 생각할 수 있다. 따라서 다음과 같이 말해야만 한다. "가능적인 것이란 실은 나중에 생산된 것이고, 또한 그 가능적인 것과 유사한[현실적인] 것을 흉내 내어 흡사 이 전부터 존재하는 듯 날조된 것이다"(DR, p.273). '가능성-실재성'을 축으 로 해서 생각되고 있는 '발생'은 참된 발생은 아니다. 그것과는 별도로 또 하나, '잠재성-현동성'의 축을 창출해야만 한다. 잠재적인 것이 현동화하 면서 현실을 구성하고 있다고 생각해야만 한다. 그것은 소극적으로 발견 된 발생을 **여기**에서 발견하는 것을 의미한다.

이 잠재성의 개념에 의해 발생소發生素로서의 '특이성-사건'은 소생한다. 들뢰즈는 계열화되는 데 앞서는, 우글거리며 흩어져 있는 '특이성-사건'을 발견한다(잠재성의 차원). 그것이 대역적으로 한 덩어리가 될 때에 발생이 일어난다(현동성의 차원). 현실은 이러한 잠재적인 것의 현동화로서 그려 지는 것이 될 것이다(뒤에 이 과정process은 '분자적moléculaire'인 것이 '몰적molaire'

인 것이 된다는 용어로도 이론화된다). 다음 절에서 보겠지만, 들뢰즈는 계열화 이전의 '특이성-사건'을 이론화하는 데 있어서 정신분석에 많은 것을 빚지고 있지만, 실은 이 발상의 출발점에 있던 것도 라이프니츠이다. 단, 사건의 계열을 논한 라이프니츠는 아니다. '미세지각petite perception'을 논한 라이프니츠이다(DR, pp.274-276).

라이프니츠는 '지각perception'과 '통각aperception'을 구별하면서 바다의 파도가 출렁이는 소리에 관해 다음과 같이 논하고 있다. 바다가 출렁이는 소리를 들었을 때, 하나하나의 파도는 확실히 우리의 귀에 소리의 울림을 전하고 있다. 그럼에도 우리는 그 하나하나를 식별할 수 없다. 하나하나의 파도는 확실히 각각의distinct(판명한) 소리를 내고 있고 우리도 그것을 지각하고 있을 터이지만, 그것들은 의식 속에서는 애매한obscur(어두운) 채로 있다. 우리는 그러한 무수한 미세 지각을 일괄하는 것으로 파도의 출렁거림이라는 명석한clair(밝은), 그러나 혼잡한confus 통각을 얻는다. 라이프니츠는 이 통각의 작용을 의식의 작용 그 자체로서 이해하고 있다. 즉, 무수한 미세 지각을 억지로 일괄하는 것으로 의식이라는 통각이 발생한다.

들뢰즈는 나아가 여기에 『차이와 반복』에서 도입한 '차이적=미분적différentiel'과 '이화異化=분화différencialtion'의 개념을 부가한다. 전자는 어떤 항이 다른 항으로부터 구별되는 차이로서의 힘을 갖고 있음을 의미한다. 후자는 다른 것으로부터 구별되는 형태로 어떤 통합이 생성되어가는 과정을 형용한다. 미세지각은 그 자체가 특이성의 입자이고 차이적=미분적이다. 그러나 하나하나를 구별하기는 불가능한 이상 아직 이화=분화되어 있지 않다. 그러나 이 미세지각(특이성-사건)이 '응축'되어 어떤 역치閾値를 넘으면 이화=분화작용이 일어난다. 잠재적인 영역에 있던 미세지각(특이성-

사건)은 현동화하고 통각(의식)이 발생한다. 의식은 확실히 명석한 것이지만, 미세지각을 억지로 통합함에 의해 생성됐다는 의미에서 혼잡하다. 잠재적인 것의 현동화는 '차이적=미분적'인 것의 '이화=분화'라고도 환언할 수 있게 된다. 어쨌든 요소가 되는 것은 **계열화되어 있지 않은** '특이성-사건'이다.

사건의 계열론은 계열의 분기와 배제에 의해 발생을 설명하고 있었다. 미세지각론은 분기나 배제를 전제하는 일 없이 발생을 설명하기 위한 모델이 된다. 라이프니츠가 들뢰즈에게 준 영향은 헤아릴 수 없다. 흄과 칸트를 병렬함에 의해 구상된 초월론적 경험론은 이 바로크의 철학자에게 많은 것을 빚지고 있다.

4. 초월론적 원리

여기서 이 장의 흐름을 다시 한 번 확인해두자. 들뢰즈는 칸트가 창설한 초월론 철학의 프로그램을 높이 평가했다. 그러나 동시에 칸트가 그것을 충분히 적용할 수 없었던 것을 비판했다. 칸트는 전제할 만하지 않은 것을 전제하고 있다. 자아라는 통각도, 시간·공간이라는 형식도, 이성 등의 능력도 기성의 것으로서 전제하기는 불가능하다. 그것들은 발생한다. 이러한 발생론적인 발상을 들뢰즈는 흄의 경험론에서 얻었다. 발생의 관점에 주목하여 경험론에 의거하면서 초월론 철학을 재정의하는 시도를 우리는 여기서 초월론적 경험론이라 부르고 있다. 그 목표는 무엇보다도 초월론적인 것, 초월론적 영역을 재정의하는 것에 있다.

초월론적인 것이란 경험영역을 정초하는 것이다. 칸트는 그것을 정의하는 데 있어 몇 가지 불순물을 혼입시키고 있었다. "정초하는 것이 정초되는 것과 닮아 있음은 있을 수 없다." 즉, 정초하는 것인 초월론적 영역이 정초되는 것인 경험론적 영역과 닮아 있음은 있을 수 없다. 그럼에도 칸트를 비롯해 초월론 철학에 개입한 철학자들은 지금까지 자아나 의식이라는 경험적 영역에서 발견되는 형상을 초월론적 영역으로 밀수하고 있었다. 들뢰즈가 반복해서 사용하고 있는 동사를 사용해 말하자면, 경험적 영역을 '모방하는décalquer' 것으로 초월론적 영역을 그리고 있었다. 그것을 비판하는 들뢰즈는 순수하게 초월론적인 영역의 이론화를 지향하고 있다.

우선 들뢰즈는 무인도의 형상에 의거하면서 타자가 없기 때문에 자아도 없는 역설적인 상태를 그려 보였다. 이것은 온갖 경험적 요소를 배제한 초월론적인 원광경原光景이고, 그것이 초월론적 경험론의 무대가 된다. 무대에 나타나는 것은 사건 혹은 '특이성−사건'이다. 그것이야말로 초월론적으로 발견되는 참된 발생소이다. 들뢰즈는 라이프니츠의 계열론을 경유하면서 비판하고 미세지각으로서 이미지화되는 '특이성−사건'을 그려내었다. 나아가 그것을 뒷받침하는 것으로서 '잠재성'의 개념을 제창했다. 들뢰즈는 만년의 『철학이란 무엇인가』 내에서 "경험론은 사건과 타자밖에 알지 못한다"라고 기술하고 있는데(Qph, p.49), 무인도(타자론)와 발생소로서의 '특이성−사건'은 바로 초월론적 경험론의 기본적인 구성요소이다.

그러면 초월론적 경험론의 도구를 일단 완성시킨 들뢰즈는 그 뒤 어디로 향했는가? 들뢰즈는 이 도구들이 실제로 작동하는 경우의 검토로 향한다. 그때 검토의 경우로서 선택된 것은 정신분석이다. 『차이와 반복』도 『의미의 논리』도 정신분석에 많은 페이지를 할애하고 있다. 게다가 이 장의 논의 흐름에서 흥미로운 것은 거기에서 라이프니츠 철학에서부터 정신분석으로의 흐름이 발견된다는 것이다. 들뢰즈는 지그문트 프로이트Sigmund Freud(1856~1939)가 말하는 '무의식'을 대립이라는 이름의 부정否定의 논리로 이해하는 것은 불가능하다고 강조하면서 "프로이트가 만약 헤겔적인 포스트칸트주의 쪽에, 즉 대립의 무의식 쪽에 완전히 몸을 두고 있었다면 어째서 그는 **라이프니츠주의자인 페히너**Gustav Theodor Fechner**에게**, 그리고 '증후학주의자症候學主義者'의 섬세함인 그의 차이적=미분적인 섬세함에 그토록 경의를 표하고 있는 것일까"(DR, p.143. 강조는 지은이)라고 기술한다. 들뢰즈는, 무의식을 어떻게 이해해야 하는지, 그 이치는 라이프니츠에 의해 이미 제시되어 있었다고까지 기술한다(DR, p.143). 물론 거기서 염두에 두고 있는 것은 미세지각을 논한 라이프니츠이다. 또한 이미 보았듯이 『의미의 논리』는 '정적 발생'을 라이프니츠의 계열론으로 설명한 뒤에 '동적 발생' 검토의 필요성을 기술하고 있었다. '동적 발생'의 검토는 제27계열에서 개시되지만 이 계열로부터 본격적으로 검토되기 시작하는 것이 정신분석이다. 그 안에서는 "정신분석이란 일반적으로 사건에 관한 과학이다"라고까지 언명되고 있다(LS, p.246). 들뢰즈가 라이프니츠 철학에서 힌트를 얻으면서 사건의 개념을 구상하고 거기서부터 정신분석의 검토로 향했음을 잘 알 수 있다.

들뢰즈가 정신분석의 검토로 향한 것은 단순히 취향의 문제는 아니다. 『차이와 반복』, 특히 그 제2장에서는 '데카르트의 코기토를 재검토하는 것으로 칸트가 초월론적 주체를 발견하고, 그 초월론적 주체에 발생의 관점에서 재검토를 더한 것이 프로이트이다'라는 철학적 계보가 명확하게 제시되어 있다. 들뢰즈는 현대 초월론 철학의 첨단에 정신분석이 있다고 생각했다. 따라서 초월론적 경험론은 그 도구를 갖춘 지금 그것과 대결해야만 한다. 실제로 논하고 있는 것은 프로이트적인 주체의 구성이다.

프로이트의 정신분석은 오이디푸스 콤플렉스를 발견한 것으로 알려져 있다. 그것에 의하면 유아는 모친에 대한 근친상간의 욕망과 그것을 방해하는 부친에 대한 존속살인의 욕망을 동시에 갖고 있다. 그렇지만 이 무의식의 욕망들은 달성되는 일이 없다. 그 단념이 바로 주체를 생성한다. 여기에 있는 것은 대립의 논리(나아가서는 변증법적인 논리)에 의한 무의식의 설명이다. 들뢰즈는 프로이트에 관해 상세하게 논하고 있지만, 대립의 논리에 의해 그려진 오이디푸스 콤플렉스에 대한 언급은 실제로는 적다. 그가 가장 주목하는 것은 제2국소론, 그리고 그것에 기반을 두어 전개된 '쾌락원리'의 문제이다.

프로이트는 당초, 의식/전前의식/무의식의 쌍(제1국소론)으로 인간의 정신생활을 그리고 있었다. 그러나 어느 날 그 한계에 부딪쳐, 에스/자아/초자아라는 쌍(제2국소론)을 구상한다. 에스(독일어로 '그것'을 의미한다)는 바로 '그것'이라고밖에 지명할 수 없는 생명 에너지의 덩어리이다. 이것은 '쾌락원리'라 불리는 원리에 따라 움직인다. 불쾌를 피해 쾌락을 구한다. 그것만이 에스의 행동원리이다. 그렇지만 유아는 점차 이 행동원리로는 현실에 잘 대응할 수 없음을 이해해간다. 그리고 불쾌를 피해 쾌락을 구하는 행동을 연기延期함을 배운다. 이렇게 연기하는 것을 '현실원리'라 부른다. 현실원리를 떠맡고 있는 것이 자아이다.

자아란 미리 주체에게 주어져 있던 기능은 아니다. 에스가 현실과의 갈등 속에서 분화해서 발생하는 심급審級(심급은 법률용어로서 어떤 소송 사건을 다른 법원에서 반복적으로 심판하는 경우 그 심판 순서나 상하 관계를 가리킨다.

철학용어로 사용될 때는 결정이나 판단의 단계, 층위를 의미한다—옮긴이)에 다름 아니다. 칸트는 자아를 **상정**하고 있었지만, 프로이트는 자아의 **발생**을 그린다. 또한 자아의 발생에 다소 뒤늦게 초자아라 불리는 심급도 등장한다. 자아는 자신이 현실세계 속에서 매우 약한 존재라는 것, 자신은 절대로 대적할 수 없는 외부의 권위가 존재한다는 것을 배워간다. 자아가 그 권위를 자신의 내면으로 받아들임으로써 발생하는 것이 초자아이다. 초자아는 자아를 감시한다. 프로이트는 초자아야말로 칸트가 기술하고 있던 '양심'일 것이라고 말하고 있다. 칸트에 의하면 아무리 악인이라도 나쁜 일을 할 때에는 '이것은 나쁜 짓이다'라고 생각하고 있고, 그런 의미에서 인간은 누구라도 '양심'을 갖고 있다. 프로이트의 초자아 이론은 칸트가 이렇게 단지 **상정**한 '양심'이라는 것의 **발생**을 설명한다. 이리하여 자아는 초자아에게 감시받으면서 에스를 길들이며 스스로의 욕망의 달성을 지향한다. 이것이 프로이트에 의해 설명된 인간 정신생활의 개요이다.

프로이트의 발상이 실로 발생론적임을 알 수 있을 것이다. 제1국소론에서는 의식/전의식/무의식의 세 심급은 단지 그 존재가 상정되고 있었던 데지나지 않았지만, 제2국소론에서는 그렇지는 않다. 들뢰즈가 프로이트의 정신분석에, 특히 제2국소론에 끌린 이유를 잘 알 수 있다. 그것뿐만이 아니다. 제2국소론은 라이프니츠 경유의 미세지각론, '특이성—사건'론과 직결된다.

다소 상세하게 설명해보자. 들뢰즈는 에스와 자아의 관계에 관해 독자적으로 비틀어 설명을 시도하고 있다. 그것에 의하면 "에스에는 여러 국소적인 자아들이 우글거리고 있다[Le Ça se peuple de moi locaux]"(DR, p.129). 한 자아가 성립하기 전의 단계, 즉 주체 구성의 최초 단계에서는 자아에 통합될 수 있는 요소로서의 단편이 '국소적인 자아'로서 에스 속에 우글거리고 있다. 이 국소적인 자아들은 각자가 '부분대상'에 의해 구동되고 있다. 부분대상이란 유방, 손가락, 입술, 항문 등 인물의 형태로 통합되어 있지 않은 욕망의 원초적인 대상이다. 들뢰즈=프로이트의 설명에 의하면, 부분대상에 의해 구동되며 에스에 동거하고 있는, 흩어져 있고 국소적locaux인 자아가 대역적大域的, global으로 통합될 때, 에스로부터 도출되는 형태로 하나의 자아가 발생한다.[21] 이 논의는 잠재적인 수준에 있는 미세지각의 현동화라는 라이프니츠를 경유했던 논의와 완전히 같은 형태이다. 실제로 들뢰즈는 부분대상을 미세지각에 견주고 있다. "부분대상은 미세지각의 요소이다. 무의식은 차이적=미분적인 것으로, 미세지각의 무의식이고, 바로 그 때문에 무의식은 의식과 본성상 다른 것이다"(DR, p.143). 이 인용 속의 '미세지각'을 '특이성−사건'이라 환언해도 동일하다. 들뢰즈는 프로이트 내에서 미세지각론, 요컨대 비계열적인 '특이성−사건'의 논의를 읽어들이고 있다. 그것이 바로 자아를 생성한다.

그런데 문제가 되는 것은 이 대역적 자아의 발생 그 자체이다. 프로이트에 의하면 이 발생은 쾌락원리에 의해 제어되고 있다. 앞에서 자아는 에스의 쾌락원리가 잘 맞지 않음을 배우고 현실원리를 떠맡고 있는 것이 된다고 기술했다. 그러나 정확히는 현실원리는 쾌락원리와 대립하지 않는다. 이미 기술했듯이 현실원리란 연기된 쾌락원리에 다름 아니기 때문이다. 현실원리는 쾌락원리의 부분이라고 말해도 좋다. 불쾌를 피해 쾌락을 구하는 쾌락원리가 있기 때문에 그 최종적인 달성을 지향하는 현실원리도 작동하는 것으로, 양자는 결코 대등하게 대립하고 있지는 않다. 자아가 아는 현실원리는 쾌락원리에서 유래한다. 그렇다면 이 쾌락원리 그 자체는 대체 무엇에서 유래하는 것일까?

쾌락원리는 심적 생활 전부를 통괄한다고 말해지고 있다. 그것은 마음의 본질, 본성과 같은 것으로서 프로이트에 의해 상정되고 있는 것일까? 들뢰즈가 강조하고 있듯이 이 질문을 하는 곳에서부터 프로이트의 참으로 철학적인 사유, '초월론적transcendantal'인 탐구가 시작된다(PSM, p.96). 프로이트는『쾌락원리의 저편』(1920년) 내에서 쾌락원리의 기원을 설명하고 '죽음 본능'이라는 생각을 창안했다.[22] 들뢰즈는 죽음 본능을 둘러싼 프로이트의 '사변思辨, Spekulation'(프로이트 자신이 그렇게 부르고 있다)을 극히 높게 평가하고, 그리고 동시에 어떤 중요한 수정을 제안하게 된다. 그러면 들뢰즈는 무엇을 의문시하고 있는 것일까?

우선『쾌락원리의 저편』을 검토하자. 이 저작은 대체로 다음과 같이 이해되고 있다. 프로이트는 어떤 시기까지 불쾌를 피해 쾌락을 구한다는 쾌락원리가 심적 과정을 지배하고 있다고 생각하고 있었지만, 불쾌일 수밖에 없는 것을 집요하게 반복하는 반복강박, 특히 전쟁 신경증 등의 외상성 신경증에서 보이는 반복강박(생각해내고 싶지 않을 심적 외상을 받은 장면이 꿈속에서 집요하게 반복되어 나타나 잘 수 없는 등)의 증례證例에 의해 그 원칙의 한계가 드러나게 되었다. 거기서부터 심적 과정에 있어서는 삶을 구하는 삶의 욕동과, 죽음을 구하는 죽음 욕동 두 가지가 대립해서 작용하고 있고, 때로는 한쪽이 때로는 다른 쪽이 나타난다는 가설을 제시하는 데 이르렀다. 즉, 쾌락원리의 통어統御가 미치지 않는 '저편'이 있다…

들뢰즈가 최초로 강조하는 것은, 쾌락원리의 "저편"은 이 원리에 있어서 **예외는 아니라**는 것이다(DR, p.128). "쾌락 그 자체의 기묘한 복잡화 현상이 있기는 해도 쾌락원리에는 예외는 존재하지 않는다"(PSM, p.96). 그러나 언뜻 보기에는 불쾌한 경험을 굳이 반복하는 반복강박은 쾌락원리와는 양립할 수 없는 듯 생각된다. 들뢰즈는 무엇을 말하고 싶은 것일까? 그 주장을 이해하기 위해서는 우선 반복강박의 메커니즘에 관해 검토해야만 한다.

프로이트는 외상성 신경증에서의 반복강박을 다음과 같이 설명하고 있었다. 심적 장치는 외적인 쇼크에 대해 자극보호의 기능을 갖고 있다. 예컨대, '불안'은 그중 하나이다. 외적인 쇼크는 여기서 심적 장치에 유입되는 과잉 에너지로 이미지화할 수 있다. 심적 장치는 그 유입하는 에너지에 비길 수 있을 만큼의 에너지를 유입하는 곳에 미리 '집중'시켜두면 유입한 에너지를 '구속'하고 쇼크에 대처할 수 있다. 불안이란 이렇게 해서 심적 에너지가 한곳에 과잉하게 집중된 상태에 다름 아니다. 따라서 불안한 상황에 있을 때 사람 마음의 다른 부분은 기능이 저하한다(예컨대, 불안할 때에는 다른 것을 생각할 수 없다). 불안이란 마음이 스스로를 지키기 위한 방어기제, 자극보호이다. 그렇지만 이것이 잘 작동할 수 없을 때가 있다. 재해나 전쟁 등 돌발 사태에서는 불안의 준비가 갖춰져 있지 않은 곳에서 돌연 강력한 쇼크가 생긴다. 이 경우 심적 장치는 유입하는 에너지를 구속할 수 없다. 구속할 수 없는 에너지가 너무 많으면 자극보호의 기능 그 자체가 허물어져버린다. 이것이 외상성 신경증이다. 그러면 이 다음 심적 장치는 어떻게 작동하는가? 심적 장치는 일부러 불안 상태를 만들어내고 또 외상을 준 장면을 상기시켜 유입하는 에너지의 구속을 마음속에서 시뮬레이트하려고 한다. 외부로부터의 에너지에 불안이 대처한다는 사태의 재현을 반복하는 것으로 그 에너지의 통제를 실현하려고 한다(Freud 1920(1999), S.31-32). 물론 이 통제는 간단하게는 실현되지 않으므로 외상적인 장면이 꿈속에서 몇 번이나 다시 나타나게 된다. 이것이 반복강박의 메커니즘이다.

프로이트에 의하면 쾌락이란 흥분량의 감소이고, 불쾌란 흥분량의 증가이다. 쾌락원리란 심적 장치가 흥분상태를 피해서 스스로를 항상적인 채로 지키는 그 원리를 가리키고 있다. 유입된 에너지를 구속하기 위해 불안에 의해 외적인 쇼크에 대비한다는 일련의 과정process이 이 쾌락원리에 기반을 두고 있음을 알 수 있다. 그리고 위 설명에서 알 수 있는 것은 반복강박 또한 이 원리에 따르고 있다는 것이다. 단, 보통의 작동 방식과는 다소다르다. 그것은 쾌락원리가 스스로를 회복하는 자기수복 작업이기 때문이다. 그것은 단순한 의미에서의 쾌락의 획득/불쾌의 회피와는 다르다.[23] 그러면 여기서부터 다음과 같이 생각할 수 있다. 쾌락원리는 마음에 미리 짜넣어져 있는 경직된 법칙rule이라기보다는 어떤 방식으로 **만들어진** 것은 아닐까? 왜냐하면 심적 장치 내에서 발견되는 것은 쾌락원리 그 자체라기보다도 오히려 쾌락원리의 지배를 만들려고 하는 경향이기 때문이다.[24] 프로이트가 '사변'이라 부르고, 들뢰즈가 '초월론적'이라고 형용한 작업은 여기서부터 시작된다. 프로이트는 여기서부터 외상성 신경증을 통해 발견한 메커니즘을 정신생활 일반으로 확장하기를 시도한다.

반복강박은 외부로부터의 자극에 의해서만 야기되지는 않는다. 아이의 놀이나 치료 중인 신경증 환자에 이르기까지 폭넓게 발견되는 현상이다. 그렇다는 것은 외상성 신경증을 야기하는 에너지 유입에 비할 수 있는 어떤 흥분이 내부로부터 일어나고 있음을 예상할 수 있다. 프로이트에 의하면 이 내부흥분의 원천이야말로 유기체의 본능에 다름 아니다. 프로이트는 이 본능을 다음과 같이 설명한다. "본능[Trieb]이란 보다 이전의 상태를 회복하려고 하는 생명 있는 유기체에 내속하는 충동[Drang]이다"(Trieb

는 '욕동'으로 보통 알려져 있지만 여기서는 저자의 의견을 따라 '본능'으로 번역했고(239쪽 주 22번 참조), Drang은 원서에는 '충박衝迫'으로 되어 있지만 국내 독자에게는 익숙지 않은 용어이므로 '충동'으로 번역했다—옮긴이)(Freud 1920(1999), S.38. 원문에 있는 강조는 삭제). 유기체가 긴장을 피하고 평형을 되찾으려고 하는 것은 그 때문이라고 생각할 수 있다.

그러면 여기서 말하는 "보다 이전의 상태"를 어떻게 이해하면 좋을까? '사변'하는 프로이트는 다음과 같이 생각하지 않을 수 없었다. "만약 예외 없는 경험으로서 모든 생물은 내적인 이유에서 죽어서 무기물로 돌아간다는 가정이 허용된다면, 우리는 단지 **모든 생물의 목적은 죽음이다**[…]라고 밖에 말할 수 없다"(Freud 1920(1999), S.40. 강조는 원문). 원래 상태로 돌아가려고 하는 본능에 기반을 두어 긴장을 피하고 평형을 되찾으려고 하는 경향이 모든 생물 내에서 발견되는 것이라면 그것이 지향하는 궁극적 목표는 물질로 돌아가는 것, 즉 죽음일 것이다. 물론 여기서 극히 단순한 의문이 제시된다. 모든 생명의 목표가 죽음이라면 왜 모든 생명에게는 자기 보존 본능이, 즉 에로스라 불리는 삶의 본능이 발견되는 것인가? 프로이트의 대답은 간단하다. 삶의 본능은 죽음 본능의 부분에 지나지 않는다. 생명은 밖에서 주어지는 것이 아닌, 자기 자신의 죽음을 지향하고 있다. 그러므로 "유기체는 단지 자신의 방식으로만 죽으려고 한다"(Freud 1920(1999), S.41). 따라서 그것을 방해하는 것은 전력을 다해 배격한다. 즉, 자기 자신의 죽음을 지향하고 있는 삶의 긴 과정을 방해하는 것이 있다면 그것을 피하려고 하는 것이다. 삶의 본능은 죽음 본능의 부분을 근시안적으로 보았을 때에 발견되는 것에 지나지 않는다.[25]

5. 초월론적 원리의 발생

들뢰즈는『쾌락원리의 저편』의 논리를 해설하면서 "초월론적 탐구의 특징은, 여기서 그만두고 싶다고 생각하는 곳에서 그만둘 수는 없다는 점에 있다"라고 기술하고 있다(PSM, p.98. 강조는 지은이). 프로이트는 '심적 장치에는 언제나 쾌락원리가 있다'라고 말해서 끝내지 않고, 또한 '쾌락원리에는 예외가 있다'라고 말해서 끝내지도 않고, 그것들을 깊이 생각해서 쾌락원리에 지배되는 경험 영역 그 자체의 기초를 발견했다. 그것이 죽음 본능이다. 들뢰즈는 이 공적을 극히 높게 평가하고 있었다. 이것이야말로 참된 철학적 사유이고, 초월론적이라 불러야 할 탐구라고 말이다.

그러나 다시 멈춰 서서 생각해야만 한다. 초월론적 탐구의 특징은 "여기서 그만두고 싶다"라고 생각한 곳에서 그만둘 수는 없다는 것이다. 프로이트는 경험 영역을 지배하고 있는 쾌락원리에 관한 생각을 끝까지 밀어붙여 그것을 정초하는 초월론적 원리인 죽음 본능에 도달했다. 그러면 이 죽음 본능은 단지 상정되고 끝인 것인가? 물론 그럴 수는 없다. 그러나 프로이트는 거기서 탐구를 그만둬버렸다. 따라서 들뢰즈는 이 초월론적 탐구의 뒤를 잇는다. 죽음 본능이라는 초월론적 원리 그 자체의 **발생**의 해명에 몰두하게 된다.

『차이와 반복』에서 들뢰즈는 다음과 같이 기술하고 있다. "프로이트는, 리비도는 자아에 역류하면 반드시 자신을 **탈성화**脫性化하고, 타나토스에 봉사하는 것이 본질적으로 가능한 **이동성**移動性의 중성 에너지를 필연적으로 형성한다고 기술하고 있다. 그렇지만 왜 프로이트는 그렇게 해서 죽음 본능을 그러한 탈성화된 에너지에 앞서서 존재하는 것으로서, 즉 그 에너지로부터 원칙적으로 독립된 것으로서 제기하는 것일까"(DR, p.147. 강조는 원문). 여기서 의문시되고 있는 것은 바로 '중성 에너지'라는 것에 기반을 두는 심적 메커니즘으로부터 독립된 것으로 상정되는 죽음 본능의 이론적 인 지위이다. 프로이트는 죽음 본능을 **상정**하고 있다.

이 한 구절을 이해하기 위해서는 『쾌락원리의 저편』보다 앞서 쓰인 「애 도와 우울증Trauer und Melancholie」(1917년)까지 거슬러 올라갈 필요가 있다. 프 로이트는 거기서 우울증의 메커니즘을 다음과 같이 설명하고 있었다. 우 울증이란 어떤 대상의 상실에 의해 일어나는 정신증상이다. 우울증 환자 는 잃어버린 대상을 자아 속에서 재현함으로써 그 대상 상실을 뛰어넘으 려 한다. 즉, 잃어버린 대상으로 향해져 있던 리비도를 자기 안에서의 대상 재현에 사용하여 상실을 보상한다.[26] 이 과정은 '대상집중Objektbesetzung'('대상 카섹시스cathexis'라고도 한다. cathexis는 독일어 besetzung에 해당하는 영어 단어 로, 이후 본문에서 정신분석학과 연관되어 전개되는 맥락에서 등장하는 '집중'이라 는 단어는 이 용어에 해당한다―옮긴이)의 방기放棄(리비도가 최초로 선택된 대 상으로 향하지 않게 되는 것)와 대상과의 '동일화Identifikation'(갈 곳이 없게 된 리비도를 사용해 자기 속에 대상을 재현하는 것)라는 말로 설명된다[27](Frued 1917(1991), S.435).

『쾌락원리의 저편』 뒤에 쓰인 『자아와 에스』(1923년)에서 프로이트는 이 상의 우울증 메커니즘이 실은 우울증에 머무르지 않고 자아의 형성에 크게 관계하고 있고, 성격이라 불리는 것을 만드는 데 크게 공헌하고 있음을 알 게 되었다고 기술하고 있다(Freud 1923(1999), S.256). 그 개요를 살펴보자. 우선 대상집중은 성애적 경향을 욕구로 느끼는 에스에서 유래하고 있다. 그 옆에 있는 자아는 성장함에 따라 대상집중의 존재를 이해함과 함께 그것을 저지하고 에스의 관심을 자신에게 향하게 하려고 시도한다. 그를 위해 자아가 행하는 것이 대상과의 동일화이다. 에스 쪽은 어떤가 하면, 집중 대상과 자아가 동일화하는 것을 목도하고 대상을 방기하여 자아 쪽으로 관심을 향하게 된다(우울증의 경우는 대상선택→대상집중→대상상실→동일화라는 흐름으로 사태가 진행됐지만, 여기서는 에스의 대상선택→에스의 대상 집중→자아의 대상과의 동일화→에스에 의한 대상집중 방기라는 흐름으로 사태가 진행된다). 이리하여 자아는 에스의 관심을 자신 쪽으로 향하게 하는 데 성공한다. 에스는 다시 다른 대상을 선택하므로 자아는 이 과정을 반복해야만 한다. 그 결과 자아 속에는 에스에 의해 방기된 대상집중, 즉 대상과의 동일화가 침전하게 된다. 자아의 성격은 이 침전에 의해 구성된다고 생각할 수 있다.

들뢰즈가 "자아에 역류한다"라고 말하고 있던 리비도란, 자아가 대상과의 동일화에 의해 자신 쪽으로 향하게 하는 데 성공한 에스의 리비도를 말한다. 프로이트는 이 방향전환을 "대상 리비도가 자기애적 리비도로 변하는 것"이라 부르고 있다(Freud 1923(1999), S.258). 성애적 경향을 욕구로 느끼는 에스가 대상집중을 방기하는 것이므로, 이 변화는 성적 목표의 방기를 의미하고 있다. 여기에 리비도의 '탈성화Desexualisierung'가 일어난다. 이리하여 탈성화된 에너지가 들뢰즈가 말하고 있던 '이동성의 중성 에너지'이다. 들뢰즈에 의하면 프로이트는 이 에너지를 죽음 본능에 봉사하는 것이라고 생각하고 있다. 바꿔 말하면 미리 죽음 본능이 있고 탈성화된 에너지가 거기에 사용된다고 생각하고 있다. 들뢰즈는 이것을 의문시한다. 왜 프로이트는 죽음 본능을 탈성화된 에너지에 앞서서 존재하는 것으로서, 즉 그 에너지로부터 원칙적으로 독립된 것으로서 제기하는 것일까? 들뢰즈는 거기서부터 다음과 같이 제안하는 데 이른다. "타나토스는 에로스의 탈성화와, 즉 프로이트가 말하고 있는 그러한 중성적이고 이동성을 갖는 에너지의 형성과 완전히 혼합되어 있다고 생각된다. 이 에너지는 타나토스에 대한 봉사로 이동하는 것이 아니라 **타나토스를 구성하는** 것이다 [Celle-ci[énergie neutre et déplaçable] ne passe pas au service de Thanatos, *elle le constitue*]"(DR, p.149. 강조는 지은이).

이와 같이 매끈하게 기술된 이 한 구절에 걸려 있는 바는 극히 크다. 프로이트로 다시 돌아가 논의를 정리해보자. 에스가 느끼는 욕구는 성애적 경향을 갖고 있는 것으로, 즉 에로스에 다름 아니다. 자아가 동일화에 의해 리비도를 찬탈하는 시도란, 요컨대 "에로스에 대한 투쟁"(Freud 1923(1999), S.275)이다. 에로스는 생에 소란을 야기한다. 거기서 소란을 일으키지 않는, 긴장을 피한다는 쾌락원리에 따라 에로스를 탈성화하는 메커니즘이 작동한다.[28] 그리고 "두 종류의 본능 사이에서 자아는 불편부당하게는 있을 수 없다. 그 동일화의 작업과 승화^{昇華} 작업에 의해 자아는 에스 속의 죽음 본능에 가담하여 리비도를 정복하려고 한다"(Freud 1923(1999), S.287). 프로이트에 의하면 에스의 리비도를 찬탈하려고 하는 자아의 노력은 에스 속의 죽음 본능에 대한 '봉사'이다.

그에 비해 들뢰즈는 다음과 같이 기술하고 있는 셈이 될 것이다. 거기까지 말한다면 탈성화된 리비도인 중성 에너지야말로 죽음 본능을 구성한다고 말해야 하지 않는가? 탈성화된 에로스적 에너지야말로 타나토스를 구성한다고 말해야 하지 않는가? 이 질문은 들뢰즈가 **타나토스의 발생에 관해 생각하고 있다**는 것을 의미한다. 그리고 타나토스가 쾌락원리에 의해 지배되고 있는 경험영역 그 자체를 정초하는 초월론적인 원리라면 이것은, 즉 들뢰즈가 **초월론적인 원리의 발생에 관해 생각하고 있다**는 것이다. 게다가 그 발생은 쾌락원리라는 경험적 원리와 불가분한 형태로 생각되고 있다.

쾌락원리는 경험적 영역을 지배하는 원리이고, 타나토스, 즉 죽음 본능은 그 지배를 정초한다는 의미에서 초월론적인 원리라 말할 수 있다. 들뢰즈는 이 초월론적인 원리가 쾌락원리라는 경험적 원리의 요청에 따라서 **생성**된다고 생각했다. 경험적 원리는 초월론적 원리에 의해 정초되고 있다. 그렇지만 초월론적 원리는 경험적 원리로부터 독립해서(경험적 원리를 초월해서) 존재하는 것은 아니다. 물론 경험적 원리가 초월론적 원리를 정초하지는 않는다. 그렇지만 초월론적 원리는 경험적 원리와 불가분한 형태로, 그것과 나란히 생성된다. 따라서 초월론적 원리는 경험적 원리의 기초이기는 하지만 그것과 분리될 수 없다. 들뢰즈는 초월론적인 것의 탐구에 관해 그 특징은 "여기서 그만두고 싶다고 생각하는 곳에서 그만둘 수는 없다는 것에 있다"라고 기술하고 있었다. 들뢰즈는 바로 그것을 여기서 실천하고 있다. 들뢰즈에 의하면 프로이트는『쾌락원리의 저편』에 있어서 바로 초월론적이라 불러야 할 탐구에 착수했다. 그러나 도달해야 할 곳까지 도달할 수 없었다. 이에 비해 들뢰즈에게 초월론적 탐구는, 초월론적인 원리의 발생도 설명해야 비로소 그렇게 불릴 가치가 있게 된다.

초월론적 경험론이란 경험론 철학을 통해 행해지는 초월론 철학을 끝까지 밀어붙인 것이다. 들뢰즈는 초월론적 영역을 순수하게 그려내려고 한다. 그를 위해 무인도와 타자의 이론에 의해 그 원광경이 그려지고, 자아도 통각도 의식도 전제하지 않는, 참된 초월론적인 발생소로서의 사건이 발견되었다. 초월론적인 탐구는 여기서 그만두고 싶다고 생각한 곳에서 그만둘 수 없다. 따라서 초월론적 영역에서 발견되는 원리는 그 **발생**까지 이론화되어야만 한다. **상정**하는 것은 허용되지 않는다. 들뢰즈는 '초월론적'이라는 말의 의미를 극히 엄격한 것으로 하고 있다.

그러면 들뢰즈의 철학원리인 초월론적 경험론에서부터는 어떠한 실천의 철학이 나타나는 것일까? 철저하게 발생에 천착하는 철학은 어떠한 실천적 귀결을 야기하는가?

종합적 방법

들뢰즈가 스스로의 과제로서 받아들인 철학적 프로그램과는 달리 철학에 있어서 그의 취향을 생각해볼 수 있을 것이다. 들뢰즈의 이름은 종종 스피노자와 결부되어 말해지곤 하는데, 이 17세기의 철학자는 그 취향을 실로 확실히 표현하고 있다. 게다가 스피노자는 철학 전문용어에서 말하는 '종합적 방법'의 철학자이기 때문이다.

종합적 방법은 일반적으로 분석적 방법과 쌍을 이룬다. 이것을 정식화한 것은 데카르트이다. 간단히 설명하자. 이것들은 어느 쪽이나 논술 방법과 관련되고 있다. 분석적 방법은 주어진 사실, 즉 결과로부터 출발하여 그것을 상세하게 분석하는 것으로 원인에 도달하려고 한다. 그에 비해 종합적 방법은 모든 사태가 거기서부터 발생하는 원리, 즉 원인에서부터 결과를 향해 나아간다. 데카르트는 분석적 방법이야말로 참된 발견의 방법이라고 생각하고 있었다. 그에 비해 들뢰즈는 스피노자의 『에티카Ethica』에서 참된 발견의 방법으로서 종합적 방법의 완성을 본다(SPE, pp.144-147).

언뜻 보기에 두 방법은 같은 이치를 단순히 역으로 더듬어가고 있을 뿐으로 생각될지도 모른다. 그러나 종합적 방법에는 고유의 난관이 있다. 종합적 방법은 한 원리를 출발점으로 하려고 한다. 그러나 그 원리는 미리 주어져 있지 않다. 그러면 어떻게 거기에 도달하는가? 종합적 방법은 어떤 종류의 분석적 절차를 갖고 거기에 도달한다. 그리고 거기에 도달함과 동시에 그 절차 자체를 흡수해버린다. 즉, 종합적 방법은 '원리로의 역행'에서 '원리로부터의 순행順行'으로라는 **방향전환**에 의해서 비로소 정의된다. 그런 의미에서 종합적 방법은 분석적 방법과 단순히 대립하는 것은 아니다. "두 유형의 체계[종합적 방법의 체계와 분석적 방법의 체계]는 구조적으로 구별된다. 즉, 단순한 대립보다도 훨씬 근본적으로 구별되는 것이다"(«Spinoza et la méthode générale de M. Gueroult», in ID, p.203).

종합적 방법의 이 특징을 설명하기 위해 들뢰즈는 가장 만년에 이르기까지 몇 번이나 프랑스의 철학사가 마르샬 게루Martial Gueroult(1891~1976)의 저서 『피히테에 있어서 『지식학』의 전개와 구조』(1930년)의 한 구절을 언급하고 있다(ID, p.203, SPE, p.121, note 23, Qph, p.195, note 8).

원리가 분석적 절차를 완전히 받아들여감에 따라 분석적 절차는 점차로 그 무게를 늘려 간다. […] 『지식학』은 어떠한 때에도 다음과 같이 단언한다. 원리는 그것만으로 가치를 갖고 있어야만 하는 것이므로 분석적 방법은 스스로의 폐기 이외의 목적을 추구해서는 안 되는 것이라고. 그 때문에 분석적 방법은 그 효력의 일체가 구축構築적 방법이라는 한 가지 점에서만 발휘되어야 함을 분별하고 있다. (Gueroult 1930, p.174)

분석적 절차에 의해 원리로 향하는 역행이 수행되고 원리에 도달하든지 그렇지 않든지 그 절차 자체가 파기된다. 이 방향전환은 피히테의 『지식학』이나 스피노자의 『에티카』에서 발견된다.

현대에는 결코 인기가 있다고는 말할 수 없는 철학자 요한 고틀리브 피히테Johann Gottlieb Fichte(1762~1814)(그 부당한 평가의 원인은 그의 『독일 국민에게 고함』(1808년)이 읽히지 않고 비판되고 있음에 의한다)를 들뢰즈는 높이 평가한다. 들뢰즈가 생전에 발표한 최후의 텍스트인 「내재―하나의 삶…」은 피히테에 의한 초월론적 영역의 정의를 인용한다(DRF, p.360). 들뢰즈가 이렇게까지 피히테를 주목하는 것은 필시 피히테가 스피노자와 나란히 종합적 방법을 대대적으로 실천한 철학자이기 때문일 것이다.

또 한 사람, 들뢰즈가 종합적 방법의 철학자로서 높이 평가하고 있던 철학자가 있다. 그것은 카를 구스타프 융Carl Gustav Jung(1875~1961)이다. 단행본 미수록 텍스트「자허마조흐로부터 마조히즘으로」(1961년) 내에서 들뢰즈는 프로이트의 '분석적 방법'의 한계를 지적하고 융의 '종합적 방법'의 가능성을 논하고 있다(SMM). 현재 칸트와 비교해서 피히테의 평가가 높지 않듯이 프로이트와 비교해서 융의 평가도 높지 않다. 그렇지만 들뢰즈는 『대담』이나 『천 개의 고원』에서 특히 E. A. 베넷의 『융이 정말로 말한 것』(1983년)(베넷 1985)(국내에는 『한 권으로 읽는 융』으로 번역 출간되었다―옮긴이)을 참고로 하면서 융의 중요성을 강조했다(D, p.98, MP, pp.42, 288). 이러한 평가도 실은 종합적 방법에 대한 들뢰즈의 찬동과 관계하고 있다.

사고와
주체성

| 제 3 장 |

실천

앞 장에서 우리는 들뢰즈의 철학원리를 초월론적 경험론으로서 그려내었다. 그 출발점에 있던 것은 '발생'에 대한 관점이다. 들뢰즈는 온갖 것의 발생을 그리고 온갖 것을 그 발생에서 파악하려고 한다. 이것은 어떤 것도 그 현상의 존재양태는 발생 **후**의 모습으로서 이해된다는 것, 따라서 발생의 조건이나 과정에 따라 **변화하는 것**으로서 이해된다는 것이다. 들뢰즈는 무엇에 관해서든 '그러한 것이 있다고밖에 생각할 수 없다'든가 '그러한 것을 상정해야만 한다'라는 방식으로 상정되어버리는 것을 인정하지 않는다.

들뢰즈는 칸트에 의해 창시된 초월론 철학의 프로그램을 극히 높이 평가했다. 그러나 동시에 칸트가(나아가서는 그 후계자들이) 초월론 철학을 운용하는 데 있어 묻는 것을 그만둬버린 질문이 있음을 깨닫고 있었다. 그것이 발생의 질문이다. 초월론 철학의 칸트적 운용은 '초월론적 통각'이라는 개념에 의해 **특정** 주체를 **상정**하고 그 특정 주체를 능력들의 일치(공통감각)의 근거로 삼는다. 칸트는 주체의 발생을 묻지 않는다. 그 때문에 능력들의 발생도 묻지 않는다.

들뢰즈는 칸트에 앞선 흄의 철학에서 이 발생의 질문에 대한 시점을 발견했다. 일반적으로 칸트의 초월론 철학은 흄의 경험론 철학을 뛰어넘는 것으로 출현했다고 이해되고 있다. 그러나 들뢰즈에 의하면 그러한 시각은 전자의 문제점과 후자의 가능성을 놓치는 것이다. 흄의 경험론 철학에서는 철저한 발생론적인 시점이 발견된다. 들뢰즈에 의하면 흄의 경험론을 관통하는 질문이란 '정신은 어떻게 하나의 주체로 생성하는가?'이다. 이것이 바로 칸트가 묻기를 그만둬버린 질문에 다름 아니다.

들뢰즈에 의하면 "초월론적 탐구의 특징은 여기서 그만두고 싶다고 생각하는 곳에서 그만둘 수는 없다는 점에 있다"(PSM, p.98). 그렇지만 초월론 철학의 칸트적 운용은 어떤 지점에서 (필시 어떤 것을 두려워해서) 그 탐구를 그만둬버린다. 들뢰즈는 그것에 비해 경험론 철학의 도움을 빌려 초월론 철학의 탐구를 끝까지 밀어붙이려고 시도한다. 여기서부터 들뢰즈는 주체는 고사하고 자아도 상정하지 않는 상태('무인도')로 거슬러 올라가 사건이라는 이름의 특이성만을 초월론적 요소로서 발견하고, 나아가서는 초월론적인 원리 그 자체가 발생하는 모습을 그려내는 데 이르렀다.

그러면 들뢰즈의 철학원리인 초월론적 경험론으로부터는 어떠한 실천의 철학이 나타나는 것일까? 우리는 이 책의 탐구를 들뢰즈 철학과 정치라는 실천영역과의 관계를 묻는 곳에서 시작했다. 그를 위해 우선 들뢰즈의 철학이 어디에서 발견되는지를 묻고(제1장), 그리고 그렇게 해서 발견되는 들뢰즈의 철학이 무엇인가를 명백하게 했다(제2장). 바야흐로 우리는 최초의 질문으로 돌아가야만 한다. 발생론적인 발상으로 일관된 들뢰즈의 초월론적 경험론으로부터는 어떠한 실천이 유도되는가?

1. 사유의 강제

들뢰즈가 실천의 문제로서 추구한 것은 한결같이 사유의 문제이다. 이 문제는 들뢰즈의 텍스트 내에서 가장 초기부터 만년까지 일관되게 논해지고 있다. 그의 이름을 프랑스의 철학계에 알린 초기의 저서『니체와 철학』(1962년)에서 들뢰즈는 프리드리히 니체Friedrich Wilhelm Nietzsche(1844~1900)가 '생은 사유의 능동적 힘이고, 사유는 생의 긍정적 힘이다'라고 생각하고 있던 것에 주목하여 다음과 같이 기술했다. "사유하는 것은 **생의 새로운 가능성을 발견하고 발명하는 것**을 의미할 것이다"(NPh, p.115. 강조는 원문). 들뢰즈에게는 사유하는 것이야말로 '생'의 새로운 가능성의 발명·발견이었다. 사유에 의해서 비로소 '생'은 변화한다.

문제는 사유란 무엇인가, 그리고 그러한 사유는 어떻게 해서 가능한가 하는 것이다. 들뢰즈는 몇 가지 출처source에 준거하면서 그것을 묻는다. 그 성과가 최초로 제시된 것이『프루스트와 기호들』(1964년)이다. 이 책은 마르셀 프루스트Marcel Proust(1871~1922)의『잃어버린 시간을 찾아서』(1913~1927)를 논하고 있지만 그 논술은 이른바 문학연구에 속하는 것은 아니다. 들뢰즈는 프루스트의 사유의 이미지에 다가간다. 그리고 철학과 경합하여 철학적인 사유의 이미지에 대립하고 특히 합리주의적 철학에 있어서 본질적인 것을 공격하는 그런 사유의 이미지를 발견한다(PS, p.115). 이 책에서는『잃어버린 시간을 찾아서』라는 장편소설의 저자에 관해 다음과 같이 기술되고 있다. "**진리**는 앞서 존재하는 **적극적 의지**가 만들어내는 것이 아니라 **사고** 내의 **폭력**의 결과라는, 이 테마 이상으로 프루스트가 강조하는 것은 거의 존재하지 않는다"(PS, p 24. 강조는 지은이). 실로 '철학적'

인 용어term로 구성된 이 구절은 무엇을 의미하고 있는 것일까?

잘 알려져 있듯이 『잃어버린 시간을 찾아서』는 홍차에 적신 마들렌 한 조각의 맛에 의해 주인공인 '나'의 기억이 상기되는 것으로 이야기는 시작된다(제1편 『스완가 쪽으로』, 제1부 '콩브레Combray' 제1장 말미). 그 때문에 이 소설은 종종 기억이나 과거를 둘러싼 이야기로서 다뤄진다. 그렇지만 들뢰즈에 의하면 그러한 해석은 프루스트의 작품을 제대로 파악하지 못하고 있는 것이다. 이 소설은 전향적이지, 역행적이지 않다. "『잃어버린 시간을 찾아서』는 미래를 향하고 있는 것이지 과거를 향하고 있는 것은 아니다'"(PS, p.10). 주인공인 '나'는 긴 이야기를 거쳐 스스로의 문학적인 사명을 깨닫는다.[2] 거기에 이르기까지의 과정에 있는 것은 들뢰즈에 의하면 '습득apprendre/apprentissage'이다. 이 습득은 '기호signe' 해독방식의 습득을 가리킨다. 주인공인 '나'는 마들렌의 맛이라는 기호에 의해 과거를 상기했을 때 기묘한 '기쁨'을 느끼지만 처음에는 그것이 무엇인지 이해하지 못한다. 그렇지만 그는 최종적으로 기호의 해독방식을 배우고 이 '기쁨'의 비밀을 이해한다.[3] 그는 과거를 단지 상기하는 것이 아니다. 기호를 해독하는 기술을 습득하면서 최종적으로 어떤 종류의 진리의 '계시'에 도달한다.[4] 기호와의 만남, 그리고 그 해독방식의 습득이라는 경험이 프루스트의 작품 전체를 지배하고 있다는 것이 들뢰즈의 주장이다(또한 '기호'라는 말은 『잃어버린 시간을 찾아서』의 제7편 『되찾은 시간』에 빈번하게 출현한다).

들뢰즈에게 프루스트의 작품에서 그려진 경험이 중요했던 것은 그것이 사유의 새로운 상像을 제시하는 것이었기 때문이다. 해독 방식이 습득되어야만 하는 기호란 우연적 만남의 대상이다. 기호와는 만나려고 생각하면 만날 수 있는 것은 아니다. 그리고 기호는 그것을 받아들이는 자에 대해 강한 작용을 행한다. 마들렌은 '나'에게 비의지적·무의식적인 상기를 강요한다. 그것은 일종의 '폭력', 강제이다. 이 폭력 내지 강제의 작용에 의해서 비로소 사람은 **사유**하기 시작하고, 그리고 진리에 도달한다.[5] 앞의 인용이 말하려고 하는 바는 그러한 것이다. 사람은 적극적 의지('…를 하자')에 의해 진리에 도달하지는 않는다. 진리는 항상 어쩔 수 없이 사유하게 됨의 결과로서 획득된다.[6] 사람은 사유**하는** 것은 아니다. 사유**하게끔 된다**. 사고는 강제의 압력에 의해서만 개시되는 것이고, 그것을 강제하는 기호는 항상 우연적 만남의 대상이다.[7]

여기서 묻고 있는 것은 사고의 **발생**에 대한 질문이다. 사물을 생각한다는 사태는 어떻게 발생하는가? 들뢰즈는 그것을 '폭력'이나 '강제'와의 '우연적 만남'에 의해 설명한다. 사람은 사물을 생각하려고 해서 생각하는 것은 불가능하고 어떤 것에 강제되어야 비로소 사물을 생각한다고 말이다. 이 논점은 들뢰즈의 1960년대의 여러 작업들을 총괄하는 형태로 쓰인 『차이와 반복』(1968년)에서 대대적으로 전개된다. 『프루스트와 기호들』에서는 적극적 의지의 가치절하는 예술의 관점에서 행해졌지만('의지의 노력'에 의해 기획된 작품 같은 것은 없는 것과 같다…[8]), 『차이와 반복』에서는 이 점을 예술에 한정하지 않고 보다 일반적으로 논한다. 출발점이 되는 것은 다음의 인식이다.

> 사유한다는 것은 한 능력의 자연적인 작용이라는 것, 이 능력은 좋은 본성과 좋은 의지를 갖고 있다는 것, 이러한 것은 **사실에 있어서는**[en fait] 이해할 수 없는 것이다. 인간들은 사실에 있어서는 좀처럼 사유하지 않고, 사유한다고 해도 의욕이 높아진다기보다 오히려 어떤 충격shock을 받아 사유한다

는 것, 이것은 '모든 사람'이 잘 알고 있는 바이다. (DR, p.173. 강조는 원문)

인간이 사물을 생각하는 일은 좀처럼 없다. 인간에게는 사물을 생각하려고 하는 의지 따위는 없다. 단지 때때로 충격을 받아 할 수 없이, 어쩔 수 없이 사물을 생각한다···. 들뢰즈는 이러한 것을 '사실fait'이라 부르고 이야기를 진행하고 있다. 실체로 앞의 인용문 부근(『차이와 반복』 제3장)에서는 이 '사실'에 근거를 부여하는 어떠한 논거도 제시되고 있지 않지만, 제2장 '대자적 반복'의 논의를 참조하면 이 '사실'이 경험론에서 말하는 '습관habitude'의 발상에 기반을 두어 발견된 것임을 알 수 있다. 습관에 관한 논의는 '세 가지 종합'을 둘러싼 시간론 속에 나타난다. 에가와 다카오江川隆男가 명확하게 지적하고 있듯이(에가와 2003, 189쪽), 이 시간론은 '시간이란 무엇인가?'라는 질문에 정면으로 대답하는 것이라기보다, 우리의 '생존의 양식' 혹은 '존재의 방식'과 짝set이 된 것이다. 그렇다고 하면 그것이 사고를 둘러싼 '사실'과 직결되고 있음도 이해할 수 있다.

'습관'은 경험론에 있어 중요한 개념이다. 이미 『경험론과 주체성』(1953년)에서 들뢰즈는 습관을 둘러싼 어떤 역설을 제시하고 있다. 우리는 매일 반복되는 일상생활이 습관을 형성한다고 막연히 생각하고 있다. 그러나 흄에 의거하면서 들뢰즈는 이렇게 말한다. 습관은 항상 **경험에 후속하지만 경험에 의존하고 있지는 않다**(ES, p.132). 어떠한 의미일까? 반복되는 것은 하나하나 완전히 다른 것이다. 완전히 동일한 행동이 반복되는 것은 아니며, 완전히 동일한 사태가 나타나는 것도 아니다. 그런 의미에서 반복은 매회가 교환 불가능, 치환 불가능하다.[9] 습관은 그러한 하나하나 교환 불가능, 치환 불가능한 경험의 반복에서 "무언가 새로운 것, 즉[···] **차이를**

훔쳐내는" 것으로 성립한다(DR, p.101. 강조는 원문). 그리하여 성립한 습관이 인간 행동의 규범이 된다. 들뢰즈는 습관이 위치하는 차원을 '일반성 *généralité*'의 차원이라 부른다. 일반성이란 어떤 항項도 다른 항과 교환 가능하고 치환 가능하다는 시각을 표현하고 있다.[10] 종종 반복은 일반성으로 오해된다. 그러나 "반복은 일반성은 아니다. 반복은 몇몇 방식으로 일반성과 구별되어야만 한다"(DR, p.7).

앞의 인용문에서 말하는 '사실'은 경험에 후속은 하지만 그것에 의존하지는 않는, 이 습관이라는 일반성의 차원을 가리키고 있다. 사람은 반복 속에서 '차이를 훔쳐내는' 것으로 살고 있다. 반복은 매번 새롭게 차이를 동반하고 있다. 그러나 사람은 새로움에 매번 직면하고 있어서는 살아갈 수 없다. '그것'이 계속되어간다는 기대 속에서 비로소 사람은 살아갈 수 있다.[11] 그 때문에 습관이라는 원리가 요구된다. 습관의 생성을 '수동적 종합'이라 부르는 들뢰즈는 "수동적 종합이라는 **지복***béatitude de la synthèse passive*"이 존재하는 것이라고까지 기술한다(DR, p.102. 강조는 지은이). 인간은 이 '지복至福' 속에 멈춰 있기를 원한다. 그러므로 사고를 향한 적극적 의지 따위는 갖지 않는다. 그렇지만 철학은 이 '사실'을 오랫동안 놓쳐온 것이었다. 들뢰즈는 그것을 이미『프루스트와 기호들』의 시점時点에서 강력하게 비판하고 있다. "사고라는 적극적 의지, 참된 것을 향한 욕구나 자연적인 사랑이 인간 속에 있다고 상정하는 것은 철학이 범하는 오류이다"(PS, p.24).

따라서 사람이 사물을 생각하는 경우가 있다고 하면, 그것은 이미, 어쩔 수 없이, 할 수 없이 강요되고 나서인 경우일 수밖에 없다. 그 때문에 들뢰즈는 사고란 비의지적인 것, 강제적으로 일어나게 되는 것이고, 또한 사고를 강제적으로 일으키는 것이란 '수동적 종합이라는 지복'을 방해하는 한

'불법침입'이고 '폭력'이며 '적'이라고까지 기술하고 있다. '철학philosophie이란 앎(sophia)을 사랑하는 것(philo-)'이라는 말은 자주 듣는 어원담이지만, 들뢰즈에 의하면 사유의 출발점에 있는 것은 '애지愛知'가 아닌 '혐지嫌知'이다.[12]

들뢰즈는 이러한 사유의 이해에 있어서 마르틴 하이데거Martin Heidegger(1889~1976)에게 강하게 공감한다(DR, p.188). 이 '존재'의 철학자는 『사유란 무엇인가』(1954년)에서 이렇게 기술하고 있다. **"가장 숙고되어야 할 것이란 우리가 아직 사유하고 있지 않다는 것"**이고, "숙고되어야 할 것은 모두 사유하게 한다[Alles Bedenkliche *gibt* zu denken]"(Heidegger 1954(1997), S.2. 강조는 원문). 인간은 사유하는 것이 아니라 사유하게끔 **된다**. 그리고 하이데거에 의하면, 사유를 강요하는 것이란 우리가 아직 사유하고 있지 않다는 사실 그 자체에 다름 아니다. 들뢰즈는 만년의 영화론에서도 같은 곳을 언급하고 있고(IT, p.218), 하이데거의 사유상에 대한 공감은 꽤 강한 것이었다고 생각된다.

그렇지만 『차이와 반복』은 중요한 곳에서 하이데거의 사유상에 위화감을 표명한다. 하이데거는 사유와 사유시키는 것의 유비·상동相同을 전제하고 있고, 그의 입론에는 "'같은 것'의 우위primat du même"가 있다(DR, p.188, note 1). 하이데거는 사유시키는 것을 '불법침입'이나 '폭력'이라고는 생각하고 있지 않다. 하이데거에 의하면 사유시키는 것이란 '선물'이다.[13] 들뢰즈는 이 은유에 주목한다. 왜일까? 이 은유는 하이데거 안에, '인간에게는 실제로는 진리를 사랑하고 사유하는 것을 추구하는 욕망과 의지가 있을 터이다'라는 기대, 그러한 '주관적 전제'가 있음을 알리고 있기 때문이다.[14] 이 기대, '주관적 전제'가 하이데거의 사유상을 최후의 최후인 곳에서 미묘하게 일그러뜨려버리고 있다. 인간은 수동적 종합이라는 지복 속을 살고 있다. 그것이 (하이데거의 표현을 사용한다면) '사유할 가능성을 갖고 있는' 인간에게 있어서의 **소여**이다. 그렇다면 그 소여와 일치할 것을 받아들이고 있는 한 인간은 사물을 생각하거나 하지 않는다. 사유와 사유시키는 것 사이에서 유비나 상동을 보고 있는 한, 혹은 "'같은 것'의 우위"에 의거하고 있는 한 사유가 발생하는 현장을 놓쳐버리게 된다.

들뢰즈는 사유를 강제하는 폭력을 '기호signe'라 부르고 있다. 기호는 **선사되는** 것이 아니라 **만나게 되는** 것이다. 만남의 대상은 소여된 것으로는 있을 수 없고 소여와 일치하는 것으로도 있을 수 없다. "만남의 대상은 소여가 아니라 **소여가 그것에 의해 주어지는 바로 그것이다**"(DR, p.182. 강조는 지은이). 즉, 소여의 수동적 종합에 불법침입하여 그것에 폭력을 가하고 소여 그 자체를 변경하는 그러한 기호야말로 사유를 발생시킨다. 바꿔 말하면 현상의 변화에 관계하는 무언가를 받아들였을 때 사람은 사물을 생각한다. 생각하는 것은 변화와 단절될 수 없다.

2. 사유의 습득과 방법

앞 장에서 검토했듯이 초월론적 경험론은 사건을 그 궁극적인 요소로 하고, 주체를 전제로 하지 않는다. 여기서는 오히려 주체의 발생이야말로 문제가 된다. 따라서 이 철학이 의지의 가치를 철저하게 낮게 평가하고 사유하는 것의 기원에서 그것을 강제하는 어떤 것과의 만남이라는 사건을 봄은 당연한 일이다. 주체를 전제할 수 없으므로 의지도 전제할 수 없다. 또한 이 사유 이론은 들뢰즈의 철학 방법에도 직결될 것이다. 들뢰즈는 질문과 질문의 비판은 단지 하나의 같은 것이고, 질문을 비판하는 것에 의해서만 사람은 새로운 개념을 창조할 수 있다고 기술했다. 이것은, 즉 어떤 위화감이나 의문을 느끼게 하는 기존 질문과의 만남이야말로 새로운 개념 창조의 기원에 있다는 것이다. 이 질문 설정 방식은 어딘가 이상한 것은 아닌가… 하는 그러한 위화감이나 의문의 끝에 새로운 질문은 세워지고 새로운 개념은 창조된다. 중요한 것은 그것이 어디까지나 사건인 것이지, 해야지 하고 생각해서 할 수 있는 것은 아니라는 점이다. 무릇 인간은 '수동적 종합이라는 지복'을 살고 있는 것이고, 사물을 생각하고 싶다든가 하지 않는다. 그렇지만 때로는 사유를 강제하는 어떤 것과의 만남이 있다. 이러한 사유상은 어쩌면 흐름에 몸을 맡기는 것으로, 경우에 따라서는 염세적이라고까지 생각될지도 모른다. 그러나 들뢰즈가 보기에 철학은 이 사실에서 비로소 출발하지 않으면 안 되는 것이다. 어쩌면 지금까지 철학은 이 사실에 눈을 감았기 때문에 주체나 의식 등을 전제로 해온 것일지도 모른다. 그렇지만 들뢰즈의 초월론적 경험론은 그러한 **인간적인, 너무나도 인간적인** 기분을 모두 방기하는 것이다. 사건만을 초월론적인 요소로서 인정한다는 것은 그러한 것을 의미하고 있다.

또한 들뢰즈는 확실히 사유를 둘러싼 이러한 사실로부터 출발하지만, 거기서부터 '사물은 될 대로 될 수밖에 없다'라는 체념에 이르는 것은 아니다. 우연의 만남을 강조하는 들뢰즈는 다른 한편으로 다음과 같이 기술하기도 한다. "조우하는 것, 그것은 발견하는 것이고, 포획하는 것이며, 훔치는 것이다. 단, **긴 시간에 걸쳐 준비하는 것 이외에, 발견하기 위한 방법**[*méthode pour trouver*] **따위는 존재하지 않는다**"(D, p.13. 강조는 지은이). 확실히 사물을 생각하려고 하여 생각하기 시작하는 것 따위는 불가능하고, 그리하여 시작한 '사유' 따위는 뻔하다. 사유는 그것을 강제하는 기호와의 만남이 있어서 비로소 발동한다. 그렇지만 그렇다고 해서 **기다리고 있으면 사유를 강제하는 기호와의 만남이 찾아오는 것은 아니다.** 기호는 해독되어야만 하고 또한 그 해독방법은 습득되어야만 한다.[15] 따라서 사유를 우연의 만남에 의해 강제되는 것으로 파악하는 이론은, 만남 그 자체를 조직하기 위한 습득의 이론, 배움의 이론과 단절할 수 없다.[16] 『프루스트와 기호들』은 우연의 만남과 강제의 압력이 프루스트에게 있어서 기본적인 테마임을 강조함과 함께 이 작품이 주인공에 의한 습득의 이야기라는 것을 주장하고 있었다. 마찬가지로 『차이와 반복』은 사유의 이론을 전개함과 동시에 습득의 이론을 개진한다.

습득에 관해 들뢰즈는 그것은 '같은 것'의 재생으로서는 행해지지 않고 기호에 대한 응답 및 '다른 것'과의 만남으로서 행해진다고 기술하고 있다.[17] 사람은 자신과 일치하지 않는 것에 대응하려고 해서 무언가를 배운다. 그때의 응답은 결코 '같은 것'의 재생은 아니다. 들뢰즈는 하이데거의 사유 이론에 있어서 '선물'의 비유에 주목하고 거기에는 "'같은 것'의 우위"가 있다고 기술했는데, 이 일견 사변적인 논의가 실로 실천적인 과제와 결부되고 있음을 알 수 있다. 습득에 있어서 '다른 것'과의 만남은 다음과 같이 수영의 예를 통해 설명되고 있다. "응답의 운동은 기호의 운동과 '유사'하지 않다. 헤엄치는 자의 운동은 파도의 운동과 닮아 있지 않다"(DR, p.35). 실은 하이데거도 『사유란 무엇인가』 내에서 같은 수영의 예를 이용하고 있다. "예컨대, 우리는 헤엄치는 것이란 무엇을 '말하는' 것인가를 수영에 관한 논문에 의해 배워서 아는 것은 결코 아니다. 수영이란 무엇을 말하는가를 우리에게 알리는 것은 흐르는 물속으로 뛰어드는 것뿐이다"
(Heidegger 1954(1997), S.22). 하이데거가 이 유추analogy를 통해 말하고 싶은
것은 실제로 사물을 생각해보지 않으면 사물을 생각함이란 어떠한 것인지
는 알 수 없다는 것이다("'사유란 무엇인가'라는 것에 우리가 도달하는 것은
우리 자신이 사유할 때이다"). 여기서도 들뢰즈는 하이데거와 대단히 가까
운 위치에 있다. 들뢰즈 또한 우리가 모래 위에서 재현하는 수영지도원의
동작은 실제로 파도를 피하면서 헤엄치려고 할 때에는 무력하다고 기술하
기 때문이다.

그러나 여기서도 또 들뢰즈는 하이데거와는 미묘하게 다른 논점을 제시
한다. 그것이 '가르치다/배우다'라는 논점이다.

> 우리는 '나와 마찬가지로 하시오[fait comme moi]'라고 말하는 자로부터는
> 무엇도 배울 수 없다. 우리에게 유일한 교사는 우리에게 '나와 함께하시오
> [fait avec moi]'라고 하는 자이고, 이 교사는 우리가 재현하도록 몸짓을 제공
> 하는 대신 이질적인 것 속에서 전개하도록 몇몇 기호를 발할 수 있는 자인
> 것이다.[18] (DR, p.35)

확실히 모래 위에서도, 논문에 의해서도 수영을 배우기는 불가능하다.
그러나 그렇다고 해서 헤엄칠 수 없는 자를 물속에 던져 넣거나 해야 할
까? 사유에 관해서도 같은 것이다. 사유는 그것을 강제하는 기호와의 만남
에 의해 발동하지만 기호는 해독되어야만 하는 것이다. 그리고 기호의 해
독방식은 습득되어야만 한다. 그러면 그것을 어떻게 해서 습득하고 습득
시킬까? 기호를 해독하는 방식은 '같은 것'의 반복을 강요하는 것('나와 마

찬가지로 하시오')으로는 배울 수 없다. 기호는 매번 새로운 것이고 다른 것이므로 '다른 것', 즉 차이를 포함하면서, 해독한다는 몸짓이 반복 가능하도록 되어야만 한다. '나와 함께하시오'라고 말하는 교사는 학생을 하나의 사례 속에 끌어넣는 것을 통해 기호에 대한 응답을 실제로 해 보인다. 그리하여 학생은 자신 나름의 "기호와의 만남의 공간[19][espace de la rencontre avec des signes]"을 만들어낸다(DR, p.35). 학생이 자신 나름의 '기호와의 만남의 공간'을 만들어냄이 습득이라고 하면 한 사람의 인물이 어떻게 해서 배우려고 하는 것인가는 미리 알 수 없게 될 것이다.[20] 그렇기 때문에 비로소 어떤 차이도 동반하지 않고 반복 가능한 모델('같은 것')을 부여하려고 하는 것이 아니라 '나와 함께하시오'라 말하는 교사의 지도가 중요해진다.

수영의 비유는 흥미롭지만 그것이 사유를 위한 습득을 설명하는 데 유효한 것은 여기까지이다. 사유에는 당연히 사유의 특이성이 있다. 만남의 조직화로서의 습득에 관해 논하는 들뢰즈는 동시에 사유가 진전되어갈 때의 어떤 종류의 '방법', 사유의 인도와 같은 것을 고찰하고 있다.[21] 문제가 되는 것은 들뢰즈가 베르그송에 있어서 방법으로서의 '직관'을 논한 부분이다.[22] 이 부분에서는 직관이라는 방법에는 세 가지의 규칙이 있다고 지적되고 있다.[23] 뒤의 두 가지는 어디까지나 베르그송 철학을 해독하는 데 필요했던 것으로, 우리에게 중요한 것은 최초의 규칙이다. 그것에 의하면 진위의 판정은 질문에 대한 대답에 있어서가 아니라 질문 그 자체에 관해 행해져야만 한다. 즉, 질문 그 자체가 틀릴 수 있는 것으로, 그러한 '거짓 문제 faux problème'를 경계해야만 한다. 진위가 질문에 대한 해解에만 관계하고 있다고 생각하는 것은 '어린애 같은' 편견이고, 그것은 학습교육에서 생긴 것이라고 들뢰즈는 말한다. 이 편견 속에서는 문제를 주는 것은 학교의 선생이고, 학생의 일은 답을 발견하는 것뿐이다. 이리하여 우리는 예속 상태에 놓인다. 그러나 "참된 자유는 질문 그 자체를 결정하고 구성하는 능력 속에 있다"(B, p.4).

그러면 거짓 문제란 무엇인가? 베르그송에 의하면 그것에는 두 가지 타입이 있다. 하나는 '존재하지 않는 문제'이고 또 하나는 '제기 방식이 좋지 않은 문제'이다.

전자의 타입으로서 들고 있는 것은 '왜 무가 아니라 무언가가 있는가'(비존재의 문제), '왜 무질서가 아니라 질서가 있는가'(무질서의 문제), '왜 그것이 아니라 이것인가(그것도 또한 마찬가지로 가능했는데도)'(가능적인 것의 문제)이다. 어떤 문제도 어떤 착오를 저지르고 있고, 또한 특정한 심리적 동기에 기반을 두고 제기되고 있다. 우선 비존재의 문제에 있어서 사람은 허무를 상상하고 있다. 그러나 실은 허무라는 것은 없다. 우리는 충실밖에 지각하지 않고, 사유하지 않는다. 하나의 사물이 소멸함이란 다른 사물이 그것을 대신한다는 것이고, 소거란 대치에 다름 아니다. 우리가 '더 이상 아무것도 없다'라고 말할 때, 거기서 의미되고 있는 것은 '지금 있는 것은 아무래도 좋다'라는 것이다. 절대적인 무를 표상할 때, 사람은 하나하나 사물을 소거하면서 그 대신에 다가온 부분을 보고 있지 않을 뿐인 것이다.

다음 무질서의 문제도 이것과 닮아 있다. 무질서란 단순히 우리가 바라고 있지 않은 질서이다. 목적이나 의지는 없어도 어떤 메커니즘은 존재한다. 그럼에도 사람은 자신이 기대하고 있지 않은 질서가 나오면 '무질서다'라고 말하고 자신의 유감스러워하는 기분을 객관적인 것으로 만들어 버린다.

마지막으로, 가능적인 것의 문제는 가장 유명한 거짓 문제일 것이다. 우리는 '그것이 아니라 이것도 가능했다'라고 말한다. 그러나 그렇게 말할 수 있는 것은 구체적인 현실을 마치 추상적인 것처럼 생각하고 있기 때문이다. 셰익스피어 이전에 누군가 다른 사람이 『햄릿』을 쓰는 것이 가능했다고 말할 수 있다. 그러나 그렇게 말할 때 그 사람은 이 극의 세부를 생각하고 있지 않다. 그 세부를 좇아감에 따라 그 셰익스피어의 선구자는 셰익스피어가 생각한 것을 모두 생각하고 셰익스피어가 느낀 것을 모두 느끼며 셰익스피어가 알고 있던 것을 모두 알고 있지 않으면 안 된다는 것을 알 수 있다. 그렇다면 그는 셰익스피어와 완전히 같은 시간과 공간을 점하고 완전히 같은 신체와 마음을 가져야만 할 것이다. 그것은 이미 셰익스피어 본인이다. 우리는 구체적인 현실을 **추상화**하는 것으로 나중에 역행적으로 '그것도 가능했다'라고 말할 수 있는 데 지나지 않는다. 거기에도 또한 '왜 현실은 이러한가' 하고 유감스러워하는 기분이 있다(Bergson 1934(2008), pp.105-113).

거짓 문제의 두 번째 타입, 제기 방식이 좋지 않은 문제는 잘 분석되고 있지 않은 혼합물을 논함에 의해 생긴다. 거기에는 질적으로 다른 것이 자의적으로 모여 있다. 예로서 들고 있는 것은 '행복은 쾌락으로 환원되는가 되지 않는가' 하는 문제이다. '쾌락'도 '행복'도 대단히 다양한 상태를 포함하고 있다. 그러므로 질문되고 있는 것은 어디까지나 용어의 의미이지만 그것을 조사한바 이 두 말들의 통례적 의미를 알 수 있을 뿐이다. "쾌락이라는 이름하에 모은 상태를 검토하고 있던바, 인간이 추구하고 있는 상태라는 것 이외에는 무엇 하나 공통적인 점은 발견되지 않을" 것이다 (Bergson 1934(2008), pp.52-53). 이래서는 '사건의 성질 그 자체'에 관한 것이 불가능하므로, 문제는 답이 없는 문제, 거짓 문제가 된다.

첫 번째 타입의 거짓 문제도 마찬가지로 논해지고 있는 대상(비존재, 무질서, 가능적인 것)이 충분히 분석되고 있지 않았기 때문에 생기고 있던 것이다. 그런 의미에서 들뢰즈도 기술하고 있는 것처럼 첫 번째 타입도 결국은 두 번째 타입에 기반을 두고 있다고 말할 수 있다(B. p.9). 요컨대, 거짓 문제란 제기 방식이 좋지 않은 문제이다. 거짓 문제는 문제 자체가 잘못되어 있다. 그러므로 거짓 문제에서는 답이 나오지 않는다. 그럼에도 철학은 그러한 거짓 문제를 대단한 난제로서 스스로에게 부과해왔다는 것이 베르그송의 생각이었다. 답이 나오지 않는 것은 문제의 제기 방식이 나쁘기 때문이다. **문제는 적절한 방식으로 제기되면 스스로 해결된다**[24](B. p.4). 중요한 것은 문제를 해결하는 것 이상으로 문제를 발견하는 것, 문제를 적절한 방식으로 제기하는 것이다. 그렇지 않으면 우리는 거짓 문제에 빠지고 답이 나오지 않는 것을 모두가 계속 확인하는 사태에 빠져버린다. 들뢰즈는 베르그송에 의한 거짓 문제의 분석을 설명하면서 카를 마르크스Karl Marx(1818~1883)가 『정치경제학 비판』(1859년)에서 기술한 유명한 말 "인간은 스스로가 해결할 수 있는 문제만을 스스로 세운다"를 인용, 다음과 같이 기술하고 있다.

베르그송도 마르크스도 문제란 미리 존재하고 있는 해결의 그림자와 같은 것이라고 말하고 있는 것은 아니다[…]. 또한 문제만이 중요하다고 말하고 있는 것도 아니다. 오히려 중요한 것은 문제의 해결이다. 그러나 문제에는 언제라도 그것에 걸맞은 해결이 있는 것이고, 그 해결은 문제의 제기 방식, 그것이 문제로서 규정되는 조작들, 그것을 문제로서 제기하기 위해 이용되는 수단과 매개에 의해 행해지는 것이다. 이런 의미에 있어서 이론의 시점에서부터도 실천의 시점에서부터도 인간의 역사는 문제 구성의 역사이다.
(B, pp.4-5)

  문학에 있어서도 철학에 있어서도 혹은 인생에 있어서도 사회에 있어서도, 사람은 사고를 강제하는 기호와 만나는 경우가 있다. 그때 그 기호를 해독하는 기술을 배우고 있다면 사람은 사물을 생각하기 시작한다. 그러나 설령 기호를 해독하는 것이 가능해도 거기서부터 문제를 적절한 방식으로 제기할 수 없다면 사람은 거짓 문제의 주위를 계속 맴돌게 된다. 예컨대, '자유인가 규제인가'라고 물을 때 이미 사람은 거짓 문제에 빠져버리고 있다. 거기서 말해지는 '자유'도 '규제'도 충분히 분석되고 있지 않기 때문이다. 거짓 문제에는 답이 없다. 따라서 사람들은 그 주위를 단지 계속 맴돈다. 그리하여 결국은 힘의 관계에 의해 모든 것이 결정되어간다. **거짓 문제에 의해 이득을 얻는 것은 누구인가?** 그것은 이미 권력을 손에 넣고 있는 자, 이미 결정권을 가진 자이다. 그들은 거짓 문제를 유포하고 사람들로부터 사고의 자유를 뺏는다. 따라서 거짓 문제를 피하는 기술을 배우고, 문제를 적절하게 제기할 수 있도록 되는 것은 빼어나게 사회적이고 비평적인 실천이다. 들뢰즈가 베르그송의 질문을 마르크스로 연장시킨 것은 이유가 없지는 않다.

  베르그송의 거짓 문제에 대한 비판은 극히 유익한 것이다. 들뢰즈도 그것에 강하게 공감하고 있다. 그러나 들뢰즈는 거기에 만족하고 안주할 수 없었다. 『차이와 반복』에서는 이 '문제'를 둘러싼 문제에 다시 하나 다른 수준이 부가되고 있기 때문이다. 그러면 들뢰즈가 만족할 수 없었던 점이란 무엇일까? 그것은 미리 앞질러 말하자면 베르그송이 거짓 문제에 조바심

이 난 나머지 문제의 해결을 지나치게 강조해버렸다는 점에 있는 듯 생각된다. 사회에도 철학사에도 너무나 많은 거짓 문제가 있다. 그 때문에 베르그송은 적절한 방식으로 제기되면 문제는 해결되어버린다고 강조했다. 그러나 그것은 **너무 깔끔하다.** 문제의 해결이 중요하다는 것을 인정하면서도 '문제는 적절한 방식으로 제기되면 스스로 해결된다'로는 정리되지 않는 수준이 있음에 들뢰즈는 눈길을 돌린다.

들뢰즈는 『차이와 반복』의 제4장에서 '문제problème'와 '질문question'을 구별하고 있다(베르그송을 해설하고 있었을 때의 용어법과는 차이가 나므로 주의가 필요하다). 문제란 질문이 거기서부터 행해지는 기원이다. 사고는 문제로부터 질문으로 나아간다.[25] 들뢰즈는 칸트의 이름을 들면서 이 문제라는 것은 "'이념Idée'"이라고 말한다(DR, p.219). 칸트에 있어서 이념이란 (오성이 아닌) 이성이 다루는 특수한 개념, 인간은 인식할 수 없지만 과제로서 반드시 필요해지는 개념을 가리킨다. 구체적으로는 자아, 세계, 신이다. 들뢰즈는 이 칸트적인 '이념'을 이 세 가지 예들에 머무르지 않는 것으로서 의미를 어긋나게 하면서 채용하고 있다. 들뢰즈는 다음과 같이 말한다. 칸트에 의하면 '이념'은 '해 없는 문제'이지만 이때 칸트가 말하려 하고 있는 것은 참된 문제는 '이념'이라는 것이다….

들뢰즈의 이러한 해석 내지 조작의 타당성은 여기서는 묻지 않는다. 어쨌든 들뢰즈에게 있어서 칸트의 '이념'이 하나의 **이미지**로서 중요했던 것은 그것이 우리에게 질문을 하고 해를 강요하는 것이면서도, "'이념'은 '그것들의' **해에 의해서는 소거되지 않는다**"라고 말해질 수 있는 것이었기 때문이다(DR, p.219. 강조는 지은이). 확실히 문제는 우리에게 질문을 하고 (아니, 오히려 "명하고"[26]), 그리고 우리는 그 해를 찾아야만 한다. 그러나 질문이 올바른 해를 발견했기 때문이라고 해서 그것으로 최초의 문제가 없어져버리는 것은 아니다. 오히려 주의해야만 하는 것은 그렇게 해서 문제를 필요 없다고 해서 던져버리고 **깔끔하게 만들어버리는 것이다.**[27]

문제의 해결은 여러 조건들에 의존하고 있다. 들뢰즈가 강조하는 것은 그러한 조건들을 규정함의 중요성이다. 『차이와 반복』의 제4장은 현대수학에서 문제와 해의 이론이 이 점에 있어서 시사적임을 주장하고 있다. 들뢰즈가 "코페르니쿠스적 전회轉回보다 훨씬 중요한 전회"를 이루었다고까지 말하는 수학자 닐스 아벨Niels Henrik Abel(1802~1829)에 의하면, 해를 생각함에 있어 필요한 것은 "'여건이 해의 싹을 포함'하도록 해결 가능성의 여러 경우들을 점진적으로 종별화해가는 '문제의 조건들'을 규정하는 것"이다(DR, p.233). 앞의 마르크스의 『정치경제학 비판』의 말도 인용되고 있다. 거기에서도 강조되는 것은 사회적 문제에 대한 해가 발견되는 방식은 사회적 문제의 경제적 조건에 의해 규정된다는 것이다(DR, p.241).

문제는 '이념'이라고 기술한 들뢰즈는, 이어서 이 '이념'은 다양체라고도 기술한다(DR, p.236). 수학에서 말하는 다양체 이론도 염두에 두고 있는 듯하지만, 여기에서는 다양체가 잠재적인 요소로 이루어져 있음을 파악해두면 된다(실제로 해당 부분에서는 "아이러니하게도 그것 자체가 하나의 다양체이고 다양체에 속하는 기술技術이다"라고도 말하고 있고, 들뢰즈에 있어서 '다양체'의 개념은 결코 수학의 그것으로 축소되는 것은 아니다(DR, p.236)). 잠재적인 것이 현동화함에는 여러 조건들이 있다. 따라서 문제인 것이 '이념'이고, '이념'이 다양체라면 문제에 대한 해는 그것을 규정하는 조건들에 의해 변화하게 될 것이다. 오히려 위험한 것은 이 잠재성을 억압하고 '이것이 해이다'라고 하여 문제를 가둬버리는 것이다.[28] "하나의 문제는 그것에 대한 여러 해들의 밖에는 존재하지 않는다. 그러나 문제는 그 문제를 덮고 있는 그 해들 속에서 소실되기는커녕 존속하고 **집요하게 지속한다**. 문제는 **풀려야 할 것임과 동시에 규정되는 것이다**"(DR, p.212. 강조는 지은이).

이 '문제'의 이론은 다시 배움·습득의 이론과 결부된다. "배운다는 것은 문제('이념')라는 대상성에 직면해서 수행되는 주관적인 행위에 적용되는 명칭이다. 그에 비해 안다는 것은 개념의 일반성, 혹은 해결 규칙의 평온한 소유만을 지시하고 있다"(DR, pp.213-214). 잠재적인 요소들로 이뤄지는 '이념'으로서의 문제, 그것에 직면하여 자신 나름의 방식으로 그것에 대한 대응을 꾀함이 '배움'에 다름 아니다. 그에 비해 '앎'이란, 문제가 발하는 질문에 관해 이미 제시되어 있는 해결규칙을 손에 넣는 것에 지나지 않는다. 그러므로 배움에 있어서는 문제('이념')가 어떻게 구성되어 있는가를 각자가 각자의 방식으로 통찰해야만 할 것이다.[29] 이리하여 최종적으로는 사유에 관해 다음과 같은 것을 말하게 되는 것이다. "사유의 초월론적 조건들이 선취되는 것은 어디까지나 '배운다'라는 것에서부터이지, 안다는 것에서부터는 아니다"(DR, p.216).

들뢰즈의 사유 이론은 배움의 이론과 분리할 수 없다. 그리고 사유야말로 생의 새로운 가능성을 창조하는 것이라면 배움, 습득, 혹은 가르치다/배운다는 것이야말로 빼어나게 실천적인 의미를 갖는다. 들뢰즈 철학에 있어서 사유 이론, 즉 배움의 이론에는 그 실천적 가능성이 숨어 있다.

3. 물질에 부가되는 주체성

우리는 처음에 들뢰즈가 실천의 문제로서 추구했던 것은 오로지 사유의 문제이지 그것 이외의 것이 아니라고 기술했다. 그리고 여기까지 들뢰즈가 얼마나 꼼꼼하게 사유의 이론을 만들어내었는가를 살펴왔다. 이것은 극히 풍부한 가능성을 감추고 있는 이론이다. 사유의 이론은 확실히 개인의 실천과 관계되는 것이다. 그렇지만 그것만은 아니다. '문제'의 이론에 있어서 살펴보았듯이 거기에는 날카로운 사회비판의 가능성이 숨겨져 있다. 또한 사유에 의해서 비로소 새로운 삶의 가능성이 열리는 것이라면 사유에 관한 이론은 **최종적으로는** 정치적 실천으로 이어질 것이다.

그러나 이 사유의 이론을 갖고 들뢰즈 철학의 실천적 의의나 정치적 의의를 증명했다고 하기는 어려울 것 같다. 사유와는 다른 차원, 필시 사람들이 '행위'라 부를 차원을 질문하지 않아도 괜찮을까? 슬라보예 지젝은 들뢰즈의 철학은 엘리트적이고 정치와는 어떤 관계도 없다고 기술했다(이 책 '시작하며'를 참조). 들뢰즈 철학에 있어서 실천적인 과제가 어디까지나 사유라면 이 지적은 옳은 듯 생각되기도 한다.

실은 들뢰즈는 만년에 대단히 굴절된 형태이기는 하지만 '행위'의 차원을 묻고 그 과정에서 '주체성'의 재정의를 행하고 있다. 게다가 거기에는 사유의 이론과 같은 발상이 발견된다. 즉, 그 논의는 들뢰즈의 사유 이론이 행위로 연장되었을 때의 귀결을 보여주는 것으로서 읽을 수 있다. 상세하게 살펴보자. 문제가 되는 것은 『시네마2 시간 이미지』(1985년)이다.

들뢰즈는 『시네마1 운동 이미지』(1983년) 내에서 고전적인 영화를 지배하는 '운동 이미지'라는 것을 논했다. 운동 이미지란 지각과 행동의 연쇄에 의해 정의되는 이미지이다. 등장인물이 어떤 사태를 지각한다. 그 지각은 그 인물에게 행동을 촉구한다. 들뢰즈가 말하는 방식으로 말하자면, 상황이 직접적으로 행동과 수동적으로 '연장'된다. 예컨대, 찰리 채플린의 〈거리의 등불〉(1931년)을 들 수 있다. 채플린이 연기한 부랑자는 길옆에서 꽃을 파는 소녀와 만난다. 너무나도 불쌍한 이 소녀는 도움받아야 할 형상으로서 나타난다. 도움받아야 한다는 의미의 지각은 채플린의 행동(권투를 해서 돈을 벌려고 하는 등등)으로 연장된다. 운동 이미지에 있어서는 이미지에 이미 해독된 의미가 부착되어 있고 인물은 그 의미를 감득感得하여 행동으로 연장한다. 거기에는 상황과 행동이 합치하고 있다. '무엇을 해야 할 것인가'가 명백한 이미지라고 말해도 좋다. 들뢰즈는 감각과 운동이 연동한다는 의미에서 이것을 '감각운동적 상황' 혹은 '감각운동적 이미지' 등으로도 부르고 있다.

그러나 운동 이미지는 영화사映畵史 내에서 어떤 위기를 맞이하게 된다. 이 위기와 함께 나타난 '시간 이미지'라는 것을 논한 것이 『시네마2』이다. 들뢰즈는 운동 이미지의 영화로부터 시간 이미지의 영화로의 이행기를 제2차 세계대전의 종결과 겹치고 있다. 즉, 세계대전에 의해 운동 이미지는 위기를 맞고 세계대전 후의 세계에 시간 이미지가 나타났다고 한다(IM, pp.284-285). 그러면 시간 이미지란 무엇인가? 그것은 '무엇을 해야 할 것인가'가 명백하지 않은 이미지이다. 지각은 이미 행동으로 연장되지 않는다. 등장인물은 상황에 반응할 수 없고 상황 속을 그저 헤맨다. 들뢰즈에 의하면 이러한 이미지가 최초로 나타난 것은 이탈리아의 네오리얼리즘 영화이다. 예컨대, 비토리오 데 시카Vittorio De Sica의 〈자전거 도둑〉(1948년)이 그러하다. 주인공은 2년 동안의 실업을 거쳐 겨우 일거리를 손에 넣는다.

가족은 기뻐한다. 그렇지만 그 일에 반드시 필요했던 자전거를 도둑맞아 버린다. 그는 아들과 함께 필사적으로 자전거를 찾는다. 그러나 시간만이 그저 무정하게 흘러간다. 아들은 단지 아빠를 바라볼 수밖에 없다.[30] 영화의 마지막 장면에서 자전거를 훔치는 부친을 보고 아들은 그저 눈물을 흘린다.

시간 이미지에 있어서 등장인물의 행동과는 완전히 무관계하게 공허한 시간이 단지 흘러간다. 여기에 있는 것은 그 속에서 일어나는 것과는 무관계하게 **단지 흘러가는 시간을 직접적으로 제시하는** 이미지이다.[31] 의미를 박탈당한 순수한 이미지라는 의미에서 '광학적-음성적 이미지'라고도 불리고 있다. 운동 이미지의 영화에서는 등장인물이 상황에 반응하여 행동했다. 그것을 보는 관객은 등장인물에 동일화할 수 있었다. 시간 이미지의 영화에서는 오히려 등장인물이 관객과 같이 자신이 놓인 상황을 단지 관찰한다. "등장인물이 일종의 관객이 된다"(IT, p.9).

이상과 같이 정의할 수 있는 운동 이미지와 시간 이미지의 구별, 그리고 '운동 이미지로부터 시간 이미지로'라는 흐름을 기초로 파악하면서 『시네마2』는 '주체성'의 재정의를 행한다. 채택되고 있는 것은 데 시카와 마찬가지로 이탈리아 네오리얼리즘의 작가로서 알려진 로베르토 로셀리니Roberto Rossellini의 〈유럽 1951년〉(1952년)이다. 들뢰즈는 이 영화를 베르그송의 재인론再認論에 따라 해독한다.

베르그송은 두 가지 재인을 구별하고 있다(IT, p.62). 하나는 자동적 혹은 습관적 재인이다. 예를 들어, 소는 풀을 재인하고 그리고 그것을 먹는다. 통근하는 자는 여느 때와 같은 길모퉁이에 오면 그것을 재인하고 그리고 돈다. 노동자는 공장에 오면 여기는 자신이 일해야 할 공장이라고 재인하고 그리고 일한다. 자동적 재인에서는 지각은 습관적인 운동으로 연장된다. 또 하나의 재인은 주의 깊은 재인이다. 이것은 사람이 만난 대상의 재인에 좀처럼 성공하지 않는 경우의 그것이다. 주의 깊은 재인에서는 지각이 어떤 것으로 연장되는 일이 없다. 사람은 몇 번이나 대상으로 되돌아가 회상을 반복하고 거기서부터 '몇몇 특징'을 끌어내려고 한다. '그것은 무엇이었는가? 그것이었는가? 아니, 이것이었는가?' 하고, 끌어낸 특징으로부터 얻어진 동일화identification를 지우고는 다시 행한다.

그런데 들뢰즈는 이 두 가지 재인들을 설명한 다음 그 구별을 앞의 두 가지 이미지의 구별에 겹치려고 한다. 이때 논의의 진행은 다음과 같이 이루어지고 있다. 자동적 재인이 야기하는 것은 지각에서부터 운동으로의 연장이고, 거기서 나타나고 있는 것은 감각운동적 이미지, 즉 지각과 운동의 연쇄로서 정의된 운동 이미지이다. 자동적 재인이 야기하는 이미지와 주의적 재인이 야기하는 이미지를 비교해보자. 일견 자동적 재인이 야기하는 이미지 쪽이 주의 깊은 재인이 야기하는 이미지보다 풍부한 것으로 생각된다. 주의 깊은 재인은 몇몇 특징을 끌어내고는 지워감에 비해, 자동적 재인이 야기하는 것은 대상 그 자체의 이미지인 듯 생각되기 때문이다.

그러나 곧 알 수 있듯이 이 풍부함은 외관상의 것일 뿐이다(IT, p.64). 자동적 재인은 실은 대상으로부터 우리의 관심을 끄는 것, 반응이나 행동으로 연장되는 것밖에 채택하지 않는다. 소가 재인하는 것은 하나하나 다른 풀이 아니라 풀 일반이다. 풀의 차이를 하나하나 인식할 필요는 없기 때문이다. 나아가 자동적 재인은 지각을 행동으로 연장하기 위해 지각된 것을 적당하게 조정한다. 매일 보고 있는 길모퉁이는 매일 다른 모습을 보이고 있을 터이지만, 지각 속에 섞여 들어와 길모퉁이를 돈다는 행동을 방해하는 것(어제와는 다른 햇빛, 어제는 없었던 얼룩…)은 지각에서 삭제된다.

그것에 비해 주의 깊은 재인이 야기하는 것은 '몇몇 특징'에 지나지 않는다. 그렇지만 이 재인은 우리에게 대상의 특징을 묘사해서는 지우고, 지우고는 묘사한다는 작업을 강요하고, **그때마다 대상으로 향하게 한다.** 우리는 따라서 대상의 특이성과 직면하게 된다. 그때마다 얻어지는 특징은 확실히 간소한 것일 것이다. 그렇지만 그것에 의해 우리 앞에는 단순히 광학적이고 음성적인 이미지가 나타난다. 이것이야말로 (들뢰즈에 의하면) "참으로 풍부"(IT, p.64)한 것이다.

여기서 〈유럽 1951년〉이 채택된다. 잉그리드 버그만이 연기한 부르주아 부인 아이린은 바쁜 나머지 아들의 이야기를 들어주지 않는다. 아들은 그녀의 관심을 끌기 위해서인지 계단에서 뛰어내린다. 목숨은 건진 듯 생각되었지만 그때까지의 자신의 태도를 반성한 어머니와 오랜만에 대화한 뒤 아들은 머리에 받은 손상이 원인이 되어 결국 목숨을 잃는다. 아이린은 쇼크에 빠진다. 사건 뒤 그녀는 사촌인 공산주의자 안드레이에게 이끌려 빈민가 사람들의 구제활동에 참가하게 된다….

그리고 영화 속에서 아는 사이가 된 가난한 여성 대신으로 아이린이 공장에 일하러 가는 장면이 있다. 들뢰즈가 주목하는 것은 이 장면이다. 그녀는 공장으로 향하는 노동자들 무리, 공장의 폭음, 거대한 쇳덩어리에 경악하여 졸도할 것처럼 된다. 그녀 속에서는 공장의 지각은 노동으로 연장되지 않는다. 자동적 재인은 작동하지 않는다. 그녀는 그 공장이 대체 무엇인가를 인식하려고 하고 몇 번이나 몇 번이나 대상(공장)으로 되돌아온다. 들뢰즈의 표현으로 말하자면 "같은 대상(공장)이 다양한 회로를 통과한다"(IT, p.65). 그날 밤 떨면서 자택으로 돌아온 아이린은 다음 날 안드레이에게 공장에서 체험한 것을 말한다. 아이린은 말한다(이것은 들뢰즈가 몇 번이고 인용하고 있는 대사이다). "마치 수인囚人들을 보고 있는 듯했어요"(IT, p.65). 그것을 받아서 안드레이는 공산주의 혁명의 꿈을 말한다. 그녀는 동의하지 않는다. 자신은 더 정신적인 것과 관계하고 싶다고 단언한다. 그리고 그녀는 '현대의 성녀'라 불리는 활동을 시작하게 된다. 아이린의 얼굴은 더 이상 쇼크 상태에 있을 때의 그것이 아니다. 학대받은 사람들에게 확신을 갖고 관계하게 된다.

들뢰즈는 아이린 안에서 일어난 것 속에서 주체성의 새로운 의미를 보려고 한다. 어떠한 것인지 순서를 따라 살펴보자.

자동적 재인이 야기하는 이미지 혹은 운동 이미지에서는 **이른바 주체성**이 나타나고 있다. 그것은 지각에서 행동으로의 이행 내지 연장으로서의 주체성이다. 즉, 무언가가 지각되고 그것이 행동으로 연장되는 그 연장이 주체성이라 말해진다. 이것을 들뢰즈는 지각과 행동의 거리가 생기면 홀연 주체성이 나타난다고 말하며 설명하고 있다(IT, p.66). 즉, 이 거리를 메우는 것이 주체성이다. 단, 이 주체성이 야기하는 것은 당연히 연장이라는 것에 주의해야만 한다. 자동적 재인에 있어서는 그 지각에서부터 이행하도록 행동은 미리 결정되어 있다. 들뢰즈는 이 주체성을 "제1의 주체성"이라 부르지만(IT, p.66), 이것은 연장 방식이 결정되어 있고, 새로운 것을 전혀 야기하지 않는다.

그러면 주의 깊은 재인 쪽은 어떠할까? 그것은 회상('회상 이미지')에 의해 일어난다. '그것은 무엇**이었는가**? 그것**이었는가**? 이것**이었는가**?' 회상도 또한 앞의 거리를 메우려고 한다. 그리고 만약 이 거리를 메우는 작업이 최종적으로 성공한다면 그것에 의해 자동적 재인이 야기하는 감각운동적 흐름이 회복된다. '아아, 그렇다, 여기는 공장이다…, 이곳은 일해야 할 곳이다….' 그렇지만 주의 깊은 재인이 단순히 회상으로 끝나지 않고 "우리를 개별적으로 지각으로 데려가고"(IT, p.66), 뭔가 잠재적인 것을 현동화시키는 경우가 있다. 이것이 바로 〈유럽 1951년〉의 여주인공의 사례이다. 같은 대상(공장)이 다양한 회로를 통과하고 '공장은 감옥이다'라는 지각을 낳는다. 그것이 **새로운 주체성**을 발동시킨다.

여기서부터 무엇을 말할 수 있는가? "주의 깊은 재인은 **성공했을 때보다도 실패했을 때 쪽이** 훨씬 많은 것을 우리에게 가르친다"라는 것이다(IT, p.75. 강조는 지은이). 주의 깊은 재인이 성공한다면 그것은 단지 재인에 시간이 걸렸을 뿐인 것으로, 자동적 재인이 야기하는 감각운동적 흐름에 다시 합류하게 된다. 그러나 회상이 잘되지 않고 감각운동적인 연장이 중단된 채일 때, 주의 깊은 재인이 다음 운동으로 연장되지 않고 뭔가 잠재하고 있던 요소와 관계를 맺는 경우가 있다. 바로 아이린이 공장의 지각에 의해 새로운 주체성을 획득했을 때처럼. 이것은 이미 지각과 행동의 거리를 메우는 소위 주체성은 아니다. "주체성은 새로운 의미를[…] 띤다"(IT, p.63). 거기서 나타나는 것은 제2의 주체성이다. 이것을 들뢰즈는 "물질에 '부가되는'[«s'ajoute» à la matière]" 주체성이라 부르고 있다(IT, p.67).

예를 들어, 안드레이에게서 발견되는 것은 제1의 주체성이다. 그는 공산주의라는 신념을 갖고 있고 공산주의자라는 주체로서 빈민을 지각한다. 그 지각의 의미는 미리 결정되어 있고 그것이 구제라는 행동으로 연장된다. 여기서는 주체와 객체라는 구별이 확실하다. 그리고 그 때문에 주체가 어떤 변용을 받는 일은 없다. 그러나 버그만이 연기하는 여주인공은 다르다. 이것은 오해해서는 안 되는 점이지만, 그녀에게 주체성을 발휘시킨 것은 아들의 죽음도 빈민과의 만남도 아니다. 그녀는 안드레이에게 이끌려 빈민 구제활동에 가는 데 지나지 않는다. 그들을 보아도 아주 좋은 사람들이라고 말하는 데 지나지 않는다. 그녀의 주체성을 발휘시킨 것은 공장의 지각이다. 그 소리, 그 크기, 그 군중.[32] 공장의 지각은 다양한 면을 통과한다. 그녀는 당혹스러워하고, 그리고 재인에 실패한다. 그 결과 그녀는 은유metaphor도 무엇도 아닌, '공장은 감옥이다'라는 단적인 지각을 얻는다. 그녀의 주체성을 발휘시키는 것은 이 지각이다.

왜 이 주체성은 "물질에 '부가되는'" 주체성이라 불리는 것일까? 필시 이 제2의 주체성이, 예컨대 안드레이의 주체성에서 발견되는 주체/객체라는 도식을 갖추고 있지 않기 때문일 것이다. 주체가 스스로 발견한 객체를 향해 주체성을 발휘하는 것이 아니라, 세계라는 물질의 요청 내지는 필연성에 합치하도록 해서 새로운 주체성이 발동하는 것이다. 그러므로 들뢰즈는 '객체에 부가된다'라고는 말하지 않고 '물질에 부가된다'라고 말한다.

그리고 이상의 설명에서도 명백하듯이 '물질에 부가되는 주체성'의 논의는 들뢰즈의 사유 이론에 완전히 대응하고 있다. 주체성의 발동이 사유와 이어지는 것이라고 한다면 그것은 사유 이론의 연장이라고도 말할 수 있을 것이다. 미리 갖고 있던 기획에 의해 발휘되는 주체성(제1의 주체성)은 사물을 기존의 지각 체제에 따라 재인하는 데 지나지 않고, 조금도 새로움을 야기하지 않는다. 사물의 변경과 이어지지 않는다. 기존의 지각 체제를 파괴하는 지각과의 만남이야말로 '물질에 부가되는 주체성'(제2의 주체성)을 야기한다. 『시네마2』는 게다가 이 주체성이 습득·배움의 테마와 관계하고 있음도 지적하고 있다. "비탄, 동정, 사랑, 행복, 수락 등 내적인 시각의 온갖 상태를 통과하고[…] 그녀는 보고, 보는 것을 배웠다[elle voit, elle a appris à voir]"(IT, p. 9). 제2의 주체성은 (바로 사유가 그러했듯이) 단지 갖고 있는 것만으로는 찾아오지 않고 어떤 종류의 습득 뒤에 찾아온다. 그녀는 아들의 죽음이라는 사건 뒤 긴 시간을 걸쳐서 보는 것을 배웠기 때문에 공장의 지각이라는 기호를 해독할 수 있었다.

오직 사유에 관해 사유해온 들뢰즈는, 어떤 영화작품을 논하는 방식으로 서이기는 하지만, 그것에 대응하는 혹은 그 연장인 행위나 주체성에 관해 말했다.[33] 그런 의미에서 『시네마2』의 해당 부분은 들뢰즈가 틀림없이 실천 영역으로 들어서는 중요한 장면이다.

그렇지만 이어서 우리는 다음과 같이 지적해야만 한다. 이 주체성의 논의는 동시에 들뢰즈 실천 이론의 한계를 뚜렷하게 보여주는 듯 생각되기도 하는 것이다. 무슨 뜻인가? '물질에 부가되는 주체성'은 주의 깊은 재인의 **실패**에 의해 발동하는 것이었다. 적극적 의지에 의해 얻게 되는 행위에서도 확실히 주체성은 발생되었지만, 그것은 조금도 새로움을 야기하지 않는 제1의 주체성으로 빠지게 된다. 따라서 필요한 것은 새로움을 야기하는 제2의 주체성, '물질에 부가되는 주체성'이다. 그러나 **실패를 지향하는 것은 불가능하다.** 실패는 지향하는 순간 실패가 아니기 때문이다. 그리고 이 문제점은 그대로 사유 이론으로도 되돌아올 것이다. 사유는 만남에 의해 강제되어 비로소 생겨난다. 따라서 **사유하는 것을 지향함은 불가능하다.** 만남은 지향할 수 없고, 만남은 기대가 실망에 빠지는 것에 의해서만 생기기 때문이다. 기대한 대로 만날 수 있다면 그것은 만남이 아니다. 실제로 『프루스트와 기호들』은 '실망déception'을 습득의 기본적인 계기契機로서 높이 평가하고 있다.[34]

이미 살펴본 대로 들뢰즈의 습득 이론, 그것에 뒷받침된 사유 이론은 극히 실천적인 가치를 갖는 빼어난 이론이다. 그것은 확실히 우리에게 많은 것을 가르쳐준다. 그렇지만 행위나 주체성의 논의로 연장되었을 때 이 이론은 실천 이론으로서는 아무래도 받아들이기 어려운 모습을 드러내기 시작한다. 그것은 **실패를 할 것을 요구하기** 때문이다.

우리가 지적하고 있는 들뢰즈 철학의 특징은 다른 논자에 의해 지적되고 있지 않은 것은 아니다. 프랑수아 주라비쉬빌리François Zourabichvili(1965~2006)는 논문 「들뢰즈와 가능적인 것(정치에 있어서 비주의주의非主意主義에 관하여)」(1998년) 내에서 들뢰즈의 철학을 '비주의주의'라는 말로 총괄한다. 들뢰즈는 생각할 수 있는 가장 비주의주의적인 철학을 창조했다고 주라비쉬빌리는 말한다. 그에 의하면 이 철학의 결론은 다음과 같은 것이다. "가능적인 것을 넘어 생성으로 도달하는 것, 이것이야말로 들뢰즈가 지향하고 있던 방향이다. 가능적인 것과 필연적인 것의 동일성에 이르는 것, 거기에서는 의지는 이미 거짓 문제일 뿐이다"(Zourabichvili 1998, p.356). 확실히 주라비쉬빌리가 말하는 대로이다. 들뢰즈는 생각할 수 있는 가장 비주의주의적인 철학을 창조했다. 그렇지만 거기에는 뭔가 문제는 없을까? 그리고 들뢰즈 자신은 이 철학에 어떤 의문도 느끼고 있지 않았던 것일까?

지금까지 우리는 들뢰즈 철학의 '방법'(제1장), '원리'(제2장), '실천'(제3장)을 가능한 한 포괄적으로 논해왔다. 그 결과 확실히 현실적이고(인간 내에 사유에 대한 적극적 의지 따위는 인정하지 않는), 또한 실천적인(적극적 의지의 부재를 인정한 다음 습득의 중요성을 강조하는) 들뢰즈 철학의 모습이 나타나게 되었다. 그것은 매력적이다. 그러나 동시에 그것은 어딘가 한계를 느끼게 한다. 들뢰즈 철학에는 정치 같은 것은 없다고 주장하는 논자들이 느끼고 있는 것도 이 한계는 아닐까? 아무리 들뢰즈 본인이 정치적 의미sense에서 뛰어난 인물이고, 또한 실제로 지식인으로서 정치활동을 하고 있었다고 해도 이 의문은 변하지 않는다.

여기서 우리는 논술을 크게 전회하기 위해 다음과 같은 가설을 제시하도록 하자. 들뢰즈는 자기 철학의 어떠한 한계를 눈치 채고 있었다. 바로 그렇기 때문에 그 한계를 타파하기 위해 하나의 실천, 거의 도박이라고 해도 좋을 실천으로 나아갔다. 그것이 1969년부터 개시된 펠릭스 가타리와의 협동작업이었던 것은 아닐까? 들뢰즈와 완전히 자질을 달리하는 가타리라는 필자를 통해 들뢰즈는 자기 철학 스타일의 쇄신을 지향한 것은 아닐까? 그리고 실제로 그 쇄신은 성공하여 들뢰즈=가타리라는 기묘한 저자에 의해 몇 권의 책이 쓰이게 되었다고 말이다.

이 책의 첫머리에서도 기술한 대로 들뢰즈와 들뢰즈=가타리의 글을 혼동하는 것은 적어도 어떤 검증 작업을 거친 뒤가 아니면 허용되지 않는다. 실제로 이 두 '저자'의 글에는 큰 차이가 발견된다. 다음 장에서는 앞의 가설에 의거하면서 더욱 고찰을 진행하기로 하자.

법/제도/계약

들뢰즈에게서 고전적인 의미에서의 정치사상을 발견하려고 한다면 그것은 제도의 이론이라고 말할 수 있을 것이다. 이것은 들뢰즈가 흄으로부터 계승한 것이다.

사회계약설로 대표되는 정치사상의 주류는 사회를 법에 의해 정의해왔다. 그것에 의하면 사회 미성립 단계일 때의 인간은 자연권을 가지면서 흩어져 살고 있다. 따라서 사회를 구성하기 위해서는 이 권리의 방기와 법의 지배에 대한 종속이 필요해진다. 이 경우의 '법'이란 자연권이라는 '하고 싶은 것은 무엇이든 해도 좋은' 권리에 제한을 가하는 **금지**의 규범이다. 사회계약설에는, 즉 사회의 기원에는 법=금지가 있다.

흄은 이것을 비판한다. 사회의 기원에 법이 놓여 있는 것은 인간을 이기주의자egoist로 규정하고 있기 때문이다. 이기주의자를 억누르기 위해 법에 의한 금지가 필요해지는 것이다. 그렇지만 인간의 본성에서 이기주의egoism를 볼 수 있는 것은 실제로는 존재하지 않는 추상적인 '자연상태' 속에 인간을 두고 있기 때문이다. 자연사적으로 바라볼 때 실제 인간은 동료를 만들고 가족을 만들며 자연적 '공감'을 갖고 살고 있다. 흄은 말한다. "자신의 재산 대부분을 아내의 취미나 자식의 교육에 할애하지 않거나, 자기 자신의 용도나 개인적 오락을 위해서는 최소의 몫만을 남겨두지 않는 인간은 거의 없다"(ES, p.25). 문제는 오히려 이 공감이 "치우쳐 있는" 것이다(ES, p.24). 이기주의라면 억누르면 되지만 공감의 치우침은 잘 통합해야만 한다. 그런 의미에서 사회계약설은 사회를 성립시키기 위한 과제를 오히려 안이한 방향으로 축소시키고 있다.

이와 같은 관점에서 사회를 바라보았을 때 거기서 발견되는 것은 제도이다. 여기서 '제도'는 만족을 얻기 위한 수단, 행동을 위한 모델을 가리킨다. 인간의 탐욕

스러움을 만족시키기 위해 소유 제도가, 매일 밤 상대를 찾지 않아도 되도록 결혼제도가 만들어진다. 사회란 그러한 다양한 창안 궁리의 총체이다(「본능과 제도」(ID, pp.24-25)). 사회계약설은 **부정적인 것**(금지)을 사회의 최초로 두었지만, 제도론은 **긍정적인 것**(행동의 모델)을 사회의 최초로 둔다. 후자의 관점에서 보면 법이란 나중에 오는 것이다(결혼제도가 만들어진 뒤에 중혼이 금지된다). 제도론의 관점에서는 권리의 개념도 대폭 개선을 요구받는다. 이미 사회성립 이전의 권리(자연권)를 구성하기는 불가능하다. 인간은 미리 권리 같은 것을 갖고 있지 않기 때문에 사회를 구성하는 것이지, 사회가 성립하기 이전부터 있던 권리를 사회가 억압하는 것은 아니다.

제도의 개념은 나아가 사회비판의 시각을 제공한다. 어떠한 제도에 관해서도 '그것은 누구에게 있어서 유익한가?'라고 물을 수 있기 때문이다(ID, p.26). 예를 들어, 결혼제도는 상대를 찾는 수고를 덜어준다. 그러나 다른 제도에서도 같은 만족은 얻어질 것이다. 제도는 반드시 효용을 갖지만 그것이 특정 집단이나 사회 계층을 특권적으로 우대하는 것은 아닌가를 생각해야만 한다.

들뢰즈는 또한 『자허마조흐 소개』에서는 이 법과 제도의 대립에 계약이라는 제3항을 더해 더욱 복잡한 도식을 구축하고 있다(PSM, pp.79-80). 계약은 원칙으로서 양자 의사의 일치, 유효기간, 비양도 부분의 유보에 관한 조약을 포함한다. 그에 비해 법은 제3자에게 힘을 미치고, 기한의 제한이 없으며, 어떠한 유보도 허용되지 않는다.

필시 들뢰즈는 계약을 논함에 있어 자허마조흐가 태어난 갈리시아의 역사를 생각하고 있었을 것이다. 이 지방은 항상 국제정치의 희생이 되어 병합이나 분할을 몇 번이나 경험했다. 그의 문학은 갈리시아의 역사와 단절할 수 없다. 또한 계약은 그 작품에서 중요한 역할을 행한다. 제도와 법을 수립하고 국가로서 멋지게 독립할 수 있는 지역도 있다. 그러나 지정학적으로 그것이 허용되지 않는 지역도 있다. 그리고 한 지역이 살아남는 길은 독립만은 아니다.

구조로부터 기계로

| 제 4 장 |

전회

앞 장에서 우리는 들뢰즈 철학이 구상하는 '실천'에 관해 검토했다. 들뢰즈에게 있어서 실천이란 '사유'를 중심으로 한 복수 요소의 총체를 나타내고 있다. 들뢰즈는 사유를 의지에 기반을 두는 것으로 생각하지 않는다. 사유는 그것을 강제하는 '기호 signe'와의 '만남'에 의해 비로소 발동한다. 단, 기호를 이해하기 위해서는 그것을 해독하는 훈련, '습득'을 빠뜨릴 수 없다. 들뢰즈의 실천은 여기서 이 습득에 대한 '교육'으로 열려간다. 『차이와 반복』은 '문제'의 이론을 다듬어내면서 들뢰즈적 교육학이라고도 부를 만한 것을 정묘하게 만들어내고 있었다.

들뢰즈 철학에서 구상되고 있는 '실천'은 현실적이고 또한 매력적이다. 그러나 거기에는 간과할 수 없는 맹점이 있는 듯 생각되었다. 만년의 들뢰즈는 영화를 논하면서 이 실천으로서의 사고를 이른바 행위로 연장한다. 베르그송의 재인론을 참조하면서 들뢰즈는 **실패한** '주의 깊은 재인'이야말로 잠재적인 것을 현동화하고 새로움을 낳는 것으로, 바로 거기에 이른바 주체성(제1의 주체성)으로는 환원되지 않는 새로운 주체성, 그가 '물질에 부가되는 주체성'이라 부르는 '제2의 주체성'이 나타난다고 했다.

사유는 강제에 의해 비로소 발동한다고 생각하는 철학에서부터 이러한 행위 이론이 나오는 것은 필연적이다. 그렇지만 새로운 주체성이 '실패'에 의해 정의되고 있다는 것은 우리의 주의를 끌지 않을 수 없다. 실패를 지향하는 것은 불가능하다. 확실히 여기에는 온갖 자발성, 능동성을 결국 기존 도식scheme의 틀 내에서 작용하는 것에 지나지 않는다는 이유에서 기피하면서도, 그저 그런 체념에 빠지는 일 없이 새로움의 창조로 이어지는 실천을 추구한 질 들뢰즈라는 철학자의 아슬아슬한 사유가 있다. 더욱이 들뢰즈는 '실패'를 단순한 기대의 대상으로 하고 있지 않고 교육에 의한 준비의 필요성도 교묘히 이론화하고 있었다. 그러나 여기에 안주해서 멈춰서는 것은 우리에게 어떤 불만을 느끼게 하지 않을 수 없다.

실제로 들뢰즈 본인이 스스로의 철학적 틀에 완전히 만족하지 않았던 것처럼 생각된다. 주저라 말할 만한 두 권의 저서 『차이와 반복』(1968년), 『의미의 논리』(1969년)를 쓴 뒤 펠릭스 가타리와의 협동작업이라는 실험에 착수한 것은 그를 위해서는 아니었을까. 나중에 살펴보겠지만 그 작업은 이른바 공동연구와는 완전히 다른 방식으로 행해졌다. 이 책 첫머리에서 지적했듯이 들뢰즈의 저서와 들뢰즈가 가타리와 협동으로 쓴 저서는 종종 혼동되고 있다. 그러나 들뢰즈가 자기 사상의 어떤 난점을 뛰어넘기 위해 완전히 새로운 기술 방법을 실험해본 것이라고 한다면 그러한 독해는 역시 부정확하다고 말해야만 한다.

들뢰즈와 가타리의 협동작업은 세 저작을 낳았다.[1] 이 장의 목적은 그 저서들이 연지평이 어떠한 의미에서 들뢰즈에게 '전회轉回'였는지, 즉 이 책이 지금까지 그려온 들뢰즈의 '방법', '원리', '실천'을 어떻게 변경하는 것이었는지를 명백하게 하는 데 있다.

1. 가타리와의 만남

프랑수아 도스François Dosse(1950년생)의 방대한 평전 『들뢰즈와 가타리—
교차적 평전』(2007년)에 의하면, 들뢰즈와 가타리가 처음 직접 대면한 것은
1969년 6월의 일이다(Dosse 2007, p.16. 이 절에서 소개하는 그 외의 사실에
관해서도 같은 책의 '프롤로그'를 참조하라). 두 사람은 그전에 이미 몇 번인
가 편지를 주고받기는 하고 있었다. 들뢰즈는 1968년에 『차이와 반복』을,
그리고 1969년에는 『의미의 논리』를 출판했다. 가타리는 그 저서들을 훑어
보고 편지에서도 그것을 언급하고 있다. 당시 가타리는 장 우리(1924년생)
가 창설한 라 보르도 정신과 병원에서 일하고 있었다. 그렇지만 너무나도
분방한 그 행동에 주위는 애를 먹었고, 가타리 본인도 또한 자신이 좀처럼
안정해서 글을 쓰지 못하는 것이나 라 보르도에서의 일에 분주해 있음을
고민하고 있었다. 그다지 알려져 있지 않지만 두 사람 사이를 주선한 것은
마찬가지로 라 보르도에서 일하고 있던 의사 장 피에르 뮈야르이다.

들뢰즈를 직접 알고 있던 뮈야르는, 말하자면 스스로를 잘 컨트롤하지
못하고 있던 가타리를 위하는 마음에, 또 가타리의 행동에 약간 질려 있던
것도 있어서 새삼스럽게 유명해져 있는 철학자에게 그를 대면시키려고 시
도한다. 대면은 성공했다. 그 뒤에도 두 사람은 대화를 계속한다. 가타리
가 그치지 않고 이야기하고 들뢰즈는 그것을 메모하여 조리를 맞춰 비판하
여 철학사에 대조시킨다. 이미 기술했던 대로 들뢰즈는 두 개의 대작을 막
출판한 참이었다. 이론적으로도, 저작의 출판에 있어서도 전환점에 접어
들고 있었다(들뢰즈는 1년 전에 한쪽 폐를 적출하는 대수술을 받았기 때문에
요양 중이었던 데다 알코올중독 직전이었다고 한다. 그는 실제 인생에서도 하

나의 전환점에 접어들고 있었다). 이리하여 몇몇 우연이 겹쳐 두 사람은 협동작업을 시작하게 된다.

들뢰즈와 가타리는 협동작업의 방식에 관해서 거의 말하지 않았기 때문에 그 실상은 수수께끼인 채로 남아 약간 신비화되어 있는 점도 있었지만, 도스의 평전 및 스테판 나도Stéphane Nadaud에 의한 『안티 오이디푸스』의 초고 출판에 의해 지금은 그 실태가 대략 명백하게 드러나게 되었다. 단, 실태가 판명된 것과 거기서 일어나고 있던 일의 의미를 이해하는 것은 완전히 다른 사항이다.

두 사람의 최초의 저서 『안티 오이디푸스』는 다음과 같은 수순으로 쓰였다. 들뢰즈는 가타리가 참신한 아이디어나 개념을 잇달아 창조하는 것에 매료되어 있었다. 그래서 들뢰즈는 가타리에게 아침에 일어나면 바로 책상으로 가서 가타리 자신의 생각을 종이에 써두고, 그것을 다시 읽지 않고 수정도 하지 않은 그대로 자신이 있는 곳으로 보내도록 요청한다. 그것은 가타리에게 있어서는 고행이었지만, 들뢰즈는 글을 쓸 수 없는 채 있던 가타리에게는 그것이 필요하다고 판단한 듯하다(Dosse 2007, p.18). 가타리는 그 규칙을 지켜서 그저 들뢰즈에게 메모를 계속 보냈다(나도에 의해 편집되고 출판된 것은 이 메모의 일부이다). 들뢰즈는 그 메모를 그저 읽고 저작에 사용할 수 있는 부분을 골라내었다. 그리고 머릿속에 쌓인 가타리의 아이디어와 받은 메모에 의지해서 『안티 오이디푸스』를 썼다. 나도가 확실히 기록하고 있듯이 『안티 오이디푸스』의 원고를 쓴 것은 들뢰즈이다(Nadaud 2004, p.19). 그 뒤 가타리에 의한 정정, 그리고 협동 퇴고작업을 거쳐 1971년 12월 31일에 텍스트를 완성한다. 출판되는 것은 다음 해인 1972년 3월의 일이다.

두 사람은 『안티 오이디푸스』의 집필을 회고하며, 중요했던 것은 자신들이 '나'라 말할 것인지 말하지 않을 것인지가 이미 전혀 중요하지 않은 지점에 도달하는 것이었다고 말하고 있다(MP, p.9). 우리는 이 설명을 문자 그대로 받아들일 필요가 있을 것이다. 들뢰즈는 받은 방대한 양의 단편을 닥치는 대로 읽고, 머릿속을 가타리의 아이디어와 개념으로 채워간다. 들뢰즈는 마치 가타리에 의해 빙의된 무당shaman처럼 된다. 필시 그 빙의가 어떤 단계를 넘은 곳에서 들뢰즈는 펜을 집었을 것이다. 『안티 오이디푸스』를 쓰고 있던 것은 누구일까? 펠릭스 가타리는 아니다. 그렇지만 정확하게 말하면 그때까지 '질 들뢰즈'라는 이름으로 불리고 있던 인물도 아니다. 필시 '들뢰즈=가타리'라고밖에 부를 수 없는 어떤 자가 그것을 썼다. 이것은 하나의 쓰기écriture 실험이다. 들뢰즈는 『차이와 반복』의 서문에서 이전의 스타일로 철학 책을 쓰는 것이 불가능하게 된 시대가 다가오고 있다고 기술하고 있었다(DR, p.4). '둘이서 쓰다écrire à deux'라는 실험은 이 예언을 문자 그대로 실천해본 것이라 생각할 수 있을 것이다.

그렇다고는 해도 그 실험성을 과도하게 강조할 필요도 없다. 실은 이 실험은 들뢰즈 저작의 방법을 응용한 것이라 생각하는 것도 가능하기 때문이다. 우리는 제1장에서 들뢰즈의 전문저술monograph이 '자유간접화법'으로 쓰여 있음을 지적했다. 자유간접화법은 말해지는 쪽의 판단이 말하고 있는 자의 판단인 듯 나타난다. 말하는 쪽과 말해지는 쪽이 판명하게 구별되지 않는다. 말하는 자가 말해지고 있는 자로 생성변화하고 있다고 말해도 좋다. 들뢰즈는 그러한 독자적 방식으로 연구논문이나 연구서를 써왔다. 들뢰즈와 가타리가 행한 '둘이서 쓰다'라는 실험은 바로 이 방법을 추진한 것이 된다. 객관적으로 보면 가타리가 써서 보낸 메모를 들뢰즈가 다시 정리해서 쓰고 있으므로 가타리는 '말해지는 쪽'에, 들뢰즈는 '말하는 쪽'에 있는 셈이 된다. 실제로 이미 많은 논자가 지적하고 있듯이 두 사람이 말한 개념의 대부분은 가타리에게서 유래하는 것이다(이 책 '시작하며'를 참조).

그러나 들뢰즈는 '가타리 사상'의 외측에 있고 그것을 관찰자로서 바라보며 보고하고 있는 것은 아니다. 자유간접화법을 이용해서 철학자를 논하고 있던 때처럼, 말하고 있는 들뢰즈는 말해지는 쪽에 있는 가타리로 생성변화하고 있다. 그렇게 때문에 바로 두 사람이 말하고 있던 것처럼 '나'라 말할지 말하지 않을지는 이미 전혀 중요하지 않은 것이다. 어디를 들뢰즈가 쓰고 어디를 가타리가 썼는가 하는 억측은 전혀 의미가 없다. 이렇게 보면 '둘이서 쓰다'라는 실험은 들뢰즈의 그때까지의 방법을 보다 과격하게 하는 것으로 생겨났다고 할 수 있는 듯하다.[2] 유일한 차이는 들뢰즈의 연구서가 이미 완성된 저작이나 작품을 상대로 하고 있던 것임에 비해, 이 실험에서는 들뢰즈가 생성도중에 있는 가타리의 사상을 포획할 상대로 하고 있었다는 점이다.

물론 우리는 이렇게 기술함으로써 '둘이서 쓰다'라는 실험의 의의를 과소평가하고자 하는 것은 아니다. 들뢰즈의 방법과 들뢰즈=가타리 실험의 연속성에 주목하는 것은 들뢰즈=가타리의 저작을 들뢰즈의 저작과 혼동하는(지금까지 반복되어온) 독해태도를 물리침과 동시에 양자의 저작을 완전히 단절해서 생각하는(예컨대, 알랭 바디우에게서 보이듯이) 독해태도도 물리치기 위해서이다. 이 실험은 들뢰즈의 주도하에 들뢰즈가 바라는 방식으로 행해졌다. 그리고 그것은 실제로 지금부터 검토해가겠지만, 들뢰즈에게 전회를 야기했다. 들뢰즈의 방법에 기반을 두어 들뢰즈의 철학을 쇄신하기 위한 실험이 행해졌다는 시각은 이상의 사태를 가장 명확하게 설명한다.

2. 구조와 기계

들뢰즈와 가타리의 만남에는 몇 가지의 우연이 있었다. 그러나 이론적으로는 그 만남에는 필연성이 있었다. 두 사람의 이론상 결절점이 된 것은 그들이 처음 대면한 1969년 6월에 가타리가 준비하고 있던 「기계와 구조」라는 텍스트이다.[3] 이 텍스트는 당시 크게 융성했던 '구조주의structuralisme'의 극복을 지향하고 있다. 가타리는 '구조structure'를 대신하는 '기계machine'의 개념을 제시하여 그것을 달성하려고 하고 있었다. 거기에서는 막 출판된 『차이와 반복』 및 『의미의 논리』가 참조되고 있다. 이것은 가타리가 들뢰즈의 저작 속에서 구조주의적인 '구조'의 개념으로는 완전히 해결되지 않는 무언가를 발견하고 있었음을 의미한다. 그러나 들뢰즈 쪽은 그것을 충분히는 깨닫지 못하고 있었다. 다른 한편, 가타리 또한 기계를 충분히 개념화하고 있던 것은 아니었다. '기계'의 개념은 『안티 오이디푸스』의 중심에 위치하게 되지만, 그를 위해서는 바로 두 사람의 협동작업이 필요했다.

실제로 「기계와 구조」의 텍스트를 살펴보자. 가타리는 첫머리에서 『차이와 반복』이 기술하고 있던 일반성과 반복의 구별에 주목하고 있다(MS, p.240. note). 구조는 일반성의 차원에 속한다. 거기서는 각 항이 교체 가능하다. 그에 비해 기계는 반복의 차원에 속하고 있다. 반복은 치환 불가능, 교환 불가능한 특이성에 관계하고 있다. 우리는 이미 앞 장의 다른 문맥에서 이 논점과 접했다. 반복되는 것은 하나하나가 다른 것이고, 완전히 동일한 사태가 반복되는 일은 없다. 그런 의미에서 반복은 매회가 치환 불가능, 교환 불가능하다. 그러한 반복에서부터 '뭔가 새로운 것', 즉 '차이'를 '훔쳐내는' 것으로 일반성의 차원에 위치하는 '습관'이 성립하는 것이었다. 가타리는 이 일반성의 차원을 구조에, 특이성의 차원을 기계에 배분하고 있다. 이것은 기계가 **현실의 반복이** 행해지는 수준에서 생각되고 있음을 의미한다. 구조는 환원된 일반성을 다루고, 기계는 반복되는 특이성을 다룬다. **적어도 이미지로서는** 그러한 것이 구상되고 있다.

기계는 나아가 '시간', 그리고 '사건'이라는 관점에서도 특징지어지고 있다. 가타리는 다음과 같이 기술한다. "시간화는 기계를 온갖 부분들부터 침식하고 있고 그것은 사건이라는 방식으로만 기계에 대해 위치하게 된다. 기계의 출현은 하나의 날짜, 하나의 절단을 새기게 하고 이것은 구조적인 표상과는 이질적인 것이다"(MS, p.241). 가타리의 서술 방식은 상궤를 벗어날 정도로 추상적이고 종종 이해하기 어렵지만, 여기서 말하고 있는 것은 그렇게 어렵지는 않다. 환원된 일반성의 수준에 있는 구조는 시간을, 날짜를, 사건을, 혹은 역사를 다룰 수 없다. 그에 비해 가타리는 시간이나 날짜나 역사를 다룰 수 있는 모델, 즉 들뢰즈가 말하는 반복의 수준에 있는 모델을 찾고 있다. 그 모델이 여기서는 잠정적으로 '기계'라 불리고 있다. 어떤 사건도 날짜를 갖고 있다. 그리고 같은 날짜는 다시는 반복되지 않는다. 기계는 날짜가 있는 사건을 다룬다. 그것은, 즉 시간을 다룬다는 것이고 역사를 다룬다는 것이다. 구조주의에 관해서는 종종 그것이 시간이나 역사나 변화를 다룰 수 없음이 지적된다.⁴ 가타리는 기계라는 개념을 수립하는 것으로 그것을 극복하려고 하고 있다.

그러나 '기계'는 적어도 여기서는 개념으로서 충분히 다듬어지고 있다고는 말하기 어렵다. '기계'의 개념이 '구조'의 개념을 대신하기 위해서는 전자가 후자와 같은 정도의 추상도를 획득해야만 하지만 가타리는 아직 그것에 성공하지 못하고 있다. 예컨대, 그는 돌연 '인간노동'과 '기계노동'을 언급하고 인간의 행동이 기계 질서의 부분적 과정이 되고 있다고 말하기 시작한다.[5] 즉, 여기서는 공장에서 사용되고 있는 인쇄기나 가공기계 등을 염두에 두고 있다. 가타리는 거기서부터 또한 자본주의에서의 노동자 소외로까지 이야기를 확장해버린다. 「기계와 구조」라는 텍스트에서는 추상적인 의미에서의 '기계'라는 모델과 구체적인 의미에서의 '기계'가 충분히 가교架橋되지 않은 채 겹쳐져 있는 듯하다. 실제로 들뢰즈는 이 텍스트에 강한 흥미를 품으면서도 핵심이 되는 '기계'라는 개념에 관해서는 "잘 알 수 없다"라고 기술하고 있었다고 한다(Dosse 2007, p.16). 『안티 오이디푸스』는 가타리의 '기계'의 개념을 채용하여 '욕망하는 기계들'이라는 개념을 주장하지만 들뢰즈는 그 안에서 몇 번이나 "기계는 은유는 아니다"라고 주의를 촉구해야만 했다(AO, pp.7, 43 et passim). 이것은 '기계'의 개념이 애초에 구체성과 추상성 사이에서 모호함을 띠고 있었음을 의미할 것이다(실제로 두 사람은 '기계'의 개념을 『천 개의 고원』이후 다른 개념으로 치환하게 된다).

기계로부터 구별되는 구조 개념의 이해에 있어서도 혼란이 보이는 듯하다. 가타리는 구조를 정의함에 있어서 『의미의 논리』제8계열 '구조에 관하여'를 언급하고 있다. 그 속에서 들뢰즈는 구조를 규정하는 세 가지 조건을 들고 있다. (1) 서로 이질적인 계열이 적어도 두 개 있을 것, (2) 계열을 구성하는 항들은 상호의존적인 관계 속에만 존재한다는 것, (3) 두 계열이 하나의 역설적 요소로 수렴해간다는 것(LS, pp.65-66). 가타리는 이 세 가지 중 앞의 두 개만을 구조의 정의로서 채용하고 세 번째는 오히려 기계의 개념과 관련지어야 한다고 기술하고 있다(MS, p.240, note). 그러나 뒤에서 보겠지만 이 세 번째 조건은 『안티 오이디푸스』가 비판하는 바가 되는 '결여의 이데올로기'의 중심에 위치하는 교설教說이다. 두 계열이 수렴하기 전에 있는 이 요소가 '역설적'이라 불리는 것은 그것이 어느 계열에도 속하지 않고 '스스로의 위치를 결여하고 있다manquer à sa place'라는 **위치**를 부여받고 있기 때문이다. 라캉파 정신분석의 용어로 말하면 그것이 팔루스phallus(남근)이고, 라캉은 이것을 에드거 앨런 포Edgar Allan Poe의 『도둑맞은 편지』(1845년) 속의 편지를 분석함으로써 상세하게 논한 것이었다. 여기서 가타리는 바로 기계의 개념이 표적으로 해야만 하는 구조의 한 규정을 기계 쪽에 배분해버리고 있는 듯하다.

「기계와 구조」를 조금 더 읽어나가면서 라캉파 정신분석과 가타리의 관계를 생각해보자. 기계는 반복되는 특이성과 관계되고, 사건이나 역사를 시야에 넣으려 하고 있다. 가타리는 거기에 다시 하나 '이탈'이라는 요소를 부가하고 있다. 해당하는 부분을 읽어보자.

> 이 무의식의 주체성(시니피앙 연쇄를 받는 균열로서의 그것)이 개인이나 인간 집단의 밖으로 전이되고 기계의 차원으로 향한다는 것이 정말이라고 해도, 기계에 독자적인 수준에서는 그것이 **대리=표상할 수 있는 것은 아니**[non représentable]라는 것에 변함은 없다. 기계의 표상을 표상하는 것이라는 자격으로 기능하게 되는 것은 무의식의 구조적 연쇄로부터 이탈한 시니피앙이다. 기계의 본질이란 바로 표상작용을 갖는다는 것, '미분微分 작용'을 갖는다는 것, 혹은 인과상의 균열로서의 **하나의 시니피앙이 이탈하는** 그 작용[cette opération de *détachement d'un signifiant* comme représentant, comme «différenciant», comme coupure causale]이고, 이것은 구조적으로 확립된 사물의 차원에 있어서는 이질적인 것이다. 이 작용이야말로 기계를 다음 이중 양상의 지대로 결부한다. 욕망하는 주체와 그것에 대응하는 다양한 구조적

차원을 정초하고 있는 근간부라는 이 주체의 지위, 이 두 양상들의 지대에 말이다. 기계는 특이적인 것의 반복으로서, 주체성이 갖는 다종다양한 형태의 일의적一義的 표상의 양식(유일 가능하다는 양식)을 구성하고 있다. 여기서 말하는 주체성이란 개체적 내지는 집합적인 면에서의 일반적인 차원에 있어서의 그것이다. (MS, p.243. 강조는 원문)

대단히 난해한 구절이다.[6] 또한 가타리는 직전의 단락에서는 '과학의 영역'에서는 새로운 발견을 이룬 자의 고유명은 일반명사화되고 개인은 사라져간다는 이야기를 하고 있고, 거기서부터 이러한 극도로 추상적인 정신분석의 시니피앙의 논의로 이야기를 잇는 것은 상당한 비약을 느끼게 하지만, 여기서는 그렇게 말하고 끝낼 수는 없는 아이디어가 제시되고 있다. 그것을 이해하기 위해서는 가타리가 의거하는 라캉파 정신분석 이론의 기초적인 부분을 파악해둘 필요가 있다.

자크 라캉Jacques Lacan(1901~1981)은 프로이트의 정신분석을 계승하면서 소쉬르 언어학에서 빌린 '시니피앙signifiant'의 개념(일반적으로는 언어기호의 음성면을 가리킨다)을 이용하면서, 또 그것을 변형하면서 독자적인 정신분석 이론을 확립했다. 그것은 말하자면 인간이 인간이 된다는 것은 어떻게 해서인가를 설명하는 이론이다.[7]

라캉에 의하면 인간은 출생 시에 기댈 곳이 없음을 메우려고 모자관계라는 상상적 쌍수관계에 들어가 잠깐의 평안을 얻는다. 그렇지만 어머니와의 이 상상적인 동일화는 어머니가 아들의 동물적 욕구를 만족시키는 것 이상의 과잉한 욕구를 쏟고 있다는 의미에서 불균형을 품고 있다. 이것은 어머니는 이미 언어를 갖고 있지만 아들은 그렇지는 않다는 어긋남에서 생긴다. 아들은 어머니의 욕망을 알지 못한다. 아들은 그 결과 이 상상적 쌍수관계에 있어서 나르시시즘적 융합의 불가능성을 알게 된다. 여기서 생기는 어머니와 아들의 욕망의 어긋남을 라캉은 프로이트의 오이디푸스 콤플렉스에서의 '아버지'의 역할과 겹치게 함과 동시에, 언어에 의한 환상적 모자관계의 파괴를 '거세'라 부른다.

프로이트의 오이디푸스 콤플렉스 이론에 의하면 아들은 '어머니'를 연인으로 하려고 하고 그것을 방해하는 '아버지'를 증오한다. 라캉은 이 이야기를 고도로 추상화하여(그러나 '어머니'나 '아버지'라는 심급의 이름은 유지하면서) 앞의 어긋남을 '어머니'가 아니라 '아버지'에게 있는 것, 즉 '남근phallus'으로 치환한다. 그리고 아들은 '팔루스이고 싶다'(이 경우의 팔루스는 소문자로 'ϕ'로 표기된다)라는 욕망을 품지만 '아버지의 이름=아버지의 안 돼(nom/non-du-pere)'에 의해 그 단념을 강요받는 것이라고 한다. 이 단념의 순간에 '팔루스(ϕ)이고 싶다'라는 아들의 욕망은 '팔루스(Φ)를 갖고 싶다'라는 욕망으로 변환되고, 이 Φ가 최초의 시니피앙으로서 무의식에 깊이 간직된다. 프로이트가 가정한 '원억압原抑壓, Urverdrängung'이라 불리는 과정을 라캉은 이렇게 설명했다.[8]

프로이트는 오이디푸스 왕의 신화를 본떠 '아버지를 죽이고 싶다'(증오)와 동시에 '아버지 같고 싶다'(사랑)라고 원하는 복합적complex인 아들의 욕망을 그려내었다. 라캉에 의하면 그것은 바로 무의식 속에, 혹은 에스에 최초의 시니피앙인 Φ가 억눌려져 있는 과정이다. 그리고 그것에 의해 **인간은 인간이 된다.** 인간은 이 Φ를 계속 구하지만 그것은 결코 손에 들어오지 않는다. '영원의 결여'이다. 따라서 그 대신이 되는 것을 계속 찾는다. 즉, 이 최초의 시니피앙(Φ)을 의미=시니피에로서 갖는 다른 시니피앙을 찾기 시작한다. 욕망에 의해 계속 찾게 되는 것으로서는 Φ는 '대상 *a*'라 불린다.[9] 대상 *a*를 추구하는 과정에서 시니피앙과 시니피에의 쌍으로서의 기호가 생겨난다. 이리하여 제1의 시니피앙에서 시작하는 기호의 연쇄가 '시니피앙 연쇄chain signifiante'이고, 그 개시에 의해 인간은 '상징계'라 불리는 언어적인 질서로 들어간다고 간주된다.

소쉬르 언어학에서는 시니피앙과 시니피에는 나누는 것이 불가능한 기호signe의 양면으로(예를 들어, 종이의 앞과 뒤의 관계를 떠올리면 된다), 시니피앙만을 채택하는 것은 불가능하다. 그러나 라캉파 정신분석의 관점에서는 그러한 기호의 취급은 기호의 발생 그 자체에는 눈을 감고 있음을 의미한다. 기호의 발생으로 눈을 돌린다면 시니피에는 욕망에 의해 시니피앙에 부여되는 것이라고, 혹은 '시니피에는 욕망**이다**'라고 말해야만 한다(카우프만Pierre Kaufmann 편 1997, 115쪽. 강조는 원문). 이러한 정의는 언어학적으로 보면 터무니없는 것이라 생각되지만, 이것은 요컨대 기호의 **의미작용의 근원으로 욕망을 상정한다**는 것에 다름 아니다. 무언가가 무엇을 의미하는 것은 주체가 그렇게 의미하고 싶기 때문이다. 이상을 전제로 하면서 라캉은 시니피앙을 정의하여 다음과 같이 말한다.

> 우리들에 의한 시니피앙의 정의(이 이외의 정의는 존재하지 않는다)는 '하나의 시니피앙un signifiant, 그것은 어떤 다른 시니피앙에 대해 주체를 대리=표상한다[représenter]'라는 것이다. 따라서 다른 모든 시니피앙은 이 시니피앙에 대해 주체를 대리=표상하는 것이 될 것이다. (Lacan 1966, p.819)

하나의 시니피앙이 **주체**를 대리=표상하는 것은 시니피앙의 의미작용은 항상 **주체의 욕망 그 자체**이기 때문이다. 하나의 시니피앙이 **다른 시니피앙에 대해** 주체를 대리=표상하는 것은 어떤 시니피앙의 시니피에가 되는 것도 **시니피앙**이기 때문이다. 예컨대, 팔루스(S1)라는 시니피앙을 시니피에로서 갖는 시니피앙(S2)이 있다고 하자. S2가 그러한 위치(S1의 시니피앙)에 있는 것은 주체의 욕망 덕분이다. 따라서 S2는 S1에 대해 주체를 대리=표상하고 있다고 말할 수 있다.

가타리의 텍스트로 돌아가자. 여기서는 기계의 수준을 도입하면 주체('무의식의 주체성')는 대리=표상되지 않는다고 기술되고 있었다. 가타리는 대체 무엇을 말하고 싶은 것일까? 시니피앙 연쇄가 발생하여 욕망이 잇달아 변환되어갈 때 혹은 대상 *a*가 잇달아 옆으로 미끄러져갈 때 하나의 시니피앙은 다른 시니피앙에 대해 주체를 대리=표상하는 것이었다. 그러나 왜 그렇게 말할 수 있는 것일까? 왜 **하나**의 시니피앙이 주체 **그 자체**를 대리=표상한다고 말할 수 있는 것일까? 그것은 거기서 상정되고 있는 욕망이 **항상 단 하나**이기 때문이다. **어떠한 욕망**도 '대상 *a*'를, 즉 Φ를 구하는 욕망이다. 최초에 있던 모자 간의 욕망의 어긋남, 단 하나의 상실, 결정적인 결여를 채우려고 하는 것, 그 이외의 욕망은 없다. 그렇게 생각되고 있기 때문에 하나의 시니피앙이 주체 그 자체를 대리=표상한다고 말할 수 있는 것이다. 그렇다면 이 대리=표상의 문제는 욕망을 단일 원인으로 설명하려고 하는 라캉파 정신분석의 이론상의 설정 그 자체와 관계하고 있음을 알 수 있다. 그리고 가타리가 말하듯이 만약 기계의 개념을 도입함에 의해 대리=표상이 기능하지 않게 된다면 그것은 기계의 개념에 의해서 이 설정에 변경이 더해짐을 의미한다. 그러면 그것은 어떠한 설정변경일까? 미리 앞질러서 말한다면 그것은 욕망을 **단일**한 '결여'라는 원인에서부터 설명하기를 그만두고, 욕망을 복수複數의 흐름으로서 파악함을 의미할 것이다. 훗날 『안티 오이디푸스』는 '결여의 이데올로기'를 비판하고 욕망의 복수성을 주장하게 된다. 그 싹이 여기에 있다고 말해도 좋다.

이어서 가타리는 "기계의 본질이란 바로 표상작용을 갖는다는 것, '미분 작용'을 갖는다는 것, 혹은 인과상의 균열로서의 **하나의 시니피앙이 이탈하는** 그 작용"이라고 기술하고 있었다. 이 '하나의 시니피앙'은 팔루스를 가리킨다고 생각된다. '이탈détachement'이 무엇을 가리키고 있는가는 분명하지 않다. 그러나 앞에서 우리가 기술한 것과 이어서 생각해본다면 가타리는 이 '이탈'이라는 말 아래에서, 욕망을 단일한 결여로부터 설명하는 이론 설정의 변경을 생각하고 있으리라 여겨진다. 그리고 나아가 이 '이탈'의 작용에 의해 기계는 '욕망하는 주체'와 그 '지위'로 결부된다고 기술하고 있었다. 기계가 단지 주체가 아닌 '욕망하는 주체'와 결부되고 있음은 중요하다. 그것은 기계의 개념이 욕망을 중심으로 파악한 모델임을 의미하고 있기 때문이다.

그렇다 해도 '이탈'은 참으로 무엇을 의미하는 것일까? 라캉파 정신분석에서는 최초의 시니피앙인 팔루스가 방기되고 있는 상태를 '배제forclusuon'라 부르고 이것이 바로 정신병(신경증은 아니다) 발병의 근본원인이라고 간주한다. 이 이론에서는 팔루스는 최초의 시니피앙으로서 무의식 속에 깊이 간직되어야만 했다. 이것이 '원억압'이다. 즉, 정신병은 원억압이 '정상으로' 기능하고 있지 않았기 때문에 발생하는 것으로서 설명된다. 가타리는 '하나의 시니피앙'의 '이탈'은 이 '배제'의 메커니즘을 상기시키지 않을 수 없다고 말한다. 즉, 가타리는 라캉파적인 구조에서 인간을 보면 정상적 원억압이 있고 상징계로의 진입이 일어난다고 설명되어버리지만, 실제로는 원억압은 그러한 강고한 것이 아니고 팔루스는 용이하게 '이탈'한다. 그리고 기계라는 시각에서는 그것이 이해 가능하다고 말하고 싶은 것은 아닐까? 이것은 기계의 시각에 섰을 때에는 상상계(환상적인 모자쌍수관계)와 상징계(언어의 질서)가 모호하고, 명확히는 구별할 수 없음을 의미할 것이다.

그러나 그러한 발상도 싹으로서 여기에 있는 데 지나지 않는다. 게다가 그것이 어쩌면 순이 돋지 않을지도 모를 정도로 연약한 싹임도 지적하지 않을 수 없다. 기계의 개념에 관해 여기서는 설득력 있는 설명은 거의 행해지고 있지 않기 때문이다. 그렇지만 이것을 구조와 같은 수준으로까지 추상화해가면 어떻게 될까? 복수의 흐름을 하나의 결여(역설적 요소)에 의해 정리하는 것이 아니라 복수의 흐름 그 자체로서 파악하는 시각이 생긴다. 가타리가 구조주의적인 구조 개념을 극복한 곳에서 보고 있는 것은 그러한 새로운 모델이다. 게다가 그것은 날짜를 가진 사건이나 반복되는 특이성을, 요컨대 역사나 시간의 수준도 포함한 현실을 다룬다. 들뢰즈는 필시 이 아이디어에 강하게 끌렸을 것이다. 그러나 '기계'라고 하는 것만으로는 "잘 알 수 없다." 그래서 들뢰즈에 의한 이론화가 요청되었다. 이것이 들뢰즈와 가타리의 이론적인 만남에 의해 발생한 과제인 듯하다.

3. 구조와 구조주의

그러면 왜 들뢰즈는 가타리의 이러한 아이디어에 강하게 끌린 것일까? 그것은 필시 그 자신이 꽤 강한 구조주의적 발상을 갖고 있었기 때문이라고 생각된다. 그것을 이야기하고 있는 것이 들뢰즈의 논문 「구조주의는

왜 그렇게 불리는가」(국내에 출간된『의미의 논리』에 「구조주의를 어떻게 식별
할 것인가?」로 번역되었지만, 이 책에서는 저자의 표현을 살려 번역했다―옮긴
이)이다(이 논문의 타이틀은 최신 일역인『무인도』에서는 「무엇을 구조주의
로서 인정할 것인가」로 되어 있지만, 이 책에서는 보다 일반적으로 알려져 있
는「구조주의는 왜 그렇게 불리는가」를 사용할 것이다). 이것은 1972년에 간
행된 프랑수아 샤틀레François Chatelet 편編『철학사』 제8권 「20세기의 철학」
(Chatelet(dir.) 1972)에 수록되어 있지만, 가타리와 만나기 전인 1968년에는
이미 쓰여 있었던 것이다(1968년 2월에 들뢰즈는 편지를 첨부해 이 논문을
루이 알튀세르Louis Althusser에게 보냈다(Dosse 2007, p.273)). 들뢰즈는 그 속에
서 당시 '구조주의'라 불리고 있던 철학계의 경향을 놀랄 정도로 정밀한 솜
씨로 정의해 보이고 있지만, 그 정의에는 단지 어떤 사조를 외측에서 관찰
해서 얻어진 것은 아닌, 자기 자신의 사상과 그 사조와의 조정에 의해 비로
소 얻어진 몇 가지 논점이 보인다.

　들뢰즈는 논문의 첫머리에서 이 글을 쓰고 있는 시점이 1967년임을 명기
한다(게다가 이탤릭체로 강조하고 있다. «Nous sommes en 1967»(ID, p.238)).
구조주의를 논하는 데 있어 염두에 두고 있던 것은, 실제로 '구조주의자'였
는지 아닌지는 차치해두고 당시 그렇게 불리고 있던 사람들, 즉 클로드 레
비-스트로스Claude Levi Strauss, 자크 라캉, 미셸 푸코, 루이 알튀세르, 롤랑 바
르트Roland Barthes 등이다. 구조주의는 필시 진행 중인 사조였다. 그렇지만 날
짜에 대한 언급은 구조주의라는 사상운동의 결과가 이 뒤 어떻게 될지 알
수 없다는 변명을 하기 위해 행해진 것은 아니다. 이 논문 그 자체가 그 대
상인 구조주의의 운동과 무관할 수 없다는 들뢰즈의 의식을 보여주고 있
다. 이것은 들뢰즈의 교만은 아니다. 이하 살펴보겠지만 이 논문의 구조주

의 설명은 『차이와 반복』이나 『의미의 논리』에서 수립된 개념에 크게 의존하고 있다. 즉, 들뢰즈 자신이 당시의 구조주의 흐름 속에서 사유하고 있고 그 자신도 그것을 의식하고 있었다. 이 논문은 그때까지 다른 누구도 이룰 수 없을 정도로 멋지게, 실제로는 대상 영역도 사상 경향도 완전히 다른 저자들의 작품에서 구조주의가 구조주의로서 인정되기 위한 기준을 여섯 혹은 일곱 개 추출하고 있다. 그것은 물론 들뢰즈가 그러한 작업에 놀랄 정도로 뛰어난 철학자였기 때문이지만, 단지 그것만은 아니다. 그의 사유 속에 구조주의로부터 출발해서 사유된 부분이 크게 존재하고 있었다는 것, 그 자신이 구조주의라는 운동의 일부가 되고 있었다는 것이 이 놀랄 만한 논문을 생성한 큰 요인이다.

들뢰즈는 이 논문 내에서 어떤 사상이 구조주의일 수 있기 위한 기준을 하나씩 설명하고 있다. 이 책의 문맥에 따라 보충하면서, 그것들을 하나하나 검토해가자.

첫 번째 기준은 '상징적인 것le symbolique'의 발견이다. 구조주의는 감성적으로 파악할 수 있는 현실le réel/réalité도, 머릿속에서 그려지는 상상l'imaginaire/image도 아닌 세 번째 수준, 상징적 수준을 다룬다. 예컨대, 라캉이 말하는 '아버지'는 실제의 부친도, 머릿속에 있는 부친의 이미지도 아니다. 라캉파 정신분석의 틀 속에서 인간이 인간이 되는 과정process을 분석해가면 원억압이라는 사건이 발견되지만, 그것을 수행하는 '아버지의 이름=아버지의 안 돼(nom/non-du-pere)'를 구조적으로 지니는 자로서 '아버지'가 지명되고 있다. 실제로 부친이 '안 돼'라고 말하는 것은 아니며, 머릿속에서 부친이 '안 돼'라고 말하고 있다는 생각이 드는 것도 아니다.

여기서부터 상징적 질서 속에서는 어떤 항이 단독이자 적극적으로 존재하는 것이 아니라 구조 속에서의 역할, 의미를 지니는 자로서 존재한다는 시각이 생기게 된다. 즉, 아버지가 있고 그 아버지가 '안 돼'라고 말하는 것은 아니다. '안 돼'라는 역할을 부여받고 있는 구조 내의 한 항이 '아버지'라 불리는 것이다. 이것이 두 번째 기준 '국소 혹은 위치local ou de position'이다. 구조의 상징적 요소는 모두 '위치position'에 의해 그 의미와 역할이 결정된다. 클로드 레비-스트로스(1908~2009)가 말하듯이 "의미라는 것은 항상 결과이고 효과이다"(ID, p.244). 상징적 요소로서의 '아버지'와 '어머니'도 구조 내에서의 위치에 따라 그 역할을 부여받고 있다.

그러면 구조 내의 각 항이 위치에 따라 그 의미와 역할이 결정되고 있다고 하면, 보다 정확히는 이 결정은 무엇에 의거하고 있는 것일까? 그것은 주변 항과의 상호적 관계에 의해 결정된다. 예로서 들고 있는 것은 '음소Phonéme'이다. 음소는 언어상의 최소단위이고 그것에 의해, 예컨대 "*billard*"와 "*pillard*"가 구별된다. 음소는 문자나 음절이나 음으로 구현화되지만 그것으로는 환원될 수 없다. 그리고 하나의 음소는, 예컨대 *b/p*와 같은 관계로부터 독립해서는 존재할 수 없다. 이러한 음소 간의 관계가 여기서 '미분적 관계rapport différentiel'라 불리고 있다. 이것은 『차이와 반복』에서 사용된 용어법이다. 들뢰즈는 주변 항과의 관계에 있어서 결정되고 있는 어떤 항의 가치를 도출하는 작업을 '미분微分'이라 부른다.[10]

구조 내의 항들은 미분적 관계 속에서 그 가치가 결정되고 있다. 예로서 들고 있는 것은 레비-스트로스의 친족조직 이론이다. 이 이론에 의하면 한편으로 형제/자매, 남편/아내라는 쌍, 다른 한편으로 아버지/아들, 어머니 쪽의 삼촌/자매의 아들(조카)이라는 쌍이 있고, 이것들이 '친족의 기본구조'를 이룬다. 이것이 친족구조에 있어서 '미분적 관계'이다. 레비-스트로스는 다양한 사회의 친족조직(이라고 해도 실제로는 여섯 개뿐이지만…)을 연구하여 각자의 쌍 속 감정적인 관계, 즉 '친족 간의 태도attitudes entre parents'에 일정 규칙이 있음을 발견한다. 그것에 의하면 아버지와 아들이 친밀한 경우는 이 아들(조카)과 어머니 쪽의 삼촌은 소원하고, 이 아들(조카)과 어머니 쪽의 삼촌이 친밀한 경우는 아버지와 아들이 소원하다. 또한 남편과 아내가 친밀한 경우에는 아내와 그 형제는 소원하고, 아내와 그 형제가 친밀한 경우에는 남편과 아내는 소원하다(Lévi-Strauss 1958, p.235 sq. 리치Leach 2000, 제6장도 참고했다).

이러한 '친족 간의 태도'는 '친족의 기본구조'의 규칙에 따르고 있다. 친족관계에 있어서 역할은 결코 그 인간의 자연발생적인 감정에 의한 것이 아니며, 친족구조의 미분적 관계에 의해 규정되고 있다. 그러나 각자의 사회에서 어떠한 '태도'가 선택되는가는 '구조'의 미분적 관계만으로는 설명할 수 없다. 레비-스트로스에 의하면 '친족의 기본구조'는 보편적인 것이다. 그렇지만 한 사회에서 어떤 '친족 간의 태도'가 선택되는가는 이 구조만으로는 알 수 없다. 들뢰즈는 그러한 의미에서 '친족 간의 태도'가 실현되고 있는 것을 '특이성'이나 '특이점'이라 부른다. 특이점이란 수학적으로는 미분 불가능한 점을 말한다(예를 들어, 삼각형에는 특이점이 세 개 있다). 특이성은 미분적 관계로는 환원될 수 없는 힘을 가리킨다.[11] 이상이 세 번째 기준인 '미분적인 것과 특이한 것le différentiel et le singulier'이다.

네 번째 기준은 '이화異化=분화分化하는 것, 이화=분화le différenciant, la différenciation'이다. 세 번째 기준은 구조주의를 『차이와 반복』의 논의에 꽤 근접시킨 설명이었다. 이 네 번째 기준은 그 경향이 더욱 강해져 구조주의적 기준의 설명은 들뢰즈 자신의 의견에 대한 설명인 것처럼 되어, 들뢰즈 자신이 구조주의를 계승하고 있는 듯 이야기는 진행된다. 그것에 의하면 구조주의가 말하는 구조는 모두 무의식적이고 '잠재적virtual'이다. 잠재적으로는 모든 항이 구조 속에서 상호의존적으로 '공존coexistence'하고 있다. 그중 일부 관계가 '지금, 여기'에 '현동화한다s'actualiser'. 이것은 바로 『차이와 반복』이 주장한 잠재적인 것의 존재론이 취하는 정식定式 그대로이다.

　잠재적인 구조 전체가 현동화하는 것이 아니라 그 일부가 현동화한다는 것은, 예컨대 언어를 생각해보면 알 수 있다. 온갖 음소가 한 번에 현동화해서 눈앞에 나타나는 일은 있을 수 없다. 말은 항상 누군가에 의해 말해지는 것이고, 말해지는 것은 언어의 일부에 지나지 않기 때문이다. 그러나 그 말함은 잠재적인 구조, 모든 음소가 상호의존적으로 공존하고 있는 구조를 전제하고 있다. 음소가 '지금, 여기'에 현동화하는 그때마다 잠재적인 전체적 구조가 하나의 덩어리로서, 즉 하나의 언어로서 확인됨과 함께 거기서부터의 부분적 실현으로서 한 음소의 실현이 존재하게 된다. 들뢰즈는 이 부분적 실현을 가리켜 '이화=분화한다se différencier'라고 말한다. 이 용어는 『차이와 반복』에서 라이프니츠가 말하는 '미세지각'을 둘러싸고 사용된 것으로, 넓게 잠재성의 개념을 규정하기 위해 사용되고 있었다(이 책, 제2장 참조). 들뢰즈는 이것을 구조주의 구조의 개념에도 적용한다. 그리고 앞의 세 번째 기준을 섞어 잠재적인 구조는 '이화=분화되고 있지 않지indifférencié'만, 미분적 관계로 구성되고 있다는 의미에서 '미분微分되어 있다différentié'라는 『차이와 반복』의 독자에게는 익숙한 설명을 부여한다.

　들뢰즈가 이 즈음에서 구조주의를 자신의 사상으로서 받아들이기 시작하고 있음은 그의 설명에 더 이상 구조주의자 누구의 사례도 인용되고 있지 않다는 것에서도 알 수 있다(ID, p.251). 그것만이 아니다. 들뢰즈는 스스로 구조주의에 대한 있을 수 있을 법한 질문을 제시한 다음 그것에 반론하는 논술을 시작한다. 그 의문이란 발생의 질문 혹은 시간의 질문이다. 들뢰즈는 "구조적인 것에 발생적인 것을 대립시키는 것도, 구조에 시간을 대립시키는 것도 불가능하다"라고 말한다(ID, p.252). 왜냐하면 "시간에 대한 구조주의의 입장은 명백하다. 시간은, 거기서는 하나의 현동화의 시간이다. 그것에 따라 잠재적으로 공존하는 요소들이 다양한 리듬으로 실현되는 것이다"(ID, pp.251-252). 구조주의는 발생이나 시간을 말할 수 없다고 하는 비판을 어딘가에서 끌어오고 있는 것은 아니다. 들뢰즈는 여기서 자신 속에 있던 구조주의에 대한 의문을 표명함과 함께 그것에 대해 스스로 답을 내고, 구조주의를 옹호하려 하고 있다고 생각할 수 있다. 들뢰즈는 자기 자신에 대한 의문과 직면하고 있다.

게다가 이러한 시각에서 보면 들뢰즈가 스스로 제기한 문제에 스스로 낸 대답의 의문점도 보이게 된다. 확실히 구조주의는 들뢰즈가 말하는 의미에서의 시간을 다루고 있고, 그런 한에 있어서 발생의 질문도 여기에서는 대답되고 있다. 그러나 『의미의 논리』가 구조에 관해 사용하고 있던 말을 변경해서 말한다면 구조주의는 '이념적'인 시간을 다루고 있는 데 지나지 않는다.[12] 게다가 그것은 기묘하게도 **거슬러 올라가 내려오는** 불가사의한 시간, **역행하여 순행하는** 기묘한 시간이다. 예컨대, 말이 말해질 때마다 음소 간의 미분적 관계가 실현된다. 그것이 실현될 때에 미분적 관계 전체로서의 언어가 배후에 **상정**되고(역행), 그리고 그 전체의 일부가 이화=분화한 것으로서 미분적 관계의 실현이 파악된다(순행). 앞에서 언급한 라캉파 정신분석에 있어서 주체의 발생도 또한 마찬가지이다. 그 틀 내에서 인간이 인간이 되는 과정process을 분석해가면 원억압이라는 사건이 발견되고 그것을 구조적으로 지니는 자로서 '아버지'가 지명된다(역행). 그것에 의해 인간은 언어적 질서, 즉 상징계로 들어간다고 간주된다(순행). 확실히 구조주의는 시간이나 발생을 무시하고 있지는 않다. 그러나 어디까지나 구조의 틀 내에서의 이념적인 그것이 다뤄지고 있는 데 지나지 않는다. 들뢰즈의 서술은 공교롭게도 그것을 토로해버리고 있는 듯 읽힌다. 그리고 구조의 개념은 여기서 들뢰즈 자신의 용어를 통해 마치 스스로의 사상인 듯이 말해지고 있다.

다섯 번째 기준 '계열적sériel'과 여섯 번째 기준 '공백의 칸la case vide'은 합쳐서 검토하자. 들뢰즈에 의하면 여기까지의 설명은 구조의 정의로서는 절반에 지나지 않는다. 미분적 관계에 있어서 파악된 상징적 요소를 계열상série狀으로 편성함에 의해서 비로소 구조주의의 구조는 완전히 정의된다. 예를 들어, 레비-스트로스에 의한 토테미즘 분석에서는 한편으로 미분적 관계로 파악된 동물의 계열이, 다른 한편으로 상징적으로 파악된 사회적 지위의 계열이 있고 그것들이 대응관계를 이룬다. 라캉은 무의식을 개인적인 것으로서도 집단적인 것으로서도 아닌, 간주관적間主觀的인 것으로서 파악했다. 이것은 무의식이 개인이든 집단이든 덩어리로서 형성되지 않고, '어머니'나 '아버지'라는 상징적 심급과의 관계 속에서 계열을 짜내면서 형성되어감을 의미한다. 여섯 번째 기준에 나타나는 '공백의 칸'이란 그러한 계열 사이를 왕래하고, 구조 간의 항이 끊임없이 이동함을 가능하게 하는 것이다. 그것이 '공백'이라 불리는 것은 그 자신은 아무것도 아니기 때문이다. 예를 들어, 라캉이 말하는 '팔루스', 즉 '대상 a'. 이것은 기원에 있는 절대로 메워지지 않는 결여를 채우려고 하여 선택되는 것으로, 그것이 무엇인가는 문제가 되지 않는다. 그것은 '그 자신의 동일성을 결여하고 있는 것ce qui manque à sa propre identité'이다. 들뢰즈는 그 때문에 이것을 '대상=x'라고
도 부르고 있다.

앞에서 설명한 들뢰즈=가타리의 라캉파 정신분석에 대한 관계를 생각
하면 '팔루스'에 배정된 여섯 번째 기준이 극히 중요한 위치를 점한다는 것
은 용이하게 상상할 수 있다. 두 사람은 이 기준의 절대성에 의문을 품음으
로써 다른 이론적 체제를 펼치려 했기 때문이다. 그리고 실은 들뢰즈는 이
미 이 시점時点에서 이 기준의 필연성에 일정 정도 의문을 표하고 있다. 다
음이 그 주목할 만한 구절이다.

> 그렇지만 우리는 의문을 품을 수 있다. 자크 라캉이 우리를 인도하고, 두 사
> 례[포의 『도둑맞은 편지』와 프로이트가 보고한 '쥐인간'의 증례] 속에서 발견하
> 도록 촉구해주고 있는 것, 즉 한 통의 편지 혹은 꿈 돈의 특수한 역할―이것
> 은 이 사례들에는 적용 가능할지도 모르지만 구태여 인공적으로 만들어낸
> 것인가, 그렇지 않으면 구조화 가능한 온갖 분야에 있어서 유효한, 참으로
> 일반적인 방식인가? 만약 이것이 온갖 구조에 있어서의 기준이라고 하면
> 사태는 다음과 같이 이해되어야만 한다. 여러 계열들을 계속 돌아다니는 대
> 상=x를 지정하지 않고 구조는 정의할 수 없다. 예를 들어, 문학작품이나 예
> 술 작품, 그것만이 아니라 그 이외의 [어떤 성과로서의] 작품도, 사회가 야기
> 하는 성과도, 질병이 야기하는 성과도, 생 일반이 야기하는 성과도, 사회가
> 야기해서 명령을 내리는 이 대단히 특수한 대상을 속에 포함하고 있는 것이
> 된다. 그리고 언제든지 문제는, 누가 H[증례 '쥐인간' 환자의 이니셜]인가를
> 발견하는 것, 작품에 포함된 x란 무엇인가를 찾아내는 것이 된다. 노래에 관
> 해서도 마찬가지로 후렴은 대상=x에 관계하고 있고, 쿠플레[후렴을 사이에

두고 가사가 바뀌는 곳는 이 대상이 왕래하고 분기하는 계열을 형성하고 있
는 것이 된다. 노래는 바로 기초적인 구조를 나타내고 있는 것이 된다. (ID,
pp.258-259)

물론 이 구절을 일련의 수사상의 의문으로서, 즉 이야기를 진행하기 위
해 고의로 제시된 의문으로서 읽을 수도 있다. 그러나 수사적인 것으로서
정리하기에는 이 구절의 문제제기는 너무나 본격적이다. 그리고 인용 속
에 기술되고 있는 대상=x라는 생각이 야기하는 귀결도 중대하다. 구조에
있어서 대상=x의 규정이 정말이라면 "구조화 가능"한 영역은 모두 이 특수
한 역설적 대상에 의해 규정되고 있는 것이 된다. 어떤 영역의 구조화 가능
성에 관해서 여기서 논의는 열려 있다고 해도. 따라서 문제는 **대상=x뿐**이
라는 것이 된다.

게다가 "생 일반la vie en général이 야기하는 성과"라는 말은 들뢰즈에 의해
기술된 것인 만큼 중요하다. 요컨대, 그것은 이 세상 전부를 가리키고 있
기 때문이다. 이 세상 전부는 어떤 대상=x에 의해 규정되고 있다…. 나아
가 이 구절의 첫머리 부분은 라캉 이론 속에서 대상=x에 의거한 논의의 응
용 가능성이나 범용성에 관해 의문을 품게 하는 점이 있음을 시사하고 있
다. 라캉파 정신분석은 어디에서도 이 역설적 대상을 발견한다. 그러나 그
것은 원래 있었던 이론을 특정 분야에 무리하게 적용하고 있기 때문은 아
닐까? 모든 욕망은 대상 *a*를, 즉 팔루스를 돌아다니고 있다는 이론적 전제
가 있기 때문에 모든 영역에서 대상 *a*를, 대상=x를 발견할 수 있다는 것은
아닐까?

들뢰즈는 이후 구조에 있어서의 대상=x의 필요성에 대한 질문에 긍정적

으로 답한다. "온갖 구조는 이 기원적인 '제3항'에 의해 움직여지고 있다. 단, 이 항은 스스로의 기원을 결여하고 있다"(ID, p.260). 따라서 이 논문의 결론으로서는 구조 내의 계열을 돌아다니는 대상=x를 발견하는 것은 "구조화 가능한 온갖 분야에 있어서 유효한, 참으로 일반적인 방식"이었던 것이 된다. 그렇다고는 해도 이 여섯 번째 기준의 설명에서 들뢰즈의 대단히 괴로운 동요가 읽힌다는 것에 주의해야만 한다. 즉, 들뢰즈는 이미 구조주의적 체제의 문제점은 깨닫고 있다. 그렇지만 자기도 아직 이 체제에 대단히 가까운 입장에 있고, 거기에서 빠져나가기 위한 방책도 보이지 않는다. 또한 무릇 이 논문은 구조주의를 소개하기 위해 쓰기 시작한 것이었지만, 들뢰즈는 스스로 구조주의와 가까운 입장이었기 때문에 그 설명을 자기 자신의 개념이나 용어로 행하지 않을 수 없었다….

여기까지의 흐름을 살펴보면, 들뢰즈의 논술은

(1) 구조주의의 일반적인 규정이 되는 기술(첫 번째 기준, 두 번째 기준)

(2) 스스로의 이론을 끌고 와 설명하는 것으로 구조주의의 가능성을 최대로
    끄집어내 보인 기술(세 번째 기준, 네 번째 기준)

(3) 구조주의 내부 깊숙이 파고들어가 그 문제점을 사실상 드러나게 해버리
    고 있는 기술(다섯 번째 기준, 여섯 번째 기준)

이러한 형태로 실은 일정한 연속적인 흐름 속에 있었음을 알 수 있다. 그리고 (3)의 단계가 명백하게 한 문제점은 들뢰즈 자신에게도 돌릴 수 있는 것이고, 본인도 그것을 깨닫고 있다.[13] 여기서부터 들뢰즈는 최후의 기준에 이르러 **우선** 결론을 낸다. 그것은 구조의 변동과 관계하고 있다(최후의 기

준 '주체로부터 실천으로du sujet à la pratique'). 들뢰즈의 대답은 단순하다. 공백의 칸, 즉 대상=x의 특징은 두 가지이다. 하나는 그것이 항상 주체를 따라다니고 있다는 것. 또 하나는 그것이 공백이고, 스스로의 '자기동일성'이나 '장소'를 결여하고 있다는 것이다. 따라서 구조주의가 그리는 구조에 그것을 변동시키는 '사고accident'가 찾아오기 위해서는 이 두 조건들에 변화가 찾아오면 된다.

첫 번째. 시니피앙 연쇄는 팔루스를 시니피에로서 갖는 시니피앙을 찾아 끝없이 이어져가고 시니피앙이 배정되는 그때마다 주체가 대리=표상되는 것이었다. 구조주의는 종종 말해지듯 주체를 소거하는 사유는 아니다.[14] 다른 방식으로 주체를 정의하는 사유이다. 따라서 이 대상=x에 주체가 동반되지 않는 사태가 찾아오면 연쇄 자체가 무너진다. 이것은 구체적으로는 "'시니피앙'이 소거되어버려 시니피에의 흐름이 그것에 상태를 부여해주는 시니피앙이 되는 요소를 발견할 수 없다"라는 것을 의미한다(ID, p.267). 즉 이것은 대상 a가 되는 소재를 발견할 수 없는 경우를 가리키고 있다. "그 [공백의 칸의] 공백이 **진짜 결여, 진짜 결락이 되어버린다**"라는 사태이다(ID, p.267. 강조는 지은이).

또 다른 하나는, 말하자면 그 역이다. 공백의 칸, 즉 대상=x는 항상 스스로의 자기동일성을, 스스로에 고유한 장소를 결여하고 있는 것으로 작용한다. 따라서 이것이 **메워져버린다**면 이미 그 기능을 할 수 없다. "공백의 칸이 반대로 그것에 수행하는 것에 의해 **메워지고 점해져버리는**, 정주적定住的 내지는 응고된 충일성充溢性의 효과 속에서 **그 가동성을 잃어버리는**" 사태이다[15](ID, p.267. 강조는 지은이). 즉, "'시니피에'가 소거되어 시니피앙의 연쇄가 이미 그것을 돌아다니는 시니피에를 발견하기가 불가능하다"

(ID, p.267).

이상의 설명은 대상=x의 논리를 최종적인 요석要石으로 해서 구조주의를 그려온 이상 절대로 피할 수 없는 결론임과 동시에, **더 이상 이 이외의 것은 생각할 수 없는** 그러한 결론이다. 그리고 또한 극히 추상적인 결론이라는 것도 논할 여지가 없다. 들뢰즈는 논문 말미에서 구조주의는 스스로가 해석하는 대상들과 관계하는 실천에서 분리할 수 없다고 기술하기도 하지만, 이것은 변명이라는 비난을 면할 수 없는 문구일 것이다. 말하자면, 이 결론에서 발견되는 실천적 태도가 구조에 사고accident가 찾아와 시니피앙이 사라지거나 시니피에가 사라지거나 하는 것을 **기다리는 것** 이외의 무엇도 아님은 명백하기 때문이다. 즉, 이 결론은 **실패를 지향한다**는, 우리가 앞 장에서 지적한 들뢰즈적 실천의 난점과 완전히 상관관계에 있다. 그리고 놀랍게도 애당초 들뢰즈 자신이 "이 최후의 기준, 주체로부터 실천으로는 **가장 모호한 기준**, 미래의 기준이다"(ID, p.269. 강조는 지은이)라고 기술하고 있다. 들뢰즈가 이 논문을 알튀세르에게 보낼 때에 동봉한 편지에는 "마지막 부분은 삭제해야 할지도 모릅니다"라고까지 쓰여 있었다(Dosse 2007, p.273). 들뢰즈에게 있어 이 결론의 문제점은 너무나 명확했다.

더욱 흥미로운 것은 『의미의 논리』는 라캉파 정신분석의 이론을 대대적으로 도입하고 있음에도, 구조변동에 관해 논함에 있어서는 상기의 결론(시니피앙 혹은 시니피에의 소멸)이 나타나지 않는다는 것이다(확실히 하기 위해 재확인해둔다면, 발표순과는 역으로 「구조주의는 왜 그렇게 불리는가」는 『의미의 논리』보다 앞서 쓰였다). 거기에서 나타나는 구조변동의 이론이란 시니피에 계열에 대한 시니피앙 계열의 과잉이라는, 보다 알기 쉬운 논의이다.

조금 보충하면「구조주의는 왜 그렇게 불리는가」에 있어서 '공백의 칸'의 규정에는 다소 모호함이 있고, 라캉파적인 팔루스의 논의와 레비-스트로스가 명백하게 한 '제로 기호'의 논리가 겹쳐지고 있다.[16] 후자는 적어도 두 계열 간의 어긋남을 가리키고 있고 레비-스트로스는 이것을 "부유하는 시니피앙"이라 부르고 있다(ID, p.261). 이것을 직접적으로 논하고 있는『의미의 논리』의 제8계열「구조에 관하여」를 참조하자. 시니피앙과 시니피에의 두 계열이 주어졌을 때 항상 시니피앙의 계열은 과잉하고, 시니피에의 계열에는 결여가 있다. 들뢰즈는 이것을 사회와 광의의 법 내지 규칙의 문제로서 설명한다. 법(사법, 종교, 정치, 경제, 나아가서는 사랑과 노동, 친족과 결혼, 예속과 자유, 삶과 죽음 등 온갖 것에 관계하는 광의의 법)은 하나의 체계이고, 따라서 한 번에 주어진다. 그러나 사회에 의한 '자연의 정복'은 점진적으로만 행해진다. 형식적으로 말하면 사회는 조금씩 새로운 사태와 조우한다. 그 때문에 법은 그것이 무엇에 어떻게 적용되는지가 사전에 명백하지 않은 채 그 모든 체계가 적용된다. 시니피앙(법, 규칙)과 시니피에(그 적용 대상) 사이에는 반드시 불균형이 존재한다. 들뢰즈에 의하면 이 불균형이야말로 사회변혁의 동인이다.

혁명을 가능하게 하는 것은 이 불균형이다. 그것은 혁명이 기술의 진보에 의해 규정된다는 것이 아니라 두 계열 사이의 거리에 의해 가능하게 된다는 것이다. 이 거리가 기술 진보의 각 부분에 의해 경제적·정치적인 전체성의 수정을 요구하기 때문이다. 따라서 두 개의 오류가 있게 된다. 그렇다고 해도 그것은 같은 오류로, 하나는 개량주의 혹은 기술주의의 오류인데, 그것은 기술이 획득한 것의 리듬에 맞춰 사회관계의 부분적인 수정을 추진하고 강제하는 것이라고 주장한다. 또 하나는 전체주의의 오류로, 어떤 시기에 존재하는 사회 전체의 리듬에 맞춰 기호화 가능한 것과 기지(既知)의 것의 전체화를 구성하는 것이라고 주장한다. 기술주의자가 독재자, 컴퓨터, 독재 제도의 본래 친구인 것은 이 때문이다. 이에 반해 **혁명가는 기술의 진보와 사회의 전체성을 가르는 간극 속에 살고, 거기에 영원의 혁명의 꿈을 새긴다.** 그리고 이 꿈이 그 자체로 활동하고, 현실이며, 모든 기성의 질서에 대한 효과적인 위협으로, 그것이 그의 꿈의 실현을 가능하게 한다. (LS, p.64. 강조는 지은이)

감동적인 구절이다. 또한 법의 이론은 들뢰즈가 초기에 자주 채택한 법과 제도의 이론과도 직결되는 것으로, 이 주제 자체는 보다 가일층의 분석과 전개가 요구된다. 그러나 이것이 어떤 이론적 후퇴에 의해 쓰인 것이라는 것, 즉 라캉파적인, 보다 추상도가 높은 대상=x를 알면서 그것은 언급하지 않고 제로 기호의 이야기에 화제를 머무르게 하고 있다는 것, 이것은 어떻게든 지적해두어야만 한다. 들뢰즈는 『의미의 논리』에서 라캉파적인 대상=x는 언급하고 있지만 이것을 '라캉의 역설'이라 지명하는 것에만 이야기가 머물고 있고(LS, p.55, note 6), 앞에서 우리가 「구조주의는 왜 그렇게 불리는가」에서 확인한 시니피앙 내지는 시니피에가 소거된다는 구조변동의 논리는 최후까지 언급되지 않는다. 그리고 그럼에도 대상=x의 논리는 같은 책에서, 특히 최후의 세 계열로 전면적으로 전개되고 있다.

여기서 우리는 들뢰즈의 강한 동요를 알아차리지 않을 수 없다. 들뢰즈는 자신의 사상이 구조주의적인 발상과 극히 가까운 곳에 있음을 알고 있다. 그리고 이 구조주의적 발상(어디까지나 들뢰즈 본인에 의해 정리된 한에서이지만)의 문제점을 알고 있다. 특히 그 문제점이 실천의 영역에서 선명하게 나타난다는 것도. 그러나 거기서부터의 출구가 보이지 않는다. 「구조주의는 왜 그렇게 불리는가」는 이 모호함을 미래에 맡겼다. 『의미의 논리』는 실천의 영역에서 선명하게 나타나는 구조주의적 발상의 문제점을 언급하지 않는 형태로 이것을 은폐했다.

4. 계열, 팔루스, 원억압

들뢰즈의 동요를 보다 이론적으로 파악하기 위해 조금만 더 들뢰즈 본인의 저작을 검토해보자. 『차이와 반복』은 라캉파 정신분석의 팔루스 개념에 대해 미묘한 입장을 취하고 있다. 문제가 되는 것은 제2장에서 접한 에스와 거기서부터의 자아 생성 문제이다.

들뢰즈는 에스와 자아를 독자적 용어로 다음과 같이 설명했다. 우선 "에스에는 여러 국소적인 자아들이 우글거리고 있다[Le Ça se peuple de moi locaux]"라고 말한다(DR, p.129). 복수형으로 말해지는 "국소적인 자아들 moi locaux"이란 부분대상을 구하는 흩어진 부분욕동의 집합이다. 그에 비해 이 "복수의 미세한 수동적 자아를 그러모아", "능동적"으로 통합하고 에스로부터 구별되는 형태로 생성한 **이른바** 자아는 단수형으로 "대역적인 자아 moi global"라 불린다(DR, pp.131, 133).

두 자아는 대략 쾌락원리와 현실원리에 대응하고 있다. 국소적 자아에 있어서는 흥분 구속의 반복을 통해 쾌락이 원리로서 생성된다(들뢰즈는 쾌락원리도 생성되는 것으로 생각하고 있다). 이 원리의 생성은 '수동적 종합'

으로 규정되고 있다. 다른 한편, 대역적 자아는 쾌락 실현의 연기延期(현실원리)를 배운 자아이다. 이것은 이른바 '능동적'인 '자아'의 생성에 관계하기 때문에 '능동적 종합'이라 규정되고 있다. 전자(국소적 자아/쾌락원리/수동적 종합)는 후자(대역적 자아/현실원리/능동적 종합)에 선행한다. 그러나 양자는 동시에 지속하고 있고, 또한 후자가 전자 위에 세워져 있는 것은 어디까지나 양자가 동시에 지속하는 한에서라고도 강조되고 있다(DR, p.131).

국소적 자아로부터 대역적 자아가 생성됨은 잠재적인 것의 현동화로서 파악되고 있었다(이 책 제2장 참조). 참조되고 있던 것은 라이프니츠의 미세지각 이론이다. 미세지각 하나하나는 '각각distinct'이지만 '애매obscur'하고, 그것은 바로 대역적으로 파악될 때 '명석clair'해짐과 동시에 '혼잡한confus' 것으로도 된다. 들뢰즈는 이것을 미세지각 하나하나는 '차이적=미분적微分的, différentiel'이지만 '이화=분화différencier'되고 있지 않다고 환언하고, 잠재적인 것의 현동화라는 이론을 만들어내었다. 국소적 자아는 바로 "복수의 **미세한** 수동적 자아"이고 잠재성의 영역에 있다. 또한 마찬가지로 그는 국소적 자아가 향하는 부분대상 쪽도 잠재적인 것이라 말한다. "잠재적인 대상은 **부분**대상인 것이다"(DR, p.133. 강조는 원문). 따라서 앞에서 본 국소적 자아와 대역적 자아에 관한 규정(양자는 동시에 지속하지만 전자는 후자에 선행하고 있다는 규정)은 잠재성이라는 말을 사용해 다음과 같이 정식화되기도 한다. "잠재적인 것은 현실적인 대상에 관여하는 대역적 특징에는 복종하고 있지 않은 것이다. 잠재적인 것은 그 기원에서부터 보아도, 또 그것만이 아닌 그 고유한 본성에서부터 보아도, 절편이자 단편이며 박피剝皮이다"(DR, p.133).

미세지각의 이론을 응용한 이상의 국소적 자아로부터 대역적 자아가 생성된다는 설명은 프로이트 학설을 발전적으로 재정식화한 것이다. 그것은 자주 행해지는 설명은 아니지만 비약적인 해석도 아니다. 그렇다고 해도 어떤 한 중대한 계기契機가 거기서 배제되고 있음에 주목해야만 한다. 그것은 오이디푸스 콤플렉스에서의 거세, 즉 원억압이라는 계기이다. 들뢰즈가 재구성하는 자아 생성의 과정process에는 왜 그것이 나타나지 않는 것일까? 들뢰즈는 일회성의 사건을 기점으로 하는 생성 모델을 인정하지 않기 때문이다. 그것이 아무리 이념적이라고 해도 혹은 상징적인 것이라고 말해진다 해도, 거세라든가 원억압이라는 "기원의 일격一擊"을 인정하지 않는다. 그 때문인지 『차이와 반복』은 오이디푸스 콤플렉스는 언급조차 하지 않는다. 이렇게까지 정신분석을 논하고 있는데도 실로 놀랄 만한 일이다.

원억압은 이른바 억압(프로이트가 말하는 '본래의 억압')을 고찰할 때 그 전제로서 프로이트에 의해 도입된 것이었다. 원래 억압이란 무엇인가 하면, 어떤 표상을 의식에서 배제하고 무의식 속에 격리하는 것을 의미한다. 그러한 억압이 있다는 것은 이미 무의식인 내용에서부터의 견인력이 작용하고 있을 터로, 그러면 최초의 억압이 상정되지 않을 수 없다는 것이 원억압이 상기될 때의 논리logic이다.[17] 그러나 이것은 애초에 억압을 기원적인 것으로서 다루기 때문에 생기는 논리일 뿐이다. 들뢰즈는 이 기원적인 것, 일회성의 사건을 인정하지 않기 때문에 억압을 다음과 같이 설명한다. 반복이야말로 억압을 낳는다고 말하는 것이다.

> 나는 억압하므로 반복하는 것은 아니다. 나는 반복하므로 억압하는 것이고,
>
> 반복하므로 망각하는 것이다[Je ne répète pas parce que je refoule. Je refoule

parce que je répète, j'oublie parce que je répète]. 나는 어떤 종류의 경험을 우선 처음으로 반복이라는 양태로서만 살 수 있으므로 억압하는 것이다. (DR, p.29)

들뢰즈가 여기서 채택하고 있는 것은, 억압된 표상이 반복하여 재래再來하고 사람이 자진해서 괴로운 상황에 몸을 두는 '반복강박'이라 불리는 현상이다. 프로이트가 '억압된 것의 회귀'라는 표현을 하고 있는 것에서부터도 알 수 있듯이, 일반적으로는 우선 어떤 표상이 어떠한 이유에서 억압되면 그 억압에는 끊임없이 에너지가 필요하므로 종종 억압의 에너지가 느슨해졌을 때 억압된 표상이 재래한다고 생각되고 있다. 그렇지만 들뢰즈는 이 정식을 완전히 뒤집어, 사람은 반복하기 때문에 비로소 억압하는 것이라고 기술하고 있다. 그리고 반복이야말로 **어떤 종류의 경험을 살기 위한 조건인 것**이라고도 말한다. 들뢰즈가 억압뿐만 아니라 망각을 채택하고 있다는 것도 눈길을 끈다. 여기서 반복은 대단히 넓은 의미에서의 경험의 근원에서 발견되고 있다.

그러면 이렇게 해서 반복에서부터 억압을 설명하는 것은 무엇을 의미하는가? 그것은 **억압의 존재는 인정해도**(그것은 항상 치료 과정에서 확인된다), **원억압의 존재는 인정하지 않는다**는 것을 의미하고 있다. 반복이 억압을 낳는 것이라면 **최초의 기원적 억압을 상정할 필요는 없다.** 원래 이 기원적 억압은 관측된 것이 아니라 결과로부터 역으로 상정된 것이었다.[18] 실제로 프로이트는 1926년의 저작 『억압, 증상, 불안』에 이르러서도 원억압에 관해서는 적은 것밖에 알고 있지 않다고 기술하고 있다.[19] 그렇다면 들뢰즈의 설명은 다음과 같이 바꿔 쓸 수 있을 것이다. 원억압을 잘 알지 못하는 것은 탐구가 불충분하기 때문이 아니라 원래 존재하지 않는 것을 탐구하고 있기 때문이라고 말이다. 왜냐하면 기원에 있는 것은 반복에 지나지 않기 때문이다. 그것을 정리해서 대역적으로 바라보면 '원억압'이라는 것이 허초점虛焦点처럼 상정되어버린다.

자, 그러면 문제는 억압을 야기하는 **반복이 왜 생기는가** 하는 것이 된다. 앞의 인용은 『차이와 반복』 서론의 한 구절로 아직 논의는 완전히 다듬어져 있지 않지만 같은 책의 제2장이 다시 이 문제를 채택하게 된다. 들뢰즈는 거의 같은 표현을 반복하고 있지만 여기서는 반복은 이른바 **다른 개념으로 회수되어야 할 개념**으로서 나타난다.

> 사람은 억압하기 때문에 반복하는 것이 아니라 반복하기 때문에 억압하는 것이다. 또한 **결국은 같은 것이지만**, 사람은 억압하기 때문에 위장하는 것이 아니라 위장하기 때문에 억압하는 것이다[On ne répète pas parce qu'on refoule, mais on refoule parce qu'on répète. Et, ce qui revient au même, on ne déguise pas parce qu'on refoule, on refoule parce qu'on déguise]. (DR, p.139. 강조는 지은이)

들뢰즈는 반복을 '위장'과 견주어 억압을 설명하고 있고, '위장'은 반복 그 자체의 환언으로서 나타나 있다. 위장이란 여기서 정신분석에서 말하는 압축이나 치환을 넓은 의미에서 가리키고 있다(DR, p.27). 들뢰즈는 위장에 관해 도라의 증례를 참조하고 있으므로(DR, p.27) 이것을 이용해 설명하자. 히스테리 증상을 보이고 있던 소녀 도라를 분석하던 중에 프로이트는 그녀의 복잡하고 일관성이 없는 감정 요소의 하나로서 부친에 대한 사랑을 발견한다(Freud 1905(1991)). 그것으로 도라의, 딸의 분을 넘은 행동이나 기침이라는 증후를 설명했다. 전자는 부친의 딸이 아닌 아내로서 도라가 행동하고 있었음을 의미하고 있고, 후자는 부친과 그 애인인 K 부인과의 입을 사용한 성행위에 대한 반응의 표현이었다. 즉, 도라는 스스로를 아버지가 일찍이 사랑했던 모친이나 지금 사랑하고 있는 K 부인으로 위장(가장)하고 있었다. 통상의 해석에서는 우선 부친에 대한 사랑이 억압되고 그 결과로서 그 억압된 내용이 위장되어 나타난다고 해석된다. 그러나 들뢰즈는 그런 것이 아니라 우선 그러한 위장이 있고 **그 효과로서 억압이 있다**고 생각하고 있는 것이다. 이것은 거의 위장에 이어서 억압이 수행되는 것이 아니라, 위장의 반면이 억압이라고 이미지화하고 있는 것과 같다.[20]

이리하여 들뢰즈가 구상하고 있는 위장과 억압의 관계는 알게 되었다. 그러면 왜 반복과 위장은 같은 것으로서 놓이고 있는 것일까? 왜 '반복하므로 억압한다'는 '위장하므로 억압한다'와 '같은 것'일까? 왜냐하면 여기서 말하는 위장을 들뢰즈는 예의 구조주의적인 '공백의 칸'의 논리로 이해하고 있기 때문이다. 대상=x, 요컨대 팔루스가 대상 a로서 끝없이 뒤쫓기게 되고 차례로 새로운 시니피앙으로 **치환**되어가는 모습이 **위장**에 겹쳐지고 있다. 그것에 의해 반복이 행해지는 것이다. 위장, 즉 대상=x에 배정되는 항의 **치환**이야말로 반복을 구성한다고 생각되고 있다. "잠재적 대상[대상=x]은 끊임없이 순환하고 항상 자기에 대해 치환되기 때문에 비로소 그 잠재적 대상이 거기서부터 나타나게 되는 그 두 현실적인 계열 속에서, 즉 두 현재 사이에서 항들의 상상적인 변환과 관계들의 상상적인 변용을 규정하는 것이다. 잠재적 대상의 치환은 따라서 **다른 여러 위장들과 나란한 하나의 위장은 아니다.** 그러한 치환은 위장된 반복으로서의 반복이 실제로 거기서부터 유래하게 되는 그 원리인 것이다"(DR, p.138. 강조는 지은이). 여기서는 우선 '치환déplacement'과 '위장déguisement'이 구별되고 전자는 잠재적 대상에 대해, 후자는 실재적 대상에 대해 사용되고 있지만 동시에 양자는 겹쳐 있다. 그리고 잠재적 대상, 즉 대상=x의 '치환'이야말로 반복의 원리라고 말해지고 있다. 즉, 대상=x의 이동이야말로 반복을 불러일으킨다는 것이다. 실제로 들뢰즈는, 반복은 위장과 치환으로 이루어지는 것으로 반복이 그것들에 앞서는 일은 없다든가, 위장은 바로 반복의 내적인 발생 요소라는 등으로도 기술하고 있다.[21]

이것은 무엇을 의미할까? 적어도 여기서 들뢰즈가 기술하고 있는 '반복'은 라캉파 정신분석에 있어서 '시니피앙 연쇄'와 거의 겹친다는 것이다. 즉, **반복을 불러일으키는 것은 팔루스이다.** 들뢰즈는 여기서 팔루스에 의해 시니피앙 연쇄가 발생하고 대상 a가 치환되면서 끝없이 추구되어간다는 구조주의적 시니피앙 이론을 그대로 채용하고 있는 셈이 된다. 프로이트의 무의식 모델에 대한 비판도 그 입장에서 행해지고 있다.[22] 그뿐만 아니라 팔루스는 이 치환의 공간과 '혼연일체'라고까지 기술된다.[23]

그러나 상기하자. **팔루스의 개념은 원억압의 이론과 단절될 수 없다.** 상상적인 쌍수관계를 언어가 파괴해서 상징적인 거세가 행해질 때 이 쌍수적 관계가 원래 결여하고 있던 것으로서의 팔루스($-\phi$)가 영원의 결여로서의 팔루스(Φ)로 변환되고 이것이 결여의 시니피앙으로서 최초로 무의식에 새겨 넣어진다. 바로 그것은 결여이기 때문에 나중의 억압('본래의 억압')을 불러일으키는 견인력이 된다. 이리하여 시니피앙의 연쇄가 일어난다. 그러나 들뢰즈는 『차이와 반복』에서 원억압의 가설을 명확히 거부하고 그것을 반복에 의해 설명하려고 하고 있지 않았던가? 그렇다면 아무래도 여기서 이 책의 모순 혹은 불철저함을 알아차리지 않을 수 없다. 들뢰즈가 원억 압을 인정하지 않는 것은 일회성의 사건에 의해 구조나 원리가 생성한다는 생각을 의심하고 있기 때문이다. 들뢰즈는 바로 반복에서 생성의 원리를 본다. 이것은 초월론적 경험론의 구축을 지향하는 들뢰즈의 기본적인 자세이다. 그러나 들뢰즈에 의한 반복의 **어떤 종류의** 이론화는 일회성의 사건이라는 자장磁場에 끌려들어가 버리고 있다.

들뢰즈는 물론 이 사태를 충분히 이해하고 있다. 팔루스를 등장시키는 것이 일회성의 사건에 기반을 두는 이론적 구조를 불러들이는 사태를 들뢰즈는 경계하고 있다. 팔루스에 관해 그것은 있어야 할 장소에 없고, 자신의 동일성에 있어서 결여되어 있다고 강조되는 것은 그 때문이고, 팔루스가 '궁극적인 항이 아니다'라고 반복해서 기술하는 것도 그 때문이다.[24] 들뢰즈는 그렇게 기술하는 것으로 팔루스를 이른바 탈색하려고 하고 있다. 그러나 팔루스는 바로 있어야 할 장소에 없고 동일성에 있어서 결여되어 있기 때문에 비로소 궁극적인 항이라고도 말할 수 있다. 대저 그렇기 때문에 바로 들뢰즈가 말하듯이 이 요소는 '역설적'인 것이다.

그러면 들뢰즈 입론의 대체 어디에 문제가 있었던 것인가? 처음부터 다시 한 번 생각해보자. 들뢰즈는 단일한 대역적 자아와 복수의 국소적 자아를 구별하고 있었다. 복수의 국소적 자아라는 발상은 프로이트의 무의식 모델이 실은 의식이나 자아 쪽에서부터, 즉 대역적 자아 쪽에서부터 바라봐서 만들어지고 있음에 대한 비판이다. 들뢰즈는 이것을 '대립'적인 무의식이라 부르고 있다(DR, p.143). 실제로는 복수의 요소가 흩어져 꿈틀거리고 있음에도 그것들을 대역적으로 모아서 '에스'라 부르고, 그것을 자아(대역적 자아)와 대립시킨다. 이 대립에 의해 무의식의 운동을 설명한다는 것이다. 이에 비해 라캉파 정신분석은 그 구조주의적 발상에 기반을 두어 계열적 무의식 모델을 만들어냈다. 들뢰즈는 이 계열 모델을 극히 높이 평가하고 있었다. 이것이라면 대립 모델을 거부할 수 있기 때문이다.

그러나 애초 국소적 자아라는 발상의 근간에 있던 것은 계열 모델은 아니다. 라이프니츠적인 미세지각 모델이다. 국소적 자아란 잠재적인 영역에 있는 '미세'한 자아였다. 들뢰즈는 또한 프로이트도 결코 대립 모델에 완전히 기대고 있는 것이 아니라 미세지각 모델에 접근하고 있다는 것, 그 때문에 "라이프니츠주의자인 페히너에게 […] 경의를 표하고 있는" 것에도 주의를 촉구하고 있었다(DR, p.143).

그러면 여기서 실은 무의식의 세 모델이 문제가 되고 있었음을 알 수 있다.

(1) 프로이트=헤겔적인 대립 모델
(2) 프로이트=라캉적인 계열 모델
(3) 프로이트=라이프니츠적인 미세지각 모델

그러나 들뢰즈는 계열 모델과 미세지각 모델을 모호하게 접합해버린 듯 생각된다.[25] 미세지각은 원래 계열화 같은 것은 행하고 있지 않다. 계열은 구조화를 행함에 의해 비로소 발견되는 것이다. 파도의 소리에 계열 따위는 없다. 그렇다면 문제는 들뢰즈가 구조주의적인 계열의 논리에 끌려들어가 미세지각 모델을 거기서부터 설명해버린 데 있을 것이다. 정신분석의 용어로 환언하면 대상 *a*에 의해 계열화된 여러 부분대상들, 혹은 팔루스에 의해 통합된 욕망이 아니라 흩어진 부분대상 혹은 흩어진 욕망 그 자체를 다루는 시각이 필요했던 것이고, 그것에 의해서 비로소 원억압 가설을 거부할 수 있었을 터이다.

들뢰즈는 계열화 이전의 반복에 관해 말하고 있지 않은 것은 아니다. 문제가 되는 것은 제2장에서 검토한 '흥분량의 구속'의 논의이다. 프로이트는 외상성 신경증에서 보이는 반복강박을 설명하면서 그것을 흥분량을 구속하는 과정process으로 간주함과 함께 그러한 외상성 신경증을 불러일으키는 에너지 유입에 필적하는 어떠한 흥분이 내부로부터도 일어나고 있을 것이라는 가설에 도달하고, 거기서부터 내부흥분의 원천으로서의 '죽음 욕동(타나토스)'의 개념을 제기하는 데 이르렀다. 들뢰즈가 이 논의에 있어서 주목한 것은 흥분량의 구속을 통해 쾌락원리가 원리로서 생성된다는 점이다. 흥분을 구속한다는 과정process의 **반복**에 의해 심적 장치를 지배하는 경험적 원리가 생성한다. 들뢰즈는 이러한 흥분량의 구속을 습관의 개념과 잇는다. "습관은 구속의 수동적 종합인 이상 쾌락원리에 선행하고 있고 그 원칙을 오히려 가능하게 하고 있는 것이다. 그리고 과거와 미래가 이미 보았듯이 살아 있는 현재의 종합에서 생기는 것과 마찬가지로 쾌락의 관념은 습관에서 생기는 것이다"[26](DR, p.129). '습관'으로 이어지는 구속의 반복은 계열화 이전의 반복이다. x의 이동에 의해서만 반복을 정초하고 있는 것은 아니다.

게다가 들뢰즈는 이것을 더욱 파고들어 구속의 반복도 이차적인 반복이고 "더 깊은 곳에서는 반복의 정념=수동passion이 존재한다"라고까지 말한다(DR, p.128). 무엇을 말하고 있는 것인가 하면 원래 "차이로서의 흥분이 **그것만으로 이미** 하나의 요소적인 반복의 응축이었다"라고 말하는 것이다(DR, p.129. 강조는 원문). 외적 내지 내적인 자극에 의해 야기되는 흥분을 들뢰즈는 어떤 진동을 수축한 반복으로서 파악하고 있다. 구속이나 집중

cathexis은 정신 속에서 야기되는 이 일차적 반복에 대해 행해지는 이차적 반복이다(DR, p.129). 그리고 이 이차적 반복을 통해 욕동이 생성된다. 들뢰즈에 의하면 "욕동은 구속된 흥분 이외의 어떤 것도 아니다"(DR, p.129). 그리고 이것이 앞에서 우리가 주목한 복수의 '국소적 자아'의 근거가 되는 것이다. 즉, 구속이 행해질 때마다 에스 속에 하나의 '자아'가 형성된다. 이것은 부분욕동에 의해 지배된 수동적이고 부분적이며 단편적인 애벌레 자아이다. 이 부분적이고 국소적인 자아가 에스 속에서 끝없이 생성되고 그 속에서 우글거리고 있다.

들뢰즈는 결코 반복을 계열로 환원하고 있지는 않았다. 들뢰즈는 계열화 이전의, 요컨대 팔루스에 의해 설명될 필요가 없는 반복에 관해 말하고 있다. 그렇다면 반복과 억압을 둘러싼 두 테제는 최종적으로는 다음과 같이 정식화되어야 했던 것은 아닐까?

사람은 반복하기 때문에 위장하고 위장하기 때문에 억압한다 On déguise parce qu'on répète et on refoule parce qu'on déguise.

들뢰즈가 '반복하기 때문에 억압한다'라는 명제를 주장할 수는 있었다고 해도, 이것을 '위장하기 때문에 억압한다'라는 명제와 완전히 동일시할 수밖에 없었던 것은 미세지각 모델과 계열 모델이 그 안에서 모호하게 겹쳐 있었기 때문이다. 그 때문에 반복은 중요한 곳에서 위장으로 회수되어 버렸다.[27] 그러나 계열화 이전의 반복은 이미 이중의 것으로서 고찰되고 있고, 게다가 그것은 자아나 욕동이나 쾌락원리의 생성 그 자체의 근거가 되고 있다. 들뢰즈는 계열 개념, 요컨대 팔루스의 개념에 의지하지 않고 반복을 고찰할 도구를 충분히 갖추고 있었다(계열에 의한 반복은 삼차적인 것에 불과하다). 그러나 그것은 철저하지 않았다. 계열 개념이나 팔루스 개념이 잘못되어 있다는 것은 아니다. 원억압을 인정하지 않는 들뢰즈에게 있어서는 이 라캉파 정신분석의 개념들은 채용할 수 없었을 것이다. 그렇지만 『차이와 반복』은 최종적으로 거기에 의거하고 있다. 이 모순은 「구조주의는 왜 그렇게 불리는가」에서 우리가 파악했던 그의 동요가 이론적으로 드러난 것이다.

5. 『안티 오이디푸스』와 분열분석

꽤 멀리 돌아서 왔다. 이상에 입각해서 들뢰즈와 가타리의 협동작업에 관해 생각해보자.

가타리는 라캉파적인 구조의 개념에 기계의 개념(이라기보다 이미지)을 대치했다. 후자로부터 봤을 때 무의식의 주체는 더 이상 시니피앙에 의해서는 대리=표상되지 않는다. 왜냐하면 최초의 시니피앙인 팔루스는 '이탈'하고 원억압의 정상적인 작동 그 자체가 의심되기 때문이다.

들뢰즈는 구조주의적인 구조의 개념에 강하게 끌리고 있었다. 그러나 동시에 그 문제점도 깨닫고 있었다. 『차이와 반복』은 반복의 개념에 의해 억압의 개념을 쇄신하고 원억압의 가설에 의문을 품고 있다. 구조주의적 계열의 개념에는 의거하지 않는 반복의 개념도 추구되고 있다. 그러나 왜인지 최종적으로 대상=x(팔루스)에 의해 통합된 계열적 구조에 의거해버린다.

이제 두 사람이 만날 이론상의 필연성은 명백하다. 구조주의적 구조, 즉 계열적 구조, 즉 '팔루스'라는 이름의 대상=x에 의해 통합된 구조와는 다른 방식으로 사유하기 위한 모델을 구축하는 것. 한 사람은 거기에 좀처럼 뛰어들지 않고 망설이고 있었다. 또 한 사람은 거기에 뛰어들어는 보았지만 개념을 잘 만들어내지 못하고 곤란해하고 있었다. 두 사람은 협력했다. '원억압'의 가설이야말로 그들 문제의식의 중심에 있었음을 알 수 있다. 팔루스의 개념은, 요컨대 이 가설을 고도로 추상화한 결과 얻어진 것이다. 『안티 오이디푸스』는 정신분석의 가족주의를 비판하고 이것을 사회적 영역과 결부할 것을 제안했지만, 사회적인 억압을 원억압에 기반을 두는 관점perspective과는 다른 곳에서부터 고찰하는 것이 그들의 큰 과제였음은 의심할 수 없다. 그들의 최초의 저작이 '반anti오이디푸스'라고 명명된 것의 의미도 이것으로부터 명백할 것이다. '원억압'이야말로 오이디푸스 콤플렉스의 핵심에 있는 교설이다. 이 책이 정신분석에 대치하는 형태로 제시한 '분열분석schizo-analyse'도 또한 여기서부터 특징지을 수 있다. 정신분석은 원억압의 가설을 기초에 두고 분석을 행한다. 분열분석은 원억압의 '정상'적 작동 그 자체를 의심하고 분석을 행한다.

　『안티 오이디푸스』에 있어서 원억압이라는 주제topic의 중요성을 이론적으로 한마디로 기술한 것이 바로 「상상계와 상징계 사이에는 국경선이 뻗어 있는 것인가?La frontière passe-t-elle entre l'imaginaire et le symbolique?」라는 질문이다 (같은 책, 제2장, 제4절의 항목명). 들뢰즈=가타리는 상상계와 상징계 사이에 어떠한 본성상의 차이도, 어떠한 국경선도, 어떠한 경계도 인정할 수 없다고 말한다.[28] 상상계와 상징계를 엄격하게 구별할 수 없음은 원억압이 정신분석이 상정하고 있는 **이상적인 방식으로는 수행되지 않는다**는 것을 의미한다. 확실히 에스로부터 자아는 생성되고 자아는 능동적 종합을 거쳐 현실원리를 손에 넣어간다. 그러나 그러한 자아는 어디까지나 대역적 자아로서 생각되어야만 하고 대역적 자아는 복수의 국소적 자아와 동시에 지속하고 있는 것이다. 들뢰즈가 도입하고 있던 이 국소적/대역적이라는 용어는 들뢰즈=가타리의 저작에서는 '분자적moléculaire'/'몰적molaire'이라는 가타리의 용어로 치환되고 그 뒤 오랫동안 이용된다. 또한 국소적=분자적인 수준을 대역적=몰적인 수준으로 환원하기를 철저하게 부정하는 『차이와 반복』의 태도는 그대로 들뢰즈=가타리의 저작으로 계승되어 두 사람 작업의 중심적인 과제 중 하나가 된다. 『안티 오이디푸스』의 유명한 첫머리 부분은 그 선언문이라 말해도 좋다.

> 그것은 작동하고 있다. 때로는 흐르듯이, 때로는 멈추면서 도처에서. 그것은 호흡하고 그것은 열을 띠며 그것은 먹는다. 그것은 똥을 싸고 그것은 성교한다. 이것을 **일괄하여 총칭해서** 그것[에스]이라 불러버리는 것은 그 얼마나 오류인가[Ça fonctionne partout, tantôt sans arrât, tantôt discontinu. Ça respire, ça baise. Quelle erreur d'avoir dit *le* ça]. (AO, p.7. 강조는 원문)

몇 번이나 반복되는 '그것'이라는 말은 프랑스어의 'ça'로 이것은 단순히 '그것'을 의미하는 대명사이지만 정신분석에서 말하는 '에스'의 역어이기도 하다. 여기서 말하고 있는 것은 에스는 정관사를 붙여 대역적으로 파악되는 것이 아니라 복수의 흩어진 부분욕동의 집단이라는 것이다. 여기서 문제가 되고 있는 것은 바로 복수의 국소적 자아에 다름 아니다.

원억압의 문제로 돌아가자. 원억압에 대한 의문은 신경증névrose과 정신병psychose의 구별에 기반을 두는 정신분석상의 태도에 변경을 요구한다. 신경증과 정신병은 정신분석에서는 명확히 구별된다.[29] 신경증은 생활사에 기원을 갖는 내적인 갈등이 야기하는 심신의 기능장애를 가리키고 거기에서 인격의 장애는 발견되지 않는다. 그에 비해 정신병에서는 자아가 에스의 지배하에 있고 인격의 장애를 보인다.[30] 라캉파에서는 이것을, 정신병에서는 '아버지의 이름=아버지의 안 돼'가 '배제forculusion'되고 있지만 신경증에서는 그렇지는 않다고 설명한다. 즉, 원억압이 '정상'으로 작동하고 있는 것이 신경증이고 원억압이 실패하고 있는 것이 정신병이다. 원억압의 실패는 시니피앙 연쇄가 미약함을 의미한다. 따라서 정신병 환자에게는 "세계의 총체가 하나의 거대한 무의미, 즉 '수수께끼'로서 주체에게 나타난다"(마쓰모토松本 2012, 32쪽). 그것에 비해 신경증에서는 시니피앙 연쇄는 '정상'으로 작동하고 있고 일상생활을 의미 가운데에서 살고 있다. 신경증은 이른바 그 의미의 과잉에 시달리고 있다.

   이상에서부터도 추찰 가능하듯이, 정신분석적으로 보면 이른바 '정상인'은 가벼운 신경증 환자로서 파악될 수 있다. 정상인은 원억압에 기반을 두어 어떠한 표상을 억압하고 그것에 동반하는 **어느 정도의** 갈등을 파악하면서 의미 속을 살고 있는 것이 되기 때문이다. 그러면 정신분석에 의한 치료는 사람을 '정상'적 신경증 환자로 만든다고 말해도 좋은 것이 된다. 그러면 그때 들뢰즈=가타리와 같이 원억압의 이상적인 작동 그 자체를 의심하면 어떻게 될까? 가벼운 신경증 환자로서의 '정상인' 같은 것이 정말로 존재하는 것인가 하는 의문이 생기게 된다. 즉, 정신분석은 있지도 않은 '정상'의 상像을 마주하고 있게 된다. 원억압의 '정상'적 작동을 의심하는 분열분석은 "정신분석과 같이 신경증화하는[névrotiser]것이 아니라 분열증화한다[schizophréniser]"라고 들뢰즈=가타리는 말하고 있다(AO, p.434). 왜 정신분석이 '신경증화'한다는 것인지는 앞의 설명으로 명백할 것이다. '분열증화한다'는 이것만으로는 잘 해석할 수 없다. 어쨌든 그것은 가벼운 신경증 환자로서의 '정상인'의 이미지를 의심하는 것일 것이다.[31] 그리고 이 '정상인'의 근사적 존재가 사회에 만연하고 있다고 하면, 혹은 이 '정상인'의 이미지('어른'?)가 사회를 뒤덮고 있다고 하면, 이미 그것은 '원억압'이라는 개념으로는 설명할 수 없는 것이므로 널리 가족도 포함한 사회영역에 있어서 신경증화의 체제 혹은 억압의 체제가 분석되어야만 한다. 여기에『안티 오이디푸스』가 마르크스를 경유해서 자본주의분석, 정치분석으로 열려가는 필연성이 있다. 그 때문에 분열분석은 다음과 같이 정의되기도 한다. "따라서 분열분석의 목표는 다음과 같은 것이다. 경제적인 것과 정치적인 것의 리비도 집중의 특수한 본성을 분석하는 것. 다음으로 이것에 의해 욕망하는 주체 속에서 어떻게 욕망이 자기 자신의 억제를 욕망하게 되는가를 명백하게 하는 것"(AO, pp.124-125).

가타리는 기계의 이미지를 말하면서 그것이 날짜나 역사와 관계하는 것임을 강조하고 있었다. 들뢰즈는 구조주의적인 구조 개념에 대한 의문을 다음과 같이 표명하고 있었다. 구조에 기반을 두어 생각하면 무엇에 관해서도 언제 어떤 때도 문제는 그저 단순히 대상=x가 무엇인가를 찾아내는 것뿐이게 되어버린다고 말이다. 분열분석은 어떤 특정 날짜를 가진 역사 속에 존재하는 사회, 그리고 그 속을 사는 자를 원억압의 가설에 기대지 않고 분석한다. 들뢰즈와 가타리는 들뢰즈=가타리로서 겨우 자신들이 임해야 할 지점에 도달했다.

마지막으로 보다 구체적인 두 사람의 과제를 기술해두자. 앞의 인용에서 두 사람은 분열분석의 목표는 욕망하는 주체가 어떻게 스스로의 '억제

répression'를 욕망하게 되는가를 명백하게 함에 있다고도 기술하고 있었다. 들뢰즈=가타리는 원억압의 가설을 제거함에 의해 욕망을 팔루스의 결여로 설명하는 구조주의적 관점perspective으로부터의 탈각을 꾀했다. 그때 욕망은 보다 넓은 사회영역에 있어서 결정되는 것으로서 구상된다. 그리고 그렇게 구상된 욕망을 바라보았을 때 무엇보다도 우선 최초로 발견되는 것이 사람은 왜 스스로를 억제하는가, 환언하면 왜 자신들의 예속을 바라는가 하는 문제인 것이다. 마르크스주의적 사고는 당시에도 아직 지배계급과 피지배계급이라는 틀을 유지하고 있었다. 들뢰즈=가타리는 그것에 비해 보다 깊이 파고들어간 관점을, 그러나 실은 몇 명의 선구자에 의해 제시되고 있던 관점을 다시 제시하게 된다. 다음 인용에서 보이는 관점이야말로 정신분석의 비판적 계승과 마르크스를 경유한 정치경제학적 시점이 융합함에 의해 현대에 부활한 참된 정치철학의 관점이다.

단지 욕망이라는 것과 사회라는 것만이 존재하고 그 이외의 어떤 것도 존재하지 않는다. 사회적 재생산의 가장 억제적인, 또한 가장 치명적인 형태조차도 욕망 그 자체에 의해 발생된다. 이러저러한 조건하에서 욕망에서 파생되는 조직 속에서 발생된다. 우리는 이 이러저러한 개개의 조건을 분석해야만 할 것이다. 따라서 정치철학의 기본적인 문제는 여전히 스피노자가 제기할 수 있었던 다음 문제(이 문제를 재발견한 것은 라이히이다) 이외에 아무것도 아니게 된다. 즉, '왜 사람들은 흡사 자신들이 구원받기 위해서이기라도 한 듯이 자진해서 예속하기 위해 싸우는가'라는 문제 말이다. 어떻게 사람은 '더 많은 세금을! 빵은 더 줄여도 좋다!' 등을 외치게 되는 것인가. 라이히가 말하듯이 놀랄 만한 일은 어떤 사람들이 도둑질을 한다는 것은 아니다.

또한 어떤 사람들이 파업을 한다는 것도 아니다. 그런 것이 아니라 오히려 굶주리고 있는 사람들이 반드시 도둑질을 하지는 않는다는 것이고 착취받고 있는 사람들이 반드시 파업을 하지는 않는다는 것이다. 왜 사람들은 수 세기나 되는 시간 동안 착취나 모욕이나 노예상태를 참고, 단지 타인을 위해서만이 아니라 자기들 자신을 위해서도 이것들을 원하기까지 하고 있는 것인가. (AO, pp.36–37. 강조는 원문)

이 한 구절에 전부가 있다. 정치철학이 지금도 생각해야 할 문제의 전부가 말이다.

다음 장에서 우리는 들뢰즈=가타리의 이 질문을 보다 상세히 검토할 것이다. 문제가 되는 것은 권력의 개념이다.

개인의 마음과 무리의 마음

들뢰즈는 만년에 몇 개의 문학에 관한 에세이를 남기고 있다. 유명한 것은 허먼 멜빌Herman Melville(1819~1891)의 단편소설 『필경사 바틀비』(1853년)를 논한 「바틀비, 또는 상투어」일 것이다(CC, pp.89-114). 그러나 여기서는 더 주목해도 좋을 다른 에세이를 들고자 한다. 그것은 D. H. 로렌스David Herbert Lawrence(1885~1903)의 『묵시록』(1929년 집필)(국내에는 『로렌스의 묵시록』으로 번역 출간되었다―옮긴이)을 논한 「니체와 성바울, 로렌스와 파트모스의 요한」이다.

로렌스가 논하는 묵시록이란 신약성서의 마지막에 수록되어 있는 이른바 '요한 묵시록'을 말한다. 초기 그리스도 교단에는 세 사람의 '요한'이 있었다. 예수에게 세례를 한 세례 요한, 제4복음서(요한복음서)를 쓴 사도 요한, 그리고 로마 제국에 대한 종교상의 죄를 지고 파트모스 섬의 감옥으로 보내진 파트모스의 요한이다. 현재에는 거의 완전히 부정되고 있는 듯하지만 복음서를 쓴 요한과 묵시록을 쓴 요한을 동일시하는 설이 일찍이 존재했다고 한다. 로렌스는 이 논의에 개입한다. "그것은 같은 인간이 아니며, 같은 인간일 수 없다…"(CC, p.50).

묵시록은 이 세상의 종말과 최후의 심판, 비신앙자에 대한 신앙자의 승리 등 이 세상에 대한 원한과 심판을 설한다. 그것은 인간애나 정신적 사랑에 몰두하는 복음서와는 양립하지 않는다. 묵시록은 '가난한 자들', '약자들'의 보답받아야 할 권리를 요구한다. 그렇지만 "그들은 일반적으로 그렇게 생각되고 있는 것과 같은 사람들은 아니다." 거기에 차 있는 것은 들뢰즈가 '무리의 마음âme collective'이라 부르는 것이다. "그들은 자신을 낮추는 가엾은 사람은 아니다. 그들이야말로 바로 무리의 마음밖에 갖지 않은 실로 두려운 자들인 것이다"(CC, p.53).

무리의 마음은 권력을 원함과 동시에 권력의 파괴도 원하고 권력이나 권력자에게 증오를 품고 있다. 들뢰즈는 화가인 구스타프 쿠르베Gustave Courbet(1819~1877)의 말을 인용하면서 이렇게도 말하고 있다. 그들은 "심판하고 싶다. 심판하지 않고 배길쏘냐" 하고 부르짖는 것이라고. 게다가 무리의 마음은 "사람의 살을 깨무는 새끼양"이다. 이 새끼양은 "도와줘. 내가 너희들에게 뭘 했다는 거야. 너희들을 위해서잖아. 우리들 모두를 위해 한 것 아니야" 하고 울부짖는다.

무리의 마음에 대립하는 것이 '개인의 마음âme individuelle'이다. 무리의 마음은 **주지 않고 그저 오로지 얻으려고** 한다. 이에 비해 개인의 마음은 **무엇도 받지 않고 단지 주려고** 한다. 전자를 대표하는 것이 파트모스의 요한이고, 후자를 대표하는 것이 그리스도이다. "그리스도의 기획은 개인적인 것이었다"(CC, p.52). 그것은 중요한 기획이다. 그러나 그리스도에게는 중대한 몰이해가 있었다. 그는 개인의 마음과 무리의 마음이 우리들 한 사람 한 사람의 마음속에 존재하고 있음을 이해하고 있지 않았다. "개인의 마음을 도야해가면 무리의 마음에 숨어 있는 괴물을 쫓아낼 수 있다고 그[그리스도]는 생각하고 있었던 것이다"(CC, p.52).

예수는 스승이 되는 것도, 제자들에게 원조의 손길을 내미는 것도 원하지 않았다. 예수는 제자들과 진정한 의미에서 어울리는 일은 없었고 함께 활동한 적도 없다. 들뢰즈는 다음과 같이 지적한다. "그리스도교의 사랑 안에는 일종의 추상적인 자기 확인이, 혹은 더욱 나쁘게도 **아무것도 빼앗지 않고, 받아들이지 않고 그저 주고 싶다는 열정**이 숨어 있었다. 그리스도는 제자들의 기대에 응하려고 하지 않았지만 그래도 그는 무언가를 주지 않겠다고 말해두려고 한 것은 아니다. 자기의 불가침 부분[영혼]조차 그는 자신의 몸에 머물게 하려고 하지 않았다. 그에게는 어딘가 자살적인 곳이 있었다"(CC, p.67).

확실히 개인의 마음을 추구해야만 한다. 그러나 무리의 마음도 추구해야만 한다(CC, p.68). 무리의 마음을 경멸하고 멀리하기만 해서도, 자신의 개인의 마음을 닦기만 해서도 안 되는 것이다. 이것은 결코 그리스도교만의 문제는 아니다. 그리스도나 파트모스의 요한이 체현하고 있는 것은 집단으로 살도록 운명 지어진 인간이라는 존재의 근간과 관계하는 문제이다.

욕망과
권력

| 제 5 장 |

정치

앞 장에서 우리는 들뢰즈와 가타리의 협동작업을 이론적으로 위치시켰다. 1960년 대 프랑스에서 스스로의 철학적 사고를 다듬고 있었던 들뢰즈에게 구조주의야말로 새로운 영역과 새로운 사유를 야기하는 혁신적인 이론이었다. 들뢰즈는 구조주의 가 몇 가지 난점을 품고 있음을 깨닫고 있었다. 그러나 이 이론의 혁신성 때문에 들 뢰즈는 거기서부터 빠져나올 수 없는 채로 있었다. 1972년에 발표된 논문 「구조주 의는 왜 그렇게 불리는가」 내에서 읽어낼 수 있는 것은 들뢰즈와 구조주의의 그러한 비틀린 관계이다. 이 논문에서부터 바라본다면 『차이와 반복』(1968년)에도 또한 구 조주의적인 발상이 짙게 남아 있었음을 알 수 있다. 게다가 그 발상은 어떤 이론적 인 불철저함을 낳고 있었다(무의식의 계열 모델과 미세지각 모델의 혼동).

가타리와의 협동작업에 의해 극복된 것은 바로 이 불철저함이다. 라캉파의 정신분 석 이론은 구조주의를 고도로 달성한 이론 중 하나로서 들뢰즈가 높이 평가한 것이 지만, 가타리는 이것을 상세히 알고 있었고 또한 그 문제점도 직감적으로 깨닫고 있었다. 그것을 안 들뢰즈는 이른바 가타리의 직감을 개념으로 만드는 작업으로 나 아간다. 협동작업을 통해 들뢰즈는 원억압의 개념에 의거하지 않는 정신분석('분열 분석')을 구상하고 억압을 사회적 영역에서부터 설명하는 관점을 획득했다. 그것은 대역적=몰적으로 파악된 자아와 에스를 이상적인 원억압과 거세에 의해 설명하기 가 아니라, 국소적=분자적으로 파악된 복수의 자아와 욕망을 사회적으로 구성되는 억압이나 억제로부터 설명하기를 지향한다. 이리하여 열리게 되는 것은 프로이트= 라캉적인 정신분석 이론에 마르크스적인 정치경제학을 접합한 완전히 새로운 이론 의 영역이고, 거기에서 나타나는 것은 욕망으로 사회를 고찰하는 철학이다. 이 철 학의 근저에 있는 질문을 들뢰즈=가타리는 다음과 같이 정식화하고 있었다. "왜 사 람들은 흡사 자신들이 구원받기 위해서이기라도 한 듯이 자진해서 예속하기 위해 싸우는가"(AO, pp. 36-37).

우리는 이 책 첫머리에서 들뢰즈와 가타리의 혼동이라는 문제를 언급하고 들뢰즈 에게서 정치를 읽어내고 싶은 독자들은 '가타리화'된 들뢰즈를 읽고 있는 데 지나지 않는다는 슬라보예 지젝의 지적을 들었다('시작하며'). 우리는 이것에 답하기 위해 들뢰즈의 사상이 원래 어디에 있는지를 검토했다(제1장). 그것에 기초하여 들뢰즈 의 철학적 프로그램을 명백하게 하고(제2장), 또한 거기서부터 도출되는 실천의 철 학을 그려내었다(제3장). 거기서 알게 된 것은 들뢰즈의 실천의 구상에는 명백한 난 점(실패를 지향하기)이 발견된다는 것이었다. 앞 장에서 우리는 그 난점을 보다 이론 적으로 파악함과 함께 그 난점을 **이론적으로** 극복하는 시도로서 가타리와의 협동 작업을 위치시켰다. 이와 같이 들뢰즈의 저작과 들뢰즈=가타리의 저작 사이에서 이론적 차이가 발견된다는 사실, 그리고 후자를 어떤 의미에서 전자의 극복 시도로서 위치시킬 수 있다는 사실, 이 사실들은 지젝의 지적을 정당하게 한다. 지젝은 들뢰즈를 비정치적인 철학자로서 정의하고 있지만 들뢰즈의 실천 구상에는 그렇게 정의하기를 가능하게 하는 요소가 발견되기 때문이다. 이 점이 모호하게 된다면 들뢰즈의 저작과 들뢰즈=가타리의 저작에서 편리한 부분만을 채택해 '정치적 들뢰즈'를 논하게 되기 십상이다.

그러나 앞에서 기술한 대로 실은 들뢰즈의 저작 그 자체가 어떤 불균형을 품고 있었다. 지젝이 말하는 의미에서의 비정치성(실패를 지향하기)은 『차이와 반복』이나 『의미의 논리』가 의거하는 구조주의적 발상에서 유래하는 것이지만 들뢰즈 자신은 이 발상에 대한 의문을 확실히 품고 있고(그것은 「구조주의는 왜 그렇게 불리는가」에서 읽어낼 수 있었다), 그것이 그의 저작에 어떤 비틀림 내지 불철저함을 낳고 있다. 가타리와의 협동작업은 들뢰즈에게 그것을 명확히 의식시키고 그것을 극복할 철학의 구축을 강력히 추진했다. 들뢰즈를 엘리트적인 비정치적 철학자로 보는 지젝은 일면으로는 옳다. 그러나 그러한 시각은 들뢰즈의 저작이 품고 있는 불균형(이것은 매우 세세한 곳까지 미치는 상세한 독해에 의해서만 명백해진다)에 눈을 감는 한에 있어서 유지되는 것이다. 그리고 말할 것도 없이 그 시각은 들뢰즈=가타리 저작의 의의를 부당하게 평가하는 것과 이어질 것이다.

그러면 들뢰즈가 스스로 품고 있던 문제를 극복해서 달성한 지점을 우리는 어떻게 이해해야 할 것인가? 욕망에서부터 사회를 고찰하는 이 철학이 지향하는 바는 무엇인가? 욕망에서부터 사회를 고찰함이란 어떠한 것인가?

우리는 이 질문들에 크게 우회하면서 답하기로 하자. 우회로가 통하는 것은 우리가 지금까지 논해오지 않았던 들뢰즈의 저작 『푸코』(1986년)이다. 들뢰즈와 같은 시대의 철학자 미셸 푸코를 논한 이 저작은 들뢰즈의 저작 중에서도 정치적 영역에 관계되는 개념들을 가장 명시적으로 논한 것이다. 그렇지만 불가사의하게도 이 저작은 들뢰즈를 정치적인 철학자로서 해독하고 싶은 논자들에 의해서도 거의 논해지고 있지 않았다. 푸코는 '권력pouvoir'을 철저하게 고찰하여 그때까지의 권력 개념을 쇄신한 철학자이다. 당연히 『푸코』도 이 권력이라는 개념을 중핵으로 두고 쓰여 있다. '정치적 들뢰즈'의 소재를 찾는 우리는 이 저작을 피할 수는 없다.

그렇지만 그것만은 아니다. 보다 한정된 의미에서도, 우리의 시도에 있어서 이 저작은 결정적인 의미를 갖는다. 푸코는 '권력'에서부터 사회를 고찰하려고 했다. 그에 비해 들뢰즈는 '욕망'에서부터 사회를 고찰하려고 한다. 이 차이는 무엇을 의미할까? 들뢰즈는 푸코의 시도를 어떻게 이해하고 어떻게 평가한 것일까? 이 질문에 대답함으로써 우리는 욕망에서부터 사회를 고찰한다는 시도 그 자체의 의미를 명확히 할 수 있을 터이다.

1. 미셸 푸코의 역사연구

푸코의 저작은 그 대부분이 역사연구이다. 최초의 대작 『광기의 역사』 (1961년)는 '광기'라는 것의 '경험'이 적어도 두 번(17세기 초, 그리고 18세기 말 내지는 19세기 초) 크게 변용했음을 명백하게 했다. 베스트셀러가 되어 그의 이름을 세상에 알린 『말과 사물』(1966년)은 일견 언어학/생물학/경제학의 전신인 듯 생각되는 17~18세기의 일반문법/박물학/부富의 분석이 완전히 다른 앎의 체제(푸코가 '에피스테메Episteme'라 부르는 것)에 의거하고 있음을 지적했다. 『지식의 고고학』(1969년)은 그때까지의 자신의 저작을 돌이켜보고 또 그것들에 반성을 더하면서, 역사를 향한 자신의 '고고학'의 방법을 재정식화했다. 필시 그의 저작 내에서 가장 강한 영향력을 가질 『감옥의 탄생』(원제 『감시와 처벌』, 1975년)은 18세기 말 내지 19세기 초에 처벌 방식이 폭력에서 감시로 이동했다는 사실에 주목하면서 '군주형 권력'에서 '기율형紀律型 권력'으로 권력의 작동양식이 변화함을 선명하게 그려내었다. 전 5권의 출판이 예고되었지만 집필 도중에 계획이 크게 변경된 「성의 역사」 시리즈도 적어도 제1권 『앎의 의지』(1976년)에서는 성현상sexuality이 받은 큰 변화와 '생-정치bio-politics'라는 새로운 권력 양태의 출현을 논하고 있었다.

푸코의 역사연구의 특징은 새로운 저작을 쓸 때마다 새로운 대상영역을 열어젖히고 있다는 점에 있다.[2] 『광기의 역사』는 정신의학의 역사가 아니고, 『말과 사물』은 사상사가 아니며, 『감옥의 탄생』은 형벌의 역사가 아니고, 「성의 역사」 시리즈는 성에 관한 문화인류학적인 역사연구가 아니다. 이 저작들에 의해 그때까지 존재하고 있지 않았던 새로운 연구 영역이 열리고 그것과 함께 관련 영역에는 큰 변동이 야기되었다. 푸코는 또한 항상 스스로의 이전 저작에 대한 반성, 경우에 따라서는 그것에 대한 비판이나 부정을 갖고 새로운 저작에 몰두한 타입의 저술가였다. 그 태도가 한 권의 책으로서 구현화된 것이 『지식의 고고학』이다. 엄밀하게 말하면 이 책은 그때까지의 저작 방법을 정리한 것도, 그 이후 사용되는 방법의 소개도 아니기 때문이다.[3] 푸코의 저작과 푸코 본인에게서 발견되는 이상의 특징은 그의 작업이 지향하는 바를 통일적으로 논하기를 곤란하게 한다. 푸코는 하나의 영역에서 작업한 것이 아니며, 동일 수법에 의거하고 있는 것도 아니기 때문이다. 그렇지만 주요 저작을 신중하게 비교해보면 거기에서 하나의 공통 테마, 게다가 대단히 구체적인 테마를 발견할 수 있는 듯 생각된다. 그것은 18세기 말 내지 19세기 초에 생긴 역사상의 단절이다. 푸코는 이것을 집요하게 논했다. 그것은 필시 푸코 자신이 산 '현대'의 위치를 명백하게 하기 위해서일 것이다. 그의 저작은 이 단절 이전의 시대(그가 '고전주의 시대'라 부르는 17~18세기)에 많은 페이지를 할애하고 있지만 푸코는 그것에 의해 '현대'의 위치를 확정하려고 시도한 것이다.

푸코는 철저하게 역사를 논하고 있고 그런 의미에서는 역사가인 듯 생각되기도 한다. 그렇지만 들뢰즈가 강조하는 것은 푸코는 철학자라는 것이다.[4] 게다가 들뢰즈는 푸코를 '새로운 칸트주의' 철학자라고 부르고 있다. 단, 그렇게 말하는 것은 푸코의 작업을 칸트 철학의 틀 내에 집어넣기 위해서는 아니다. 칸트는 초월론 철학에 의해 경험 가능성의 조건을 물었다. 경험은 어떻게 해서 가능한지 그 조건을 명백하게 하려고 시도했다. 이에 비해 푸코는 현실 경험의 조건을 묻는다(F, p.67). 각각의 시대에는 특정 경험의 조건이 있다. 경험의 조건은 칸트가 생각하고 있던 의미에서 보편적인 것도 아프리오리한 것도 아니다. 그 자체가 역사적인 것이다. 푸코는 역사를 이른바 방법으로서 이용하면서 칸트 철학을 철저하게 심화시키려 하고 있다. 이것이 들뢰즈의 진단이다.

예컨대, 광기에 관하여. 17세기 유럽에서는 광인을 일반 시료원施療院 등에 감금하는 사태가 발생했다. 그것은 이른바 '정신병원'에 정신질환을 앓는 인간을 입원시키는 것과는 완전히 다른 사태이다. 게다가 일반 시료원에는 걸식자나 부랑자, 나아가서는 범죄자, 낭비가, 나태한 인간, 무신론자 같은 사람들이 합쳐서 수용되고 있었기 때문이다. 수용되고 있던 자들을 낙인찍고 있던 것은 바로 당시 새롭게 출현한 "déraison"(비이성)이라는 개념이다. 17세기의 시점時点에서 "raison"(이성)은 아직 미약한 지위밖에 갖고 있지 않았다. 그 이성이 비이성에 공포를 품기 시작한 그때 비이성을 폭력으로 감금한다는 사태가 일어났다. 이 비이성 개념은 충분히 차이화되어 있지 않은 대단히 애매모호한 것이다. 그러나 이성은 도저히 그것을 극복할 만큼의 힘을 갖고 있지 않았다. 푸코는 17세기의 철학자들(구체적으로는 데카르트와 스피노자)이 저작 속에서 강한 어조로 진리의 탐구에 대한 **결의**를 표명함에 주목하고 있다(Foucault 1961(1972), pp.186-188). 이것은 강한 결의를 갖고 있지 않으면 사람은 간단히 비이성의 영역에 빠져버린다는 두려움 속에서 철학자들이 사고하고 있었다는 증표이다. 그렇지만 19세기가 되면 이성은 그러한 두려움을 잃어버린다. 그리고 실증성이라는 지반 위에 확고한 지위를 확립한다.[5] 비이성은 범죄나 정신병으로 분해되고 그 전체적인 힘을 잃게 된다. 실제로 "déraison"이라는 말 자체가 명사로서는 거의 소멸하고 "déraisonable"이라는 형용사로서만 사용되게 된다. 비이성은 존재하기를 그만두고 단순한 이미지가 되었다. 그리고 광기는 정신병원이라는 새로운 감금장소에 온정으로써 감금된다. 이상의 큰 변화 속에서 '광기의 경험'은 동일한 것일 수 없다. 광기가 다뤄지는 방식도 광기가 말해지는 방식도 19세기 이후와 고전주의 시대는 완전히 다르다. 푸코는 대량의 문헌자료를 사용하여 이러한 각 시대의 경험 조건을 명백하게 했다.

이러한 역사연구를, 한 시기의 푸코는 '고고학archéologie'이라 불렀다. 이 고고학은 '언표énoncé'를 그 분석의 기초적 단위로 하고 있다. '언표'란 단적으로 '말해진 것'을 의미한다. 푸코에 의하면 어떤 대상영역을 둘러싸고 말해지는 것, 이야기되는 것은 시대마다 어떤 규칙에 따르고 있다. 고고학은 그 규칙을 명백하게 하려고 한다. 복수의 언표가 일정 규칙에 따라 편성될 때 그 집단은 '담론discours'이라 불린다. 그 때문에 종종 푸코의 작업은 '담론분석'등으로 불리는 일도 있다. 담론과 규칙에 관한 푸코 자신의 명쾌한 설명을 살펴보자.

대단히 간단한 예를 들어봅시다. 18세기 말까지 프랑스에서는 **가짜 치료사**의 담론과 **의사**의 담론에는 그다지 차이는 없었습니다. 차이는 잘 통하는지 통하지 않는지, 공부한 적이 있는지 없는지로 그들이 말하고 있는 것의 성질은 크게 다르지 않았습니다. 그렇지만 어떤 시점부터는 의학적인 담론은 어떤 '기준'에 따라 구성되고, 금세 그것을 입에 담는 인물이 능숙한 의사인지 서툰 의사인지는 알 수 없다고 해도 의사인지 가짜 치료사인지는 알수 있게 되어버렸습니다. 그들이 말하는 것은 같은 것이 아니게 되고, 그들이 뒷받침을 발견하는 인과관계도 그들이 이용하는 개념도 같은 것은 아니게 됩니다. 하나의 확실한 분할이 일어난 것입니다. 따라서 의학적 담론이 과학적 담론으로서 인정되기 위해서는 무엇에 관해 말하고 어떠한 개념을 이용하며 어떠한 이념을 배경에 가져야만 했는가, 그것을 아는 것이 『말과 사물』과 『지식의 고고학』의 시점時点에서 나의 문제였던 것입니다. (Foucault 1978(1994), pp.584-585. 강조는 원문)

담론은 일정 규칙을 갖고 편성된다. 18세기 말까지는 가짜 치료사의 담론과 의사의 담론을 구별하지 않고 규칙이 의학의 담론을 지배하고 있었다. 그렇지만 18세기 말, 전자를 후자로부터 구별하고 의학적 담론을 과학적 담론으로서 독립시키는 규칙이 성립한다. 푸코는 그 규칙을 문제로 삼았다. 어떻게 해서 어떤 형태의 담론이 형성되고 또 변동하는가를 물은 것이다.

그렇지만 위 인용 말미에서도 시사되고 있는 것처럼, 푸코의 이 방법은 어떤 시점에서 전환을 이루게 된다. 그리고 들뢰즈가『푸코』에서 무엇보다도 주목한 것은 이 방법론상의 전환과 그것에 의해 환기되는 이론적인 문제였다. 이 논점은 푸코 저작군의 변환과 관계하고 있으므로 이야기가 다소 복잡해지고 있다. 순서에 따라 설명해보자.

『지식의 고고학』은 하나의 규칙에 따라 형성되는 담론의 영역을 집합적으로 '담론적 편성formation discursive'이라 부르고 있다.[6] 『지식의 고고학』까지의 푸코는 이 담론적 편성을 문제로 삼고 있었다. 알기 쉽게 말하면, 말의 영역, '말하는dire' 것의 영역이 연구대상의 중심에 놓여 있었다는 것이다. 이 경우에는 특정 영역에서 무엇이 말해지고 어떠한 개념이 사용되며 어떠한 이론이 배경이 되고 있었는지, 그것을 아는 것이 문제가 된다. 일반적으로 유포되어 있는 '푸코의 담론 분석'의 이미지는 이 영역에서의 연구를 가리키고 있다.

그렇지만『지식의 고고학』은 어떤 전개를 맞이한다. 이 방법론의 저작은 담론적 편성과 아울러 그 밖에 위치하는 또 하나 다른 편성의 존재를 언급하기 때문이다. 그것이 '비담론적 편성formation nondiscursive'이다. 알기 쉽게 말하면, 이 편성은 언어의 영역에 머무르지 않는 **사물**의 영역, '보는voir' 것이 대상으로 하는 영역에 속하고 있다. 들뢰즈도 주의를 촉구하고 있듯이(F, p.40),『지식의 고고학』까지의 저작이 담론적 편성만을 문제로 하고 있고, 비담론적 편성을 완전히 무시하고 있던 것은 아니다. 예를 들면, 18세기 말의 임상의학을 논한『임상의학의 탄생』(1963년)은 확실히 의학 담론의 연구이기는 하지만, 이 담론은 당연하게도 당시의 대중이나 인구라는 존재(대폭의 인구증가 등등)와 단절할 수 없는 것이고 그런 의미에서 이 저작도 비담론적 편성을 시야에 넣고 있었다(F, pp.38-39). 그러나 앞의 인용 내에서 푸코 자신도 인정하고 있었듯이 그것은 확실한 연구대상의 지위를 부여받고 있지는 않았다.『지식의 고고학』은 그것에 연구대상의 지위를 부여하고 이른바 **언어 외** 현실에 대한 이로理路를 연 것이다.

그렇다고는 해도『지식의 고고학』은 그때까지의 저작이 전제로 하고 있던 방법에 대한 반성을 출발점으로 하여 언표를 엄밀하게 정의하기를 목적으로 했기 때문에 담론적 편성에 관해서는 철저하게 논하고 있지만, 비담론적 편성에는 이미 **비담론적**이라고 소극적으로 정의되고 있는 것에서부터도 알 수 있는 것처럼 소극적인 규정을 부여하는 데 머무르고 있었다. 즉, 같은 책은 담론적 편성과 비담론적 편성을 쌍으로 해서 제시한 것까지는 좋았지만 후자를 충분하게 설명하지 못한 채 있었다. 그런 의미에서 들뢰즈는『지식의 고고학』을 과도기적 작품, '경첩의 역할'을 한 저작으로서 위치시키고 있다.[7] 들뢰즈는 '비담론적 편성'에 적극적인 명칭을 부여하고 '환경의 편성formation de milieu'이라 부르고 있는데 이것을 명확하게 논하기 위해서는 다음 저작을 기다려야만 했다. 그것이 들뢰즈가 가장 높이 평가하는 저작 『감옥의 탄생』이다. 들뢰즈는 그것을 다음과 같이 기술하고 있다.

> 『감옥의 탄생』은 새로운 한 걸음을 내딛은 것이다. 예컨대, 감옥이라는 하나의 '사물'이 존재한다. 이것은 환경의 편성(감금적 환경)이다. […] 그것은 비행성非行性[délinquance]이나 비행자非行者[délinquant]라는 완전히 다른 말이나 개념으로 반송되고, 그 말들과 개념들은 위법행위와 처벌, 또한 위법행위와 처벌 각자의 주체를 언표하는 새로운 방식을 표현한다. (F, p.39)

'비행성', '비행자'라는 특별한 용어에 관해서는 다음 절에서 해설할 것이다. 여기서 확인해두어야 할 것은 『감옥의 탄생』이 단지 담론을 편성하는 규칙만이 아니라 담론적 편성(말)과 비담론적 편성(사물 혹은 환경)의 관련을 묻게 되었다고 들뢰즈가 기술하고 있다는 점이다. 감옥이라는 "사물"은 '비행성'이나 '비행자'라는 "말"과 관계하고, 그리고 그 말들이 '위법 행위'나 '처벌'의 언표를 쇄신한다. 즉, 환경은 언표를 낳고 언표는 환경을 규정한다. 한 시대, 한 사회는 담론적 편성과 비담론적 편성을 그 본질적 측면으로 갖는 것으로서 다뤄지게 된다.[8]

반복하자면 확실히 이 두 편성들은 푸코의 시야에 들어와 있었다. 『임상의학의 탄생』에서는 '가시적인 것'과 '언표 가능한 것'이, 『광기의 역사』에서는 '시료원에서 보이는 것으로서의 광기'와 '의학에서 언표되는 것으로서의 비이성'이 언급되고 있다(F, p.40). 담론의 영역으로 분석을 한정해온 푸코가 담론 외의 영역을 적극적으로 다루게 된 것을 들뢰즈는 높게 평가한다. 들뢰즈에게는 필시 언어 내의 현실만으로는 현실은 파악될 수 없고 언어 외의 현실에 다가가야만 한다는 확신이 있었다. 푸코는 『감옥의 탄생』에 이르러 들뢰즈가 확신하는 점에 도달했다.

그리고 푸코에게 있어서 비담론적 편성의 발견을 지적하는 들뢰즈가 그 뒤 최대의 관심을 기울이는 것이 바로 그 두 편성들의 관계라는 이론적 문제이다. 담론적 편성과 비담론적 편성(들뢰즈는 양자를 긍정적으로 명명하도록 각자를 '표현의 형태'와 '내용의 형태'라고도 부른다)은 대단히 섬세한 인과관계 안에 있다. "거기에는 대응관계도, 동형성도, 직접적 인과성도, 상징적인 관계도 없다"(F, p.39). 그렇다면 양자는 어떠한 관계 속에 있는가? 들뢰즈는 독자가 『감옥의 탄생』을 읽고 있음을 전제로 하고 있으므로, 그 설명은 너무 간결하다. 그러므로 잠시 『푸코』에서 벗어나 『감옥의 탄생』의 구체적인 기술에 접근해서 이 문제를 생각하기로 하자.

2. 『감옥의 탄생』에서의 두 개의 편성

『감옥의 탄생』은 전 4부로 나눠져 있다. 제1부는 18세기 말 내지 19세기 초까지 존재하고 그 뒤 홀연히 모습을 감춘 '신체형'을 소개하면서 거기서 작동하고 있는 권력 메커니즘의 특징을 논하고 있다. 첫머리에서 호러 소설과 흡사한 필치로 1757년 로벨-프랑수아 다미앙의 처형이 소개된다. 신체형에 있어서 처형인은 죄인을 잔학형殘虐刑에 처함을 교묘하게 '구경거리'가 되도록 연기하고 그것을 군중이 구경한다. 당시 신체형은 공개로 행해지고 있었고 민중이 그것을 구경하러 옴은 당연한 일이었다. 신체형은 그 것을 바라보는 자들에게 폭력적인 힘을 과시한다. 그렇게 해서 과시되는 폭력적인 힘이란 바로 군주의 그것이다.[9] 권력은 이와 같이 스스로의 힘을 과시하여 그 대상인 민중을 지배한다. '너희들도 말하는 것을 듣지 않으면 이렇게 된다'라는 것이다. 이렇게 해서 작동하는 권력을 '군주형 권력'이라 부른다. 이 제1부에서는 아직 담론적 편성과 비담론적 편성의 관계는 문제 가 되지 않는다. 양자의 관계가 날카롭게 문제를 제기하게 되는 것은 제2 부 이후이다.

제2부는 이 같은 처벌양식을 개혁하려고 시도한 체사레 베카리아Cesare Bonesana Marchese di Beccaria(1738~1794) 등 18세기 형법 '개혁자'들의 담론을 다 루고 있다. 당시의 문헌자료를 섬세하게 해독하는 제2부는 명백하게 담론 적 편성의 분석이 적용된 것이다. 푸코는 그 '개혁자'들이 '잔혹한 형은 인 간성에 어긋난다'라는 인본주의적humanistic인 신념에서가 아니라, 잔혹형을 구경거리로서 이용하는 것은 효율이 나쁘므로 더 효율적인 처벌권력의 행 사법을 생각해야 한다고 하는 '경제책'의 관점에서 개혁의 필요성을 주장 하고 있었음을 명백하게 한다.[10] 신체형은 군주형 권력에 의한 범죄자에 대 한 보복이었다. 그에 비해 '개혁자'들은 어떻게 해서 사람들이 범죄를 생각 하기를 그만두게 할 수 있는가를 생각했다. 예를 들어, 사형폐지론으로 유 명한 근대형법학의 시조 베카리아는 사형 대신에 '무기 노예형'이라는 것 을 제안하고 있다. 이것이라면 수형자에 대해 숙련된 기술이 필요하게 되 는 잔학 행위를 행할 필요가 없고, 노예를 바라보고 있는 사람들에 대해서 는 사형보다도 공포스러운 고통을 줄 수 있다. 수형자에게는 최소한의 노 력, 그것을 마음에 그리는 자에게는 최대한의 효과라는 경제성이 이 형벌

의 이점이다(Foucault 1975, p.113). 또한 18세기 프랑스의 형법학자 프랑수아-미셸 베르메이유François-Michel Vermeil(1732~1810)는 범죄의 성질과 처벌의 성질 사이에 대응관계를 갖게 하기 위해 권리 남용의 죄에는 권리 박탈의 벌, 도둑질에는 몰수의 벌, 오직汚職에는 벌금, 그리고 방화에는 화형(!)을 과하는 형벌 체계의 필요를 주장했다(Foucault 1975, p.124). 요컨대, 그들은 '범죄를 범하면 반드시 처벌받을 것이다'라는 관념을 사람들에게 새겨 넣고 범죄를 생각지 않게 만들려 한 것이다. 18세기 당시의 많은 형법학자들이 이것을 주장했고 그 주장은 널리 지지되고 있었다.

그러나 여기서『감옥의 탄생』이 다루는 역사상 최대의 수수께끼가 나타나게 된다. 우리가 잘 알고 있듯이 18세기의 '개혁자'들이 고안한 이 실로 다종다양한 형벌들은 그 뒤의 형법에서는 **전혀 채용되지 않았다**. '개혁자'들의 담론은 널리 받아들여지고 있었다고 했는데도 그들의 안案은 망각되어버렸다. 그리고 **난데없이** 감옥이라는 처벌양식이 나타나 극히 단기간 동안 벌금과 사형 사이의 모든 처벌을 담당하게 되어버렸다. 게다가 놀랍게도 이 감옥이라는 처벌양식은 형벌의 경제성을 중시한 '개혁자'들 사이에서는 평판이 나빴다. 감시는 벌이 되지 않는다, 즉 투옥에 의한 구속은 "사람을 감금하기 위한 것이지 벌하기 위한 것은 아니다[ad continendos homines, non ad puniendos]"(Foucault 1975, p.139)라는 것이 그 이유이다. 즉, 18세기 말에는 (1) 군주적인 처벌, (2) 형법의 '개혁자'들에 의해 제안되고 있던 처벌, (3) 감옥이라는 세 형벌의 가능성이 있었던 것이, 가장 유력하다고 생각되던 두 번째의 가능성은 왜인지 잊히고 세 번째의 가능성이 다른 것을 압도한 것이다. 푸코는 감춰져 있던 것이 아닌데도 누구도 지적하지 않던 이 사실을 날카롭게 지적하고, 그 다음 **어떻게** 이 세 번째 가능성이 최종적으로 압도적인 것이 되고 있었는가를 묘사한다"(Foucault 1975, p.155).

여기서는 담론적 편성과 비담론적 편성의 관계의 문제가 극히 날카롭게 나타나고 있다. 이 사실은 담론적 편성과 비담론적 편성이 어긋남을 동반해 변동하고 있음을 나타내고 있기 때문이다. '개혁자'들의 담론은 처벌양식의 선택을 규정하지 않았다. 그렇지만 비담론적 편성이 담론적 편성을 완전히 규정하는 것도 아니다. 어쨌든 감옥을 부정적으로 다루고 있던 '개혁자'들의 담론은 널리 받아들여지고 있었던 것이다. 들뢰즈는 다음과 같이 기술한다. "중요한 것은 『감옥의 탄생』이 18세기에 있어서 형법의 진전과 감옥의 등장 사이에서의 비등질성을 지적하고 있다는 것이다"(F, p.69, note 20). '비등질성'이란 '개혁자'들의 담론과 현실 형벌제도의 진전과의 어긋남을 가리키고 있다. 푸코가 이것을 명확히 지적했다는 것은 그 저작 속에서 담론적 편성으로 환원할 수 없는 비담론적 사건을 적극적으로 채택하게 되었음을 의미한다. 들뢰즈는 거기에 주목한다.

남은 2부에 관해서도 살펴보자. 제3부는 감옥이 주된 처벌양식으로서 채용되기 시작한 18세기 말경부터 감옥뿐만 아니라 공장이나 학교, 병원 등에서 채용되기 시작한 새로운 관리기술을 '기율discipline'로서 성식화한다. 감시와 규범화에 의한 신체의 면밀한 감독으로서 정의되는 이 새로운 기술의 분석은 이 책의 가장 잘 알려진 부분이다.[12] 유명한 일망감시장치panopticon(판옵티콘)의 소개는 제3부의 마지막에서 행해지고 있다. 이것은 군주형 권력과 같은 폭력이 아니라 감시라는 보는 행위에 의해 사람의 행위를 지배하는 권력의 구체적인 장치이다. 이 기율의 확장이 단기간 동안 이루어진 감옥의 보급을 설명한다. 돌연 나타난 감옥이 사회에 수월하게 받아들여진 것은 기율이 사회에 침투하고 있었기 때문이다.[13] 이상은 명백하게 비담론적 편성의 분석이다. 즉, 제3부는 제2부에서 분석된 담론적 편성으로는 규정되지 않는, 독자적으로 변동하는 비담론적 편성의 규칙을 명백하게 하고 있다.

제4부는 감옥이 낳는 '비행자délinquant'가 지배 권력에 이용되고 있었다는 놀랄 만한 사실을 지적한다. '비행자'란 알기 쉽게 말하면 '나쁜 놈'이다. 행형장치行刑裝置(이 경우에는 감옥)는 단지 법률을 어긴 자, 즉 '법률 위반자 infracteur'로서의 한 인물이 아니라 그 생활사나 생활태도에 범행의 원인이 되는 문제를 품은 자, 즉 '비행자'로서의 한 인물을 벌할 것을 요구받게 된다. 알기 쉽게 환언하면 형벌제도는 '나쁜 짓을 한 너에게 벌을 가할 것이다'라고 노하는 것이 아니라, '너는 왜 이런 짓을 저지르는 인간이 되어버렸는가' 하고 (어떤 의미에서 온정 깊게) 묻게 된 것이다. 형벌제도는 여기서 '비행성 délinquance'이라는 새로운 개념을 둘러싸고 편성된 담론들에 의거하게 된다.

이 새로운 경향은 또 하나 다른 효과를 낳는다. 범죄자의 생활사를 질문하게 된다는 것은 그 인간의 위법행위가 단순한 우연이 아니라 그 인간의 인생에 기반을 두는 필연으로 간주됨을 의미한다. 즉, 행형시설에 들어간 인간은 '나쁜 놈이 되는 것이 당연했다'라고 간주된다. 그 때문에 대부분의 경우 그들의 사회복귀는 이뤄지지 않는다. 그러므로 다시 범죄를 저지른다. 법률 위반자의 '갱생'을 지향하는 듯 보이던 새로운 형벌제도는 역으로 재범자를 낳는 요인이 되어버렸다.

그러면 이것은 감옥을 중심으로 한 19세기 이후 형벌제도의 실패인 것일까? 푸코에 의하면 그렇지는 않다. 범죄자에게 '비행자'라는 꼬리표를 붙이는 것은 지배자층이 그러한 인물을 사회의 주변에 머무르게 하고 관리가능한 상태로 머무르게 해두는 것에 도움이 된다. 그것만이 아니다. 지배자층은 그 '비행자'들을 이른바 장기말로서 이용할 수 있다. 푸코가 예로서 드는 것은 스파이나 밀고자, 미끼로서의 이용, 혹은 정당이나 노동조합에서 중핵 분자 만들기 등이다. 카를 마르크스가 『루이 보나파르트의 브뤼메르 18일』(1852년)에서 분석한 1848년 혁명 때의 룸펜 프롤레타리아트에 의한 돌격부대의 편성 등도 언급되고 있다(Foucault 1975, p.327). 형벌제도가 '비행성'이라는 개념으로 만들어낸 '비행자'라는 존재는 감옥이라는 환경의 주위에 배치되고 지배자층이 이용하기 쉬운 도구로 간주되는 것이다.

이러한 감옥의 실패=성공이라는 지적은 무엇이든 세심하게 관찰하는 철학자 푸코에 의한 과장일까? 그렇지는 않다. '감옥 덕분에 범죄발생률이 감소하는 것은 아니다', '구금이 재범을 낳는다', '반드시라고 말해도 좋을 정도로 감옥은 비행자를 만들어낸다', '비행자들의 공모관계는 오히려 감옥에 의해 가능하게 되고 조장된다', '피구금자는 석방 뒤에 경찰의 감시하에 놓이고 거주지가 제한받기 때문에 재범하는 것은 피하기 어렵다', '감옥은 피구금자의 가족을 빈곤 상태에 빠트리고 간접적으로 비행자를 만들어낸다', …, 이러한 감옥 비판은 실은 모두 감옥제도가 도입되기 시작한 19세기 초에는 이미 존재하고 있었기 때문이다(Foucault 1975, pp.309-313). 즉, 지배자층은 이러한 문제점을 충분히 알고 있으면서 감옥 제도를 유지하고 있는 것이다. 여하튼 '비행자'의 이러한 이용은 사회 전체가 기율로 채워져 있었기 때문에 점차로 자취를 감추었다는 것이 이 책의 마지막에 기술되어 있는 바이다(Foucault 1975, pp.357-358).

그러면 제4부에서 담론적 편성과 비담론적 편성은 어떠한 관계에 놓여 있는 것일까? 중점이 되는 것은 '비행성'이다. '비행성'은 형벌제도가 그 향할 곳을 규정하기(즉, '법률 위반자'를 '비행자'로서 다루기) 위한 개념이고 그런 의미에서는 사법의 언표를 규정하는 담론적 편성에 속하고 있다. 그러나 다른 한편 '비행성'은 감옥이라는 사물 내지 환경의 주위에 배치되는 '비행자'를 지시하는 것이기도 하다. 즉, 제4부에서 다뤄지는 '비행성'이라는 것은 담론적 편성과 비담론적 편성 양자에 걸쳐 있고 이 편성들은 이 결절점을 통해 상호 침투하고 있다. 들뢰즈는 담론적 편성에 속하는 그것을 '위법행위로서의 비행성délinquance-illégalisme', 비담론적 편성에 속하는 그것을 '대상으로서의 비행성delinquance-objet'이라 부르고 있다.[14] 이 두 '비행성'들을 통해 볼 수 있는 것은 두 편성 사이의 미묘한 인과관계이다. 확실히 '비행성'을 둘러싼 언표는 감옥이라는 환경에 대해 규정적으로 작용한다. 그리고 '비행자'에 의해 야기되는 끊임없는 범죄가 형벌제도 담론의 대상을 실현한다. '내용의 형태로서의 감옥'(비담론적 편성에 속한다)과 '표현의 형태로서의 형법'(담론적 편성에 속한다)이라는 두 형태는 "끊임없이 접촉하고, 상호 침투하며 서로 다른 쪽의 절편을 잡아챈다. 형법은 끊임없이 감옥을 향하고 수인을 계속 제공하며, 다른 한편으로 감옥은 비행성을 계속 재생산하고 그것을 하나의 '대상'으로 만들어내어 형법이 다른 방식으로 구상하고 있던 목표를 실현한다"(F, p.40). 들뢰즈는 여기서 담론적 편성과 비담론적 편성이 완전히 이질적인 형태를 취하면서도 서로 영향을 주고받으며 나아가는 모습을 간파한다.

담론적 편성과 비담론적 편성의 관계로부터 푸코의 저작을 독해하고, 『감옥의 탄생』에서 이 관계 분석의 최고도의 달성을 간파하는 『푸코』라는 저작에 따라 읽는다면(들뢰즈는 실제로는 거기까지 정리하고는 있지 않지만), 『감옥의 탄생』의 제2부 이후는 다음과 같이 정리 가능함을 알 수 있다.

—담론적 편성을 둘러싸고 쓰인 제2부

—비담론적 편성을 둘러싸고 쓰인 제3부

—두 편성의 상호침투를 둘러싸고 쓰인 제4부

3. 권력과 두 개의 편성

『감옥의 탄생』은 담론적 편성과 비담론적 편성의 관계를 어느 쪽이 어느 쪽을 일방적으로 규정하지 않는 것으로서 파악하고 있다. **들뢰즈의 진단에 따른다면** 확실히 그렇게 읽을 수 있다. 그러나 그렇다고 해도 왜 들뢰즈는 이 관계에 집착하는 것일까? 푸코 자신은『감옥의 탄생』내에서 담론적 편성과 비담론적 편성의 관계 같은 것은 한마디도 논하고 있지 않다. 그렇지만 들뢰즈의『푸코』는 전편에 걸쳐 이 문제를 다루고 있다. 이 책은《크리틱》지에 따로 발표된「새로운 고문서학자(『지식의 고고학』)」와「새로운 지도제작자(『감옥의 탄생』)」라는 두 서평논문, '앎', '권력', '주체화'를 주제로 하는 세 편의 단행본용 논문, 그리고 최후의 부록이라는 "비교적 독립된 여섯 개의 논문으로 이루어져 있다"(F. p.7). 놀랍게도 부록을 뺀 다섯 개의 논문에서 (정도의 차는 있지만) 이 문제가 논해지고 있다.「새로운 고문서학자」의 첫 게재는 1970년의《크리틱》으로, 즉 이것은『감옥의 탄생』의 출판 전에 쓰여 있지만 거기에서도 이미 언표가 언표 외의 것과의 관계에 의해 정의됨이 강조되고 있다.『푸코』라는 저작은 대부분 이 문제를 둘러싸고 쓰여 있다고 말해도 좋을 정도이다.

이것은 어디까지나 억측에 지나지 않은 것이지만 들뢰즈의 이 이상한 집착은 푸코의 마르크스주의와의 상관과 무관계하지는 않을 것이다. 들뢰즈는 푸코의 권력론을 소개함에 있어서 마르크스주의적인 권력관과의 차이를 강조하고 있다. 그리고 그것은 구래의 마르크스주의와 좀처럼 관계를 끊지 않고 있던 '신좌익gauchisme'에 대한 응답이라고까지 말한다(F, p.32). 대저 『감옥의 탄생』이 마르크스 이후 드디어 나타난 새로운 시도로서 위치하고 있다("흡사 마르크스 이후, 드디어 새로운 무언가가 출현한 듯하다"(F, p.38)). 전기적 사실로부터의 유추는 항상 조심해야 하지만 푸코가 한 시기 공산당원이었다는 사실은 역시 무시할 수 없다. 또한 들뢰즈는 1952년이라는 꽤 이른 시점에서 한 번 푸코와 만났지만 그때 "명확히 마르크스주의적인 방향을 갖고 있는" 인물이라는 인상을 받았다고 한다(Dosse 2007, p.365). 이러한 방증 속에서 새삼스레 담론적 편성과 비담론적 편성의 관계를 생각해보면 이 두 항은 일찍이 마르크스주의가 채용한 상부구조와 하부구조라는 이원론적 도식과 유사한 것으로 보이게 된다. 마르크스주의에서는 하부구조가 상부구조를 규정한다. 푸코는 『지식의 고고학』까지는 언표의 규정성을 강조하고 있었다.[15] 그러면 마르크스주의적인 하부구조에 의한 상부구조의 규정을 그대로 뒤집은 것이 되어버리지 않는가? 들뢰즈가 담론적 편성과 비담론적 편성의 관계에 관하여 어느 쪽이 어느 쪽을 일방적으로 규정하지는 않음을 강조할 때 염두에 두고 있던 것은, 상정된 두 영역 중에서 그 한쪽이 다른 쪽을 한결같이 규정한다는 이 발상 그 자체의 문제점이었던 것은 아닐까? 푸코는 『감옥의 탄생』에서 명확하게 그러한 발상에서 벗어나고 있다. 그 때문에 들뢰즈는 이것을 높게 평가한 것은 아닐까?

억측은 이 정도로 해둔다. 텍스트로 돌아가자. 들뢰즈에 의하면 푸코는 원래 처음부터 담론적 편성과 비담론적 편성이라는 이원론적 도식으로 사고하고 있었다. 그러나 『지식의 고고학』까지는 후자에 소극적인 지위밖에 부여하고 있지 않았다. 그에 비해 『감옥의 탄생』은 비담론적 편성에 적극적인 지위를 부여하고 두 편성의 상호침투적인 관계를 그려내었다.[16] 이것이 여기까지 확인해온 들뢰즈에 의한 푸코 독해의 대략적인 스토리이다. 그러나 두 편성의 '상호침투'란 어떠한 것일까? 예컨대, 들뢰즈는 두 편성은 서로 침투하고는 있지만 "거기에는 대응관계도, 동형성도, 직접적 인과성도, 상징적인 관계도 없다"라고 기술한다(F, p.39). 그렇지만 이래서는 두 편성의 관계가 무엇이 아닌지는 알 수 있어도, 무엇인지는 명확하지는 않다. 들뢰즈는 이 문제에 답을 내기 위해 두 편성의 관계를 둘러싼 질문을 다시 이론적으로 추진한다. 거기서 묻고 있는 것은 다음과 같은 문제이다 (F, p.41).

(1) 이 형태들 외에 사회적 영역에 내재하는 공통의 원인이 일반적으로 존재하는가?

(2) 두 형태의 조정이나 상호침투는 어떻게 구체적인 경우에 있어서 다양한 방식으로 가능하게 되는가?

이것들은 푸코 자신이 적어도 명시적으로는 전혀 묻고 있지 않은 질문이다. 그렇지만 들뢰즈는 여기에 집착한다. 들뢰즈는, 편성을 두 개 지정하는 것이라면 양자의 관계는 어떻게 되고 있는가, 그리고 양자에 공통되는 원인은 있는가 없는가를 묻지 않을 수 없는 것이다. 푸코의 관심은 어디까지나 두 편성이 실제로 어떻게 움직여왔는가를 분석하고 묘사하는 것에 있었다. 들뢰즈는 다르다. 그 둘 사이의 관계를 어떻게 해서든 규정하려고 하는 것이다.

이 질문에 대한 들뢰즈의 대답은 다음과 같다.

『감옥의 탄생』에 의해 제기된 두 문제의 대답은 다음과 같다. 하나는 **형태 혹은 편성의 이원성은 결코 무형인 것에서 작용하는 내재적인 공통원인을 배제하지는 않는다**는 것이다. 또 하나는 각각의 경우 각각의 구체적 장치에 관해 상정되는 이러한 공통원인은 설령 두 형태가 환원되기 어렵고 이형적이며 또한 계속 그렇다고 해도, 역시 두 형태의 요소들 혹은 선분線分들 사이의 혼합, 포획, 방해 등을 끊임없이 계속 측정한다. 어떤 장치도 가시적인 것과 언표 가능한 것을 혼합하는 죽粥과 같은 것이라고 해도 과언은 아니다. […] 『감옥의 탄생』은 푸코가 이전의 책에 있어서 **외관상의 이원론을 명백하게 뛰어넘으려고 한 책이다**(이 이원론은 이미 다양체의 이론에서 뛰어넘으려고 하고 있었다). (F, p.46. 강조는 지은이)

이것은 『감옥의 탄생』의 서평논문 「새로운 지도제작자」로부터의 인용이다. 첫 번째 질문에 대한 대답은 명백하다. 두 편성에는 **양자에 공통되는 원인**이 존재한다. 즉, 푸코의 담론적 편성과 비담론적 편성이라는 이원론은 그 근거로 **하나의** 공통원인을 상정하고 있다. 그렇게 들뢰즈는 말한다. 푸코에게서 이원론이 보인다 해도 그것은 '외관상'의 것이다…. 푸코는 아무리 이원론자로 보인다 해도 그것을 '뛰어넘으려' 하고 있던 것이다…. 들뢰즈는 이원론을 **극복되어야 할 것**으로서 파악하고 있다.

그러면 두 편성을 꿰뚫는 공통원인이란 무엇인가? 그것이 두 번째 질문에 대한 대답과 관계하고 있다. 두 개의 서평논문에 이어지는 단행본용 세 논문 안에서 들뢰즈는 대답한다. 대답은 간단하다. '권력pouvoir'이야말로 그 공통원인에 다름 아니다. 권력이야말로 두 편성을 결부하는 "제3의 심급"이다(F, pp.75–77, 152).[17] 권력이야말로 "두 형태의 요소들 혹은 선분들 사이의 혼합, 포획, 방해 등을 끊임없이 계속 측정한다." 무슨 의미일까? 이 대답을 상세하게 검토하기 위해 들뢰즈에 의해 재정식화된 푸코의 권력론을 확인해두어야만 한다.

푸코는 권력이론을 쇄신했다고 말해지고 있다. 그 쇄신이 가장 날카로운 형태로 행해진 것이 『감옥의 탄생』이다. 들뢰즈에 의하면 『감옥의 탄생』은 '신좌익'이 과제로 하고 있던 문제에 대한 대답이 되고 있다. 그 과제란 "부르주아적 사고나 마르크스주의에 대항하는 형태로 전개된 권력의 문제를 다시 묻는 것"이다(F, p.32). '부르주아적 사고'나 '마르크스주의'라는 용어가 단순한 이미지로서가 아니라 엄밀한 의미에서 사용되고 있음에 주의해야만 한다. 들뢰즈는 푸코의 권력론을 설명하는 데 있어 그것이 배척한 여섯 개의 공준公準(공리처럼 자명하지는 않으나 증명이 불가능한 명제로서, 학문적 또는 실천적 원리로서 인정되는 것—옮긴이)을 지표로 해서 제시하고 있지만(Γ, pp.32–38), 그중 앞의 다섯 개는 (들뢰즈 본인에 의해서 확실히 그렇게 기술되고 있지는 않으나) '마르크스주의'에, 마지막 하나는 '부르주아적 사고'에 대응하고 있다. 우선은 이 여섯 개의 공준을 하나하나 확인하면서 푸코의 권력론이 무엇을 표적으로 하고 있던 것인지, 무엇과 구별해서 이해되어야 하는지를 파악하자.

첫 번째와 두 번째 공준은 '소유물propriété의 공준'과 '국재성局在性, localisation의 공준'이다. 권력은 권력을 획득한 계급의 '소유물'인 듯 생각되고 있지만 그러한 것은 있을 수 없다. 권력은 소유되지 않고 오히려 실천되는 것이다. 따라서 권력을 국가장치 속으로 '국재'시키는 것도 불가능하다. 근대사회를 특징짓는 기율형 권력은, 예를 들어 공장이나 학교나 군대와 같이 공간 속에서 지배되도록 요소(노동자나 학생이나 병사)를 교묘하게 배치하고 감시함으로써 그들에게 행위**하게 한다.** 이런 의미에서 권력은 국재적이지 않은 것은 물론이고 포괄적global이지도 않고 오히려 확산적diffus이다.

세 번째는 '복속subordination의 공준'이다. 국가장치에 있어서 구현화되는 권력은 하부구조에 '복속'하는 것으로 생각되고 있었다. 그렇지만 상부구조가 하부구조에 대한 반응을 포함하고 있음은 확실하다고 해도, 하부구조를 '최종 심급'이라 생각하기는 불가능하다. 오히려 구체적인 경제활동의 총체, 예를 들어 작업장이나 공장 쪽이 기율이라는 권력을 전제로 하고 있다. 여기서부터 네 번째 '본질 또는 속성l'essence ou l'attribut에 관한 공준'이 도출된다. 권력은 권력자를 지배자로서 특징짓고 그것을 피지배자로부터 구별하는 '본질'이나 '속성'을 갖는다고 생각되고 있다. 그러나 권력은 권력자라는 '높은 곳'에서 오는 것은 아니다. 권력은 관계이다. 예를 들어, 작업장이나 공장에서 배치된 요소 간의 관계로서 기율이 작동하듯이. 들뢰즈는 푸코의 '봉인상封印狀'(군주의 도장이 찍힌 문서. 이것에 의해 심판 없이 체포나 추방을 행할 수 있었다)의 분석도 예로서 들고 있다.[18] 권력관계는 '높은 곳'에서 강요되는 것만은 아니다. 그것은 실로 얌전한 민중들, 즉 '낮은 곳'에서 떠받쳐지고 있다.[19] 이 '낮은 곳'이 다섯 번째 '방식方式, modalité에 관한 공준'을 설명한다. 권력은 폭력으로 위협하거나 이데올로기로 기만하거나 억제에 따르게 하거나 하는 '방식'으로 발동한다고 생각되고 있다. 폭력이나 이데올로기나 억제가 존재하지 않는다는 것은 아니다. 그러나 그것들에 의해 권력을 파악하기는 불가능하다. 권력은 '행위에 대한 행위'이다. 권력은 폭력으로 위협하거나 이데올로기로 기만하거나 억제에 따르게 하지 않고, 예컨대 사람을 교묘하게 배치하고 그것을 감시하는 것만으로 행위**하게 하기**가 가능하다. 폭력은 "실내에서도 거리에서도 확실히 존재"하지만 폭력의 관점에서 권력의 개념을 다 설명할 수는 없다. 그리고 이데올로기나 억제는 어디까지나 권력의 효과로서 있다. "억제나 이데올로기는 힘들 간의 투쟁을 구성하는 것이 아니라 투쟁에 의해 말려 올라간 흙먼지에 지나지 않는다"(F, p.36).

이상은 명확히 '마르크스주의'적인 권력관을 비교대상으로 한 규정이다. 이것에 대해 여섯 번째 공준은 '부르주아적 사고'에, 보다 구체적으로는 (들뢰즈는 거기까지 확실히는 기술하고 있지 않지만) 홉스에 발단을 두는 사회계약론적인 정치철학에 대응하고 있다. 그것이 '합치성légalité의 공준'이다. 사회계약론적인 발상에서는 법치상태는 '야만적 힘에 대해 과해진 평화상태'라든가 '최강자가 승리를 거둔 전쟁이나 싸움의 결과' 등의 위치에 놓인다(F, p.37). 자연상태에서는 인간은 법의 지배 내지 전쟁상태를 살고 있고, 그렇기 때문에 사회계약에 의해 평화상태를 창설해야만 한다든가(홉스의 용어로 말하면 이것은 '설립에 의한 코먼웰스commonwealth'의 생성에 대응한다), 현실에서는 강한 집단에 의한 약한 집단의 병합이 어느 정도 진행한 단계에서 일국 내의 평화상태가 달성된다(이것들은 '획득에 의한 코먼웰스'의 생성에 대응한다)는 등으로 말해지게 된다. 그러나 치료 상태와 불법 상태의 이러한 대립은 너무나도 조잡한 것이다. 들뢰즈에 의하면 푸코는 그 대신에 **'위법행위와 법**의 섬세한 상관관계une corrélation fine illégalismes-lois'를 둔다. 법은 위법행위에 대립하지 않는다. 법은 그때그때 지배층의 경우에 따라 어떤 위법행위를 허용하고 지배계급의 특권으로서 날조되어, 그 대신으로 다른 위법행위를 피지배층에 대한 보상으로서 너그럽게 봐주거나 한다. 들뢰즈의 지적은 대단히 구체적이다. "이것을 이해하기 위해서는 기업에 관한 법률을 생각해보는 것만으로 충분하다"[20](F, p.37). '법치국가'라는 모델이 얼마나 사회 내의 '전략적인 지도'를 덮어서 가리고 있는지를 알 수 있다. 다음 한 구절은 푸코의 사상을 정리하는 들뢰즈의 말 중에서도 가장 날카롭고, 그리고 가장 아름다울 것이다.

> 푸코는 법이 하나의 평화 상태도, 쟁취된 전쟁의 결과도 아니라는 것을 제시한다. 법은 전쟁 그 자체이고, 지금 벌어지고 있는 이 전쟁의 전략이다. 바로 권력이 지배계급이 획득한 소유물이 아니라 바로 지금 행해지고 있는 그 전략의 행사 그 자체임과 마찬가지로. (F, p.38)

이상의 여섯 개의 공준은 푸코의 권력론이 무엇을 표적으로 하고 있었는가를 명백하기 하기 위해 든 것이다. 들뢰즈에 의하면 이와 같이 특징지어지는 권력이 두 편성 사이의 공통원리로서 작용한다. 이어서 그것이 작용하는 양태를 확인하자.

우선 권력은 '여러 힘들의 관계'로 정의된다. "권력이란 여러 힘들의 관계이고 혹은 오히려 온갖 힘들의 관계는 하나의 '권력관계'인 것이다"(F, p.77). 그러나 이 권력관계는 그것만으로는 "소멸하기 쉽고 미발달된 것으로 잠재적인 채 머무른다"(F, p.88). 따라서 권력관계는 그것을 '통합intégrer'하는 '앎savoir'이라는 파트너를 필요로 한다. 예를 들어, 학교에서 학생들을 통합하기 위해서는 교육학 등의 학문 지식이 필요하다. 어떤 토지를 점령

하고 이용하기 위해서는 측량 등의 기술 지식이 필요하다. 권력과 앎의 공모는 푸코가 항상 강조하고 있던 점이다. 들뢰즈는 이 쌍에 대해 권력은 유연하게 작용하고 다양한 '점點'을 경유하는 데 비해, 앎은 단단한 '형태'를 구성한다고 기술하고 있다(F, p.80). 앎은 학문이나 기술로서 일정한 덩어리를 갖고 전달이나 계승이 가능한 것이어야만 한다. 앎은 교과서를 만들거나 그를 위한 학과를 개설하거나 한다. 앎은 그런 의미에서 일정 기간 존속하는 **단단한 형태**를 갖는다. 그에 비해 권력은, 예를 들어 학교의 한 사람 한 사람의 학생, 공장의 한 사람 한 사람의 노동자 등과 같은 **점**에 대해 **유연하게**작용한다.

점과 점을 선으로 결부함에 의해 작동하는 권력의 기능을 들뢰즈는 '다이어그램diagramme'이라 명명한다. 다이어그램이란, 예를 들어 철도운행에서 말하는 '다이어', 운행상황을 점과 선으로 표시하고 관리하는 그 지도이다. 철도의 다이어는 역이라는 점을 열차의 운행이라는 선으로 묶는다. 사고와 같은 비상사태로 운행에 지연이 생긴 경우에는 선과 선 사이가 좁아진다. 철도회사는 선과 선 사이를 조금씩 넓게 해서 열차를 운행하고 다시 통상의 다이어로 돌아간다. 다이어그램은 확실히 **유연하게** 상황에 대응하고 전체를 일정 목적에 따르게 한다. 따라서 이 개념은 각 요소를 배치와 배분에 의해 관리하는 푸코적 권력관을 설명하는 데 적절하다고 생각할 수 있다. 들뢰즈는 푸코 자신이 판옵티콘을 '다이어그램'이라 명명했다고 기술하고 있고(F, pp.42, 79), 또한 확실히 『감옥의 탄생』에는 그러한 기술이 발견되지만(단, 필자가 확인한 바로는 전편을 통해 두 곳에서만(Foucault 1975, pp.202, 239. 일역에서는 '도해'라 번역되어 있다)), 푸코가 이 용어를 강조하고 있는 것은 아니다. 그럼에도 들뢰즈는 이 다이어그램이라는 개념을 강조하고 두 편성의 관계라는 문제에 이 개념을 갖고 답하려고 한다. 즉, 다이어그램으로서 작동하는 권력이 두 편성을 결부한다고 말이다.

앞에서 들뢰즈는 푸코를 '새로운 칸트주의' 철학자라 부르고 있다고 기술했다. 이 다이어그램이야말로 칸트에 있어서 '도식론'과 같은 역할을 행한다고 들뢰즈는 말한다(F. p.88). 칸트가 말하는 도식이란, 감성이라는 수동적 능력과 오성이라는 능동적 능력 사이를 매개하고 중개하는 구상력의 작용을 말한다. 감성과 오성 사이에는 뛰어넘기 힘든 심연이 있다. 감성이 받아들이는 것은 무한하게 다종다양한 지각인데, 오성은 그것을 기성의 개념들로 통합해내야만 한다. 그를 위해 구상력이 도식화를 행하고 다종다양한 것을 개념 조작 가능한 것으로 만들어낸다. 들뢰즈에 의하면 권력의 다이어그램도 같은 작용을 갖는다. 비담론적 편성을 '빛의 수용성', 담론적 편성을 '언어의 자발성'이라고 환언한 다음에(즉, 전자를 '감성', 후자를 '오성'에 대응시킨 다음에) 들뢰즈는 다음과 같이 기술한다. "푸코의 다이어그램론, 즉 순수한 힘 관계의 제시 혹은 순수한 특이성의 방출은 그 때문에 칸트의 도식론과 동류이다. 즉, 다이어그램론이야말로 자발성[담론적 편성]과 수용성[비담론적 편성]이라는 두 환원 불가능한 형태 사이의 관계를 성립시키는 것이다"(F. p.88). 푸코와 칸트의 관련짓기는 이것에 머무르지 않는다. 들뢰즈는 권력관계라는 개념 그 자체를 칸트 철학에 접근시켜 "권력관계는 **알 수 있는** 것이 아니다"(F. p.80. 강조는 원문)라고 기술한다. 이것은 명백하게 푸코가 말하는 권력관계를 칸트가 말하는 '물 자체'에 근접시킨 규정이다. 즉, 권력관계는 확실히 현실 속에 침투하고 있다고 해도(바로 '물 자체'가 인식의 대상이 아니라 그 현현인 '현상'만이 알려질 수 있듯이) 권력관계 그 자체가 인식되는 것이 아니라, 알려질 수 있는 것은 그 '제시présentation'인 바의 다이어그램뿐이라고 말이다.

정리하면 다음과 같다. 단단한 형태를 갖는 앎을 파트너로 해서 얻은 권력이 담론적 편성과 비담론적 편성 사이를 매개하는 도식인 바의 다이어그램으로서 작동하고, 두 편성의 상호침투를 지배한다. 이것이 두 편성의 관계라는 이론적 관계에 대한 들뢰즈의 대답이다.

4. 일원론과 이원론

우리는 들뢰즈에 의한 푸코 독해의 핵심에 근접한 듯 생각된다. 담론적 편성(언어 내 현실)을 채택하는 것만으로는 현실에 접근할 수 없다. 따라서 푸코의 일련의 저작 속에서 비담론적 편성(언어 외 현실)을 적극적으로 채택하게 된『감옥의 탄생』을 높이 평가해야만 한다. 그리고 두 편성을 다루게 된 이상 양자의 관계를 물어야만 한다. 아니, 그것만이 아니라 양자를 꿰뚫는 공통원인이 존재하는지 하지 않는지를 물어야만 한다. 그 공통원인이란 권력이다. 단, 권력은 항상 앎과 협동해서 작용한다. 그리고 그 작용 방식은 다이어그램적이다….

들뢰즈는 푸코의 이원론을 **왜인지** 극복되어야 할 것으로서 제시하고 있었다. 그 때문에『푸코』라는 저작은 이상할 정도로 두 편성이 갖는 관계의 문제에 집착하고 양자를 꿰뚫는 공통원인을 찾아내려고 했다. 그리고 실제로 찾아냈다. 이원론을 기피하는 자세는 그것만은 아니다. 권력은 앎과 협동한다고 말하는『감옥의 탄생』에서는 앎과 권력의 관계에 관해 기술한 유명한 부분이 있지만, 거기서 푸코가 기술하고 있는 것은 단지 '권력과 앎은 서로 직접 포함한다'라는 것이고 또한 앎을 전제하지 않는 권력관계도, 권력관계를 전제로 하지 않는 앎도 없다는 것이다.[21] 그렇지만 들뢰즈는 이러한 앎과 권력의 이원론적인 대등한 관계를 인정하지 않는다. 들뢰즈는 어디까지나 "앎에 대한 권력의 우위, 앎의 관계에 대한 권력관계의 우위"를 푸코에게서 읽어내려고 한다(F. p.88). 확실히 앎이라는 통합작용이 없으면 권력관계는 덧없는 것이 될 수밖에 없지만, 원래 권력관계가 존재하지 않으면 통합되어야 할 것 그 자체가 존재하지 않는다고 말한다. **들뢰즈에 의하면** 푸코의 저작에서 그려지고 있는 것은 무엇보다도 우선 다이어그램으로서 유연하게 작동하는 권력관계가 존재하고, 그것에 의해 두 이질적 편성이 조직되어 그것이 앎에 의해 단단한 형태로 통합되어가는 바로 그러한 현실의 모습이다.

들뢰즈는 이원론을 인정하지 않는다. 이원론이란 필시 사태의 발생 후의 모습이고, 발생을 묻지 않는 한 전제 가능한 것이다. 발생을 묻는다면 이원론이 상정하는 2항을 발생시키는 힘을 물을 수 있을 터로, 예컨대 그것은 푸코에게 있어서는 권력이다. 들뢰즈는 "푸코의 대단히 특수한 이원론"(이것을 '특수'라고 형용하는 것은 어떻게 해서든 푸코는 이원론적이지 않다고 말하기 위함이다)을 논하면서 이원론에는 세 가지 종류가 있다고 기술하고 있다(F. pp.89-90). 첫 번째는 데카르트와 같이 두 실체 사이, 혹은 칸트와 같이 두 능력 간에 환원 불가능한 차이를 강조하는 참된 이원론. 두 번째는 일견 이원론인 듯 보이면서도 그 분할이 일원론을 향해 넘어가는 임시적 단계에 지나지 않는 스피노자나 베르그송의 이원론. 그리고 세 번째가 다양체를 분석함에 있어서 어디까지나 준비적으로 분할을 이용하는 이원론으로, 이것이 푸코의 이원론이라고 한다. 두 편성은 함께 각자의 방식으로 다양체(예컨대, 공장/군대/학교에 있어서 노동자/병사/학생이라는 다양체)에 관계하고 있다. 그리고 권력관계의 다이어그램이라는 점과 선으로 이루어지는 도식이 이것을 통합해낸다. 푸코의 분석은 어디까지나 다양체와 관계하고 있다는 것이 들뢰즈의 결론이다.

담론적 편성과 비담론적 편성, 즉 말과 사물, 언표와 가시성, 언표 가능한 것과 가시적인 것, 언어와 빛, 말하는 것과 보는 것…, 그러한 두 체제와 이 체제들을 움직이는 권력과 앎이라는 두 힘. 푸코의 사고는 확실히 이원론적이라고 생각된다. 그것을 어떻게 평가할지는 차치하고, 푸코는 그러한 스스로의 이원론적 사고를 통해 여러 테마에 따라 시대를 분석하여 획기적인 성과를 남겼다. 푸코 자신에게 있어서 스스로의 사고가 이원론적임은 문제는 아니다. 어디까지나 각각의 시대에 다가가는 것, 그 시대를 규정하는 규칙을 명백하게 하는 것, 즉 어떤 종류의 '실용주의pragmatism'가 푸코의 작업을 관통하고 있다.[22] 그에 비해 들뢰즈는 이 이원론에 이상하리만치 집착하고 푸코의 저작에서 이원론이 보인다 해도 그것은 '외관상의 이원론'에 지나지 않는다고 하며 실제로 푸코는 그것을 뛰어넘었다고 단언한다. 설령 이원론으로 보인다 해도 그것은 준비적으로 어떤 분할을 전제로 하고 있기 때문으로, 그 근저에는 일원론적인 원리가 발견되는 것이라고 한다. 그리고 권력이야말로 그 원리이다…. 즉, 들뢰즈는 이상할 정도로 철저한 일원론자이다. 그렇다면 어떻게 하든 이원론적으로 보이는 푸코를 철저하게 일원론자인 들뢰즈가 해독하고 도식화한 『푸코』라는 저작은 (농담을 섞어 말한다면) 1.5원론적인 푸코상을 제시하고 있다고 말할 수 있을 것이다.

그러면 왜 들뢰즈는 이러한 방식으로 푸코를 읽으려고 하는 것일까? 그것은 물론 들뢰즈 본인이 일원론자이기 때문이겠지만, 그것만은 아니다. 필시 들뢰즈는 푸코의 저작을 어떤 의미에서 지배하고 있는 실용주의를 넘어 그 이론적 구도를 파고드는 것으로, 그 근원에서 발견되는 하나의 문제, 하나의 '막다른 길'을 명백하게 하려고 하고 있다. 들뢰즈는 그것을 극히 빠른 단계부터 깨닫고 있었다. 그리고 저작 내에 잠재하고 있던 이 '막다른 길'을 푸코는 후에 바로 자신의 사유 속에서 경험하게 된다. 그것은 푸코에게 어떤 위기를 야기했다. 어떤 것인지 설명하기 위해 조금만 더 『푸코』를 읽어보자.

푸코는 『감옥의 탄생』을 발표한 다음 해 전 5권의 출판이 예고된 「성의 역사」 시리즈의 제1권으로서 『앎의 의지』(1976년)를 공간公刊한다. 이것은 어떤 의미에서 푸코 권력론의 정점에 위치하는 작업이었다. 푸코는 "권력은 도처에 있다. 모든 것을 통괄하기 때문은 아니다. 도처에서 생기기 때문이다" 라고 기술하고, 그때까지의 작업이 전제해온 권력개념을 압축해서 정식화했다. 그 속에서 다음과 같이 말하고 있다(Foucault 1976, pp.123-127).

> ―권력은 소유 가능한 것이 아니라 불평등하고 가동적인 승부 속에서 행사되는 것이다.
> ―권력관계는 다른 관계들(경제적 과정process, 앎의 관계, 성관계) 밖에 있는 것이 아니라 거기에 내재하고 있다.
> ―권력은 밑에서 오는 것이고, 권력관계의 원리에는 지배자/피지배자라는 대립은 없다.
> ―권력관계는 의도는 있지만 비주관적이다. 즉, 목적은 갖고 있지만 권력자와 같은 자의 결정에서는 유래하지 않는다.

—권력이 있는 곳에는 저항이 있지만, 저항은 권력에 대해 외측에 위치하는
　것은 결코 아니다.

　이러한 권력개념에 기반을 두어 고찰되는 것은 '성sexualité'이다. 유럽 사회
에서는 17세기 이후 성에 관한 담론이 억압되어왔다고 생각되고 있다. 그
렇지만 조사해보면 실제로는 반대로 그 시대부터 성에 관한 담론은 폭발
적으로 증가하고 있다고 푸코는 말한다. 이 사실은 18세기에 성이 폴리스
police의 관리 대상이 된 것과 단절될 수 없다. 이 시대의 주민은 '인구'라는
존재로서, 즉 출생률, 이환율罹患率, 수명, 건강상태, 질병 빈도, 식사나 주
거 형태라는 고유의 변수에 의해 파악되는 존재로서 다뤄지게 된다. 주민
을 인구로서 관리하는 권력의 등장이다. 즉, 주민에 대한 생살여탈의 권리
를 가진 군주형 권력을 대신해서 오히려 주민의 삶을 관리하고 권력에 있
어 편리한 존재로 만들어내는 권력이 나타났다. "**죽게 하든가 산 채로 둔다**
는 오래된 권리를 대신해 **살게 하든가** 죽음 속으로 **폐기한다**는 권력이 나
타났다고 말해도 좋다"(Foucault 1976, p.181. 강조는 원문). 푸코는 이것을
인구에 고유한 변수를 조정하고 관리하는 권력, '인구의 생−정치bio-politics'
(Foucault 1976, p.183)라 부른다.
　생−정치(혹은 생−권력)의 개념은 권력을 논하고자 하는 전 세계의 논자
들로부터 호평을 얻었고 그 때문에 많은 추종자를 낳았다. 그렇지만 푸코
자신은 그 후 그 개념을 발전시키는 작업을 계속하기는커녕 어떤 위기를
체험하게 된다. 저작이 발표되지 않게 되고 전 5권이 예정되어 있던 「성의
역사」 시리즈는 대폭의 계획변경을 강요받는다. 이것은 단순한 푸코의 개
인적 사정에 의한 것은 아니다(적어도 들뢰즈는 그렇게 생각하고 있다). 마

치 처음부터 알고 있었던 것처럼 들뢰즈는 『앎의 의지』가 명백하게 드러낸 푸코의 교착 상태를 지적한다.

> 『앎의 의지』는 명백하게 하나의 의심과 함께 끝나고 있다. 『앎의 의지』를 다 쓰고 푸코가 막다른 길에 들어갔다고 하면 그것은 권력에 관한 그의 사고방식이 이유는 아니다. 오히려 권력 그 자체에 의해 우리가 봉착하게 되는 막다른 길을 그가 발견했기 때문이다. (F, p.103)

푸코는 권력의 개념을 철저하게 생각해왔다. 철저하게 생각했기 때문에 그는 어떤 '막다른 길'을 발견해버렸다. 권력은 도처에 있고 도처에서 생긴다. 그렇다면 이미 권력의 '밖'을 생각하기는 불가능하다. 권력에 대한 저항조차도 권력관계의 내부에서만 생긴다. "권력이 있는 곳에는 저항이 있지만, 저항은 권력에 대해 외측에 위치하는 것은 결코 아니다." 모든 행위는 권력의 행위에 의해 유발되는 행위이다. 권력이라는 '행위에 대한 행위'가 행위라는 것의 전부를 메우고 있다….

『푸코』에 수록된 세 개의 단행본용 논문 중 세 번째인 「습곡褶曲 혹은 사고의 내부」는 첫머리에서 대단히 진중한 표현을 사용하면서 이 문제를 언급하고 있다. "푸코는 권력관계 속에 갇혀버렸던 것은 아닐까?"라는 생각은 오류라고 들뢰즈는 말한다(F, p.101). 그 설명으로서 인용되는 것이 들뢰즈 자신이 대단히 아름다운 문장이라고 평가하는 푸코의 텍스트 「오욕투성이가 된 사람들의 삶」(1977년)이다. 푸코는 그 속에서 다음과 같이 기술하고 있다. "삶의 가장 강도 높은 지점, 그 모든 에너지가 집중되는 지점은 삶과 권력이 충돌하고 이것과 싸우며 권력의 힘을 이용하고 혹은 그 덫을 피하려고 하는 곳이다"(F, p.101). 확실히 그렇다. 푸코에 의하면 확실히 다음과 같이 말할 수 있을 것이다. "권력이 확산된 여러 중심들은 그것에 앞서는 어떤 저항의 점 없이는 존재할 수 없다. 권력이 삶을 대상으로 할 때에는 반드시 권력에 저항하는 삶을 폭로하고 유발한다. 그리고 최후로 외부의 힘은 여러 다이어그램들을 동요시키고 전복하기를 그만두지 않는다"(F, p.101). 그러나 그 다음 들뢰즈는 조용하게 다음과 같이 지적한다. "그렇지만 반대로 저항의 횡단적인 관계들이 끊임없이 재지층화再地層化되고 권력의 여러 매듭들과 만나며, 혹은 나아가서는 그러한 매듭을 만들어낸다고 하면 대체 무엇이 일어날 것인가?"(F, p.101). 저항 그 자체가 "권력의 여러 매듭들"을 만들어내는 것이라고 한다면? 들뢰즈는 그렇게 의문을 던지고 있는 것이다. 들뢰즈는 나아가 푸코가 싸우고 있던 감옥 정보 모임의 '실패'도 언급하고 있다.

그런데 푸코의 침묵이 깨진 것은 8년 뒤인 1984년의 일이다. 푸코는 이해에 마지막 저서가 되는 「성의 역사」 시리즈의 제2권 『쾌락의 활용』과 제3권 『자기에의 배려』를 발표한다(그리고 같은 해 최초기의 에이즈 환자로서 이 세상을 떠난다). 두 저작에서 푸코는 큰 전개를 이루고 있었다. 제1권 『앎의 의지』에서 주장했던 생−정치의 개념은 자취도 없이 사라져 있다. 두 저작은 고대 그리스·로마 시대의 윤리에 관해 말한다. 그것은 '행위에 대한 행위'에 의해 유발되는 것이 아닌 '자기에의 배려'에 의해 발생되는 '주체성'을 재발견하려는 시도였다. 이 전개는 말할 것도 없이 푸코가 최종적으로 그때까지 쌓아 올려온 권력론을 방기했음을 의미한다. 푸코는 권력론을 버리고 윤리학을 지향했다. 이 전개는 중대한 의미를 가질 것이다.[23] 그리고 이 전개와 같이 생각할 때 들뢰즈의 앞의 지적, 즉 푸코의 권력에 관한 사고방식이 문제인 것이 아니라 "권력 그 자체에 의해 우리가 봉착하게 되는 막다른 길"이 문제인 것이라고 하는 지적은 극히 무겁게 받아들여야 할 것으로서 우리 앞에 나타나게 된다. 이것이 말하려는 것은 **권력론이라는 틀로 사물을 생각하고 있는 한 푸코와 같이 될 수밖에 없다**는 것이다. 권력론은 우리를 반드시 어떤 '막다른 길'로 몰아넣는다. 권력에 관해 생각하고 있는데 그렇게 되지 않는 인간이 있다고 한다면 푸코와 같이 끝까지 파고들어 생각하고 있지 않기 때문이다. 푸코와 같이 진지하지 않기 때문에 어떤 걱정도 없이 권력에 관해 계속 논할 수 있는 것이다.

들뢰즈의 1.5원론적 푸코 독해가 명백하게 한 것은 푸코의 저작은 어느 것이나 명시적이든 그렇지 않든 두 편성을 둘러싸고 전개되고 있고, 두 편성을 꿰뚫는 공통원인으로서의 권력을 그 핵심으로 파악하고 있다는 것이었다. 설령 앎과 협동하고 있다고 해도, 역시 최종적으로는 권력은 모든 것을 결정하고 있다. 그것이 푸코의 "철학"이다. 그렇다면 권력론이 우리를 몰아넣는 '막다른 길'은 『앎의 의지』만의 문제는 아니다. 푸코의 저작에는 어떤 위기가 항상 잠재하고 있던 것이고 그것은 권력이라는 개념으로 사고하는 것의 한계와 관계하고 있다. 푸코의 저작을 덮고 있는 실용주의를 제거하고 순수하게 이론적인 구도를 끄집어내 정리하는 들뢰즈의 논의는 그것을 명백하게 한다. 1.5원론적 독해는 푸코의 위기를 가르쳐준다.

5. 욕망과 권력

『푸코』라는 저작은 전체에 걸쳐 무언가 숨기고 있는 듯한 느낌을 준다.

이 책은 『지식의 고고학』을 과도적인 저서로 위치시키고 푸코에게서 '외관상의 이원론'을 발견하며 나아가서는 권력론의 '막다른 길'을 지적한다. 왜일까? 그것은 들뢰즈가 푸코의 작업을 높이 평가하면서도 최종적인 곳에서 동의하지 않았기 때문이다. 푸코의 작업 근저에 있는 발상에 들뢰즈는 위화감을 느끼고 있다. 들뢰즈는 푸코와 같이 **권력의 개념에 의해 사회를 그려내려고 하는 프로그램 그 자체에 의문을 갖고 있는** 것이다. 그것을 들뢰즈가 명확하게 논하고 있는 텍스트가 있다. 그것이 『앎의 의지』 출판 뒤인 1977년에 들뢰즈가 푸코에게 보낸 편지인 「욕망과 쾌락Désir et plaisir」이다(DRF, pp.112-122). 편지라고 해도 원문으로 약 10쪽에 이르는 논문 구조의 텍스트이다. 이 텍스트의 공간에 관여한 프랑수아 에발드François Ewald에 의하면 들뢰즈는 어디까지나 푸코에 대한 지지를 표명하기 위해 이 편지를 썼다고 한다(DRF, p.112, note). 들뢰즈는 스스로의 의문을 오히려 확실히 전하는 것으로 위기 속에 있던 푸코를 응원하려고 했다. 의도야 어찌 됐든 이 텍스트는 들뢰즈의 푸코에 대한 의문을 명시적으로 전하고 있다. 그러한 의문은 이미 『푸코』라는 저작에서도 읽어낼 수 있는 것이지만 추측하는 것밖에 할 수 없었던 점들에 관해 들뢰즈는 명확한 설명을 더하고 있고, 그런 의미에서 이 텍스트는 극히 중요하다.

첫머리에서 들뢰즈는 『감옥의 탄생』에 있어서 '권력장치'의 의미를 재빠르게 정리한다. 이것은 대략적으로 우리가 지금까지 상세하게 논해온 내용에 해당한다. 그 뒤 즉시 『앎의 의지』에 대한 의문이 표명된다. 『감옥의 탄생』은 권력의 '미시 분석micro-analyse'을 주장했다. 사회를 포괄적으로 지배하는 권력이라는 조잡한 이미지를 불식하고 공장이나 학교나 감옥이라는 구체적인 '미시 장치'가 다이어그램으로서 작동하는 모습을 분석할 가능성을 열었다. 여기서 말하는 '미시'란 **크기의 문제는 아니다**(DRF, p.113). 예를 들어, 가족은 미시 장치이지만 그것은 대규모의 폭을 갖고 있다. '미시'란 다이어그램으로서 작동하고 있는 **개개의 구체적인** 장치를 지명하기 위한 용어이다. 그렇지만『앎의 의지』는 이런 시각을 깨끗이 제거하고 거시/미시라는 흔한 대립에 의거하면서 거시적인 것을 전략적strategic 모델에, 미시적인 것을 전술적tactics 모델에 할당해버렸다. "이것이 아무래도 석연찮다 [ce qui me gène]"라고 들뢰즈는 말한다. "왜냐하면 나에게는 미셸 안에서 미시 장치는 완전히 전략적인 차원을 갖는 것이라고 생각되기 때문이다" (DRF, p.114). 즉, 구체적인 개개의 미시 장치가 그대로 사회 전체의 전략 수준에 관계한다는 시각이 바로『감옥의 탄생』의 뛰어난 점이었는데도, 그러한 시각이『앎의 의지』에서는 후퇴하고 있다는 것이다. 조금 뒤에 이 의문이 '생-정치'의 개념과 관계하고 있음이 명백해졌다(DRF, p.121).『앎의 의지』는 앞의 대립에 의거하면서 미시적인 것을 기율에, 거시적인 것을 생-정치에 할당하기 때문이다. 이미 본 대로 권력은 확산적diffus이었지, 포괄적global이지는 않았다. 그렇지만 '생-정치'의 개념은 포괄적인 권력의 개념을 부활시켜버리고 있는 것은 아닐까? 왜냐하면 그것은 다이어그램과는 무관계한 일종의 사회 경향과 같은 것이기 때문이다. 그래서 들뢰즈는 "다이어그램의 개념은 아주 풍부한 것으로 생각되고 있었지만" 하고 탄식하는 것이다(DRF, p.121).

미시 장치와 다이어그램의 관계를『푸코』도 참고로 하면서 간단히 정리해두면, 전자는 개개의 구체적인 장치(즉, 가족이나 공장이나 학교나 군대 등)를, 후자는 그것들이 작동하는 양태를 가리킨다. 다이어그램이란 그 자체로서는 결코 알려질 수 없는 '권력관계'가 실제로 작동할 때의 양태이고

(F, p.80), "사회적 영역의 총체를 망라하는 추상기계machine abstraite"라고도 불리고 있다. 구체적인 미시 장치가 세분화된 사회의 각 장소에 존재하고 확산적으로 기능하고 있다. 그것들을 추상화해서 골라내면 사회적 영역의 총체에 침투하고 있는 다이어그램으로서의 작동 양태가 발견된다. 그리고 이 다이어그램은 실제로 존재하고 있지만 결코 알려지는 일이 없는 '권력관계'의 '제시présentation'였다. 즉, 미시분석은 구체적인 장치의 차원과 추상적인 다이어그램의 차원 두 개에 관여하고 있다. 들뢰즈는 후자에 집중한다. 그리고 푸코에게 이 점에 관해 날카롭게 지적한다. 푸코는 미시 장치에 관해서는 뛰어난 분석을 남겼지만 다이어그램으로서 제시되는 '권력관계' 그 자체의 차원에 관해서는 고찰이 불충분하지 않았는가? "미셸은 이 점을 아직 충분히 전개하고 있지 않은 것은 아닐까? 즉, 힘의 관계들이라는 미셸의 독창적인 개념, 미셸이 힘의 관계라 부르는 것 말이다. 이것은 다른 모든 개념과 마찬가지의 새로움을 가진 개념일 터이다"(DRF, p.114). 다이어그램의 개념은 대단히 풍부한 것이다. 그렇지만 그 분석은 아직 지금부터 행해져야 할 것으로서 남아 있다. 그럼에도 다이어그램의 관점은 후퇴하고 '생-정치'라는 조잡한 개념의 등장에 의해 미시 분석의 풍부함도 축소되어, 거시/미시라는 흔한 대립의 한쪽을 맡는 것으로 격하되어버리고 있다. 의문은 근본적이다.

게다가 지적은 이것으로 끝나지 않는다. 들뢰즈는 여기서부터 이상의 의문을 다시 전개하는 것이 아니라 그 근저에 있는 푸코의 발상 그 자체에 대한 의문을 드러낸다. 그것을 기술한 다음 부분은 들뢰즈의 이론적 입장을 잘 보여주는 극히 중요한 구절이다.

여기서부터 현재 존재하고 있는 나와 미셸의 차이로 옮겨가려고 한다. 펠릭스 가타리와 함께 내가 욕망의 배치arrangement에 관해 말하는 것은 여러 미시 장치들이 권력이라는 용어로 그려질 수 있는 것인지 그렇지 않은지 확신을 가질 수 없기 때문이다[je ne suis pas sûr que les micro-dispositifs quissent être décrits en termes de pouvoir]. 나에게 있어서 욕망의 배치란 욕망이 결코 '자연적인' 결정작용도 '자발적인' 결정작용도 아님을 명백히 하는 것이다. (DRF, p.114)

들뢰즈는 권력의 개념으로 미시 장치를 그려내려고 하는 시도 그 자체에 의문을 표하고 있다. 가타리와 함께 '욕망'에 관해('배치arrangement'의 개념에 관해서는 후술할 것이다) 말하는 것은 권력의 개념으로는 다가갈 수 없지만 이 개념으로는 다가갈 수 있기 때문이다. 즉, 들뢰즈는 '권력'이 아닌 '욕망'을 선택하고 있다. 욕망이라는 관점에서 사회를 그려내려고 하는 들뢰즈=가타리의 시도는 **권력의 관점보다도 앞서 나아가 권력의 관점으로는 불가능한 과제를 달성하려고 하는 것**이다. 그러면 이 선택이 의미하는 바는 무엇인가? 잠시 '욕망'과 '권력'을 둘러싼 이 텍스트를 떠나 푸코의 저작에 따르는 형태로 들뢰즈가 기술하고 있는 바를 이해해보자.

권력은 행위에 작용하는 행위이고 그것은 일정 전략을 갖고 일정 목적을 향해 인간에게 행위를 하게 하는 것이다. 그렇지만 원래 그렇게 행위를 하게 한다는 전략과 목적은 어째서 발생하고 또한 유지되고 있는 것일까? 예컨대, 『감옥의 탄생』의 첫머리에는 처형인이 교묘한 연출로 죄인을 처형하고 그것을 민중이 바라보는 장면이 그려져 있었다. 군주형 권력은 이렇게 폭력을 과시하여 민중을 지배한다. 그런데 푸코 자신이 강조하고 있듯이 이 권력장치는 민중이 처형 장면을 보러 오지 않으면 작동하지 않는다. 즉, 신체형의 장면을 보러 오는 민중은 이 권력장치와 공범관계에 있는 것이다. 푸코는 그 장치가 어떻게 작동하고 있는가를 극히 상세하게 분석했다. 그러나 무릇 이 장치는 어떻게 계속 작동할 수 있는가? 민중은 보러 오도록 강제되고 있지는 않다. 민중은 잔혹형 장면을 보고 싶다고 생각해서 거기에 온다. 그것은 왜인가? 왜 그들은 일부러 잔혹한 것을 보고 싶다고 **욕망하는 것인가**? 만일 같은 형刑이 도시 한가운데에서 행해진다면 현대의 민중은 과연 과거와 같이 그것을 보고 싶다고 욕망할 것인가? 위 인용에서 들뢰즈는 "욕망의 배치란 욕망이 **결코 '자연적인' 결정작용도 '자발적인' 결정작용도 아님**을 명백히 하는 것이다"라고 기술하고 있었다. '배치 agencement'란 들뢰즈=가타리가 『천 개의 고원』(1980년)에서 채용한 말이다. 이것은 복수의 요소가 조합되어agencer, 일정한 통합을 가진 행위자agent로서 작동하는 모습을 지시하기 위해 사용되고 있다.[24] 민중의 욕망의 배치는 바로 다양한 요인에 의해 결정되고 있는 것으로, '자연적인' 것도 '자발적인' 것도 아니다. 그렇다면 어떤 특정 욕망의 배치가 있고 그것이 특정 권력양식을 발생시킨다고 생각해야만 한다.

혹은 기율형 권력. 그것은 감시하는 것으로 사람에게 행위를 하게 한다. 그러나 왜 감시되면 사람은 일정 행위를 하려고 하는가? 그것은 그러한 행위를 하고 싶다는 **욕망**을 품기 때문이다. 그렇지만 일정 전략을 갖고 감시된 인간은 반드시 일정 방향을 향해 행위를 하는 것일까? 예컨대, 『감옥의 탄생』은 학교에서의 시험이나 단계적 학습의 역할을 강조하고 있었다(제3부, 제2장「좋은 기율의 수단」). 학습성과를 가시화하는 그러한 방식이 학생들을 움직이는 것은 학생들 속에 원래 '나만 뒤처지고 싶지 않다'라는 **욕망**이 있음이 전제가 되고 있다. 그러한 욕망의 배치가 널리 사회에 미치고 있을 때에만 이 권력장치는 작동한다. 그러므로 욕망의 배치가 일단 변화해버리면 이 권력장치는 전혀 작동할 수 없다.

들뢰즈는 만년에 푸코가 『감옥의 탄생』에서 논한 '기율형 사회société de discipline'는 소멸하고 있다는 것, 그 대신에 '통제 사회société de contrôle'가 도래하고 있음을 지적하여 물의를 빚었다[25](PP, p.236). '통제'는 '지배'가 아니라 '체크'를 의미한다.[26] 감시에 의해 사람들에게 행위를 하게 하는 것이 아니라, 사람들이 행위를 하거나 이동하거나 하는 그 사이에 체크 포인트check point를 설치하여, 기준을 만족한 인간만을 앞으로 보내는 것이 '통제 사회'의 작동양식이다.[27] 이 지적은 관리사회를 논하는 전 세계의 연구자들에 의해 크게 찬양받고 있지만 그 이론적 배경은 지금까지 전혀 이해되고 있지 않다. 들뢰즈가 이렇게 지적할 수 있었던 것은 바로 **어떤 권력양식이든 일정 욕망의 배치를 전제로 하고 있다**고 생각할 수 있기 때문이다. 따라서 '나만 뒤처지고 싶지 않다'라는 욕망이 만들어지지 않는다면 학교에서 앞과 같은 방식으로 기율형 권력이 작동하는 일은 없다(실제로 지금은 그것은 작동하지 않고 있다).

특정 권력양식이 특정 욕망의 배치를 전제로 하고 있음은 그 권력이 어떤 이유에서 사람들에게 **욕망되고 있다**는 것을 의미한다. 군주형 권력이 작동하기 위해서는 군주형 권력에 의한 지배가 욕망되어야만 한다. 기율형 권력이 작동하기 위해서는 기율의 지배가 욕망되어야만 한다. 통제 사회가 도래하기 위해서는 기율이 아닌, 체크 포인트형 관리방식에 의한 지배가 욕망되어야만 한다. 즉, 다음과 같이 말해야만 한다.

욕망의 배치는 권력장치를 동반할 것이다[…]. 그렇지만 **권력장치는 배치의 다양한 구성요소 속에 위치해야만 한다.** […] 권력장치란, 따라서 **배치의 한 구성요소**가 될 것이다. (DRF, pp.114-115. 강조는 지은이)

확실히 권력장치는 존재하고 있다. 그러나 그것은 욕망의 특정 배치를 전제하고 있다. 게다가 하나의 구성요소에 지나지 않는다. 왜냐하면 그러한 권력장치를 작동시키고 있는 것은 특정 욕망에 다름 아니기 때문이다. 여기서부터 들뢰즈는 스스로에게는 필요하지만 '미셸에게는 필요하지는 않은 질문'에 대답할 수 있게 된다고 말한다. 즉, '**권력은 어떻게 욕망될 수 있는가**Comment le pouvoir peut-il être désiré?'라는 질문이다. 권력이 어떻게 작동하고 있는가를 그려내는 작업은 빼놓을 수 없다. 그러나 거기서 멈춰서는 안 된다. **그 권력이 어떻게 욕망되고 있는가**, 그것을 물어야만 한다. 어떤 권력이 발생하는 것은 그것이 욕망되기 때문이다.

그렇다면 이렇게 생각되었을 때 권력이란 무엇인가? "권력이란 **욕망의 한 변양**變樣이다[le pouvoir est *une affection du désir*]"(DRF, p.115. 강조는 지은이). '변양'이란(아마도 스피노자의 용어법을 염두에 둔 사용법이지만) 어떤 사물이 자극을 받아서 나타내는 일정 상태를 가리킨다. 욕망의 배지가 여기 저기서 작동하여 사람을, 그리고 사회를 움직이고 있다. 그러한 욕망의 흐름이 어떤 일정 조건을 만족했을 때 '권력'이라 불리는 특정한 힘의 양태로 '변양'한다. 이 힘은 욕망의 배치 속에서 구성된 한 부품으로서의 미시 장치를 통해 '행위에 대한 행위'로서 혹은 다이어그램으로서 작동한다. 따라서 확실히 권력은 사회에 침투하고 있고 그것을 움직이고 있지만, 분석을 권력에까지만 머무르게 해서는 안 된다. 그러한 권력이 왜 발생하는가를 물어야만 한다. 왜냐하면 권력은 욕망의 한 변양에 다름 아니기 때문이다.

텍스트 내에서 들뢰즈는 "나는 미셸을 따르고 있다"라고 강조하고 있다(DRF, p.115). 문제가 되고 있는 것은 "이데올로기도 억제도 아니다ni ideologie, ni repression"라는 테제이다. 들뢰즈는 겉치레로 말하고 있는 것은 아니다. 앞에서 본대로 들뢰즈는 『푸코』내에서 푸코의 권력개념을 설명하고 "억제나 이데올로기는 힘들 간의 투쟁을 구성하는 것이 아니라 투쟁에 의해 말려 올라간 흙먼지에 지나지 않는다"라고 기술하고 있었다(F, p.36). 들뢰즈는 이 생각을 지지하고 있다. 그러나 동시에 푸코가 구상하는 권력론으로는 그 방향으로 향할 수 없다고도 생각하고 있다. 왜냐하면 최종적인 결정의 수준에 권력을 놓고 있는 한 **억제라는 관점을 제거할 수 없기** 때문이다. 푸코는 이데올로기나 억제의 관점에서는 권력은 파악할 수 없다고 생각하고 있었지만, 들뢰즈의 생각으로는 푸코와 같은 권력론은 실은 그러한 관점을 밀수입하고 있다. 들뢰즈는 명백하게 다음과 같이 기술하고 있다.

> 나는 권력에 대한 욕망의 우위[primat du désir sur le pouvoir]를 생각하고 있고 또한 나에게는 권력장치는 이차적인 성질을 갖는 것으로서만 생각되는데, 그러한 관점에서 보면 **권력장치의 작동은 억제적인 효과를 유지하고 있다.** 게다가 권력장치가 파괴하는 것은 자연적 소여로서의 욕망이 아니라 욕망 배치의 선단先端이기 때문이다. (DRF, p.115. 강조는 지은이)

어떠한 의미일까? 권력은 사람에게 행위를 **하게 한다.** 행위를 하게 하는 작용의 원천으로서 생각되는 것이 권력이다. 따라서 권력의 개념은 아무리 정치하게 구성된다 해도 반드시 어떤 주체가 존재하고 있고 그것이 행위를 **하게 된다**는 도식을 전제로 하고 있다. 권력은 반드시 **어디서부턴가 무언가로** 작용한다. 이것은 권력이 그것이 작용하는 대상과는 다른 수준에 위치하게 됨을 의미한다. 확실히 푸코가 간파한 권력은 '높은 곳'만이 아니라 '낮은 곳'에서도 나타나는 것이었다. 그러나 그렇다고 해도 권력은 **어디서부턴가 무언가로** 작용하는 것이다. 이것은 알기 쉽게 말하면 '정말로는 하고 싶은 것'과 '실제로 하게끔 되고 있는 것'이라는 구별이 어떻게 해도 권력의 개념 속에는 스며들어버린다는 것을 의미한다. 권력은 높은 곳이든 낮은 곳이든, 어쨌든 어딘가로부터 와서 주체에 작용하고 그 주체가 '정말로 하고 싶은 것'을 억제해서 무언가 행위를 하게 한다. 물론 '정말로는 하고 싶은 것'이 있는데도 그것이 억제된다는 것은 최종적으로는 유지할 수 없는 사고방식이다. '정말로는 하고 싶은 것'은 결코 자연발생적인 것은 아니며 어떠한 원인에 의해 생긴 것이기 때문이다. 그러나 권력의 개념, 즉 사람에게 무언가 행위를 하게 하는 힘이라는 개념에 의거하는 한 이 사고방식을 불식하기는 불가능하다. 권력의 개념으로 관찰했을 때 인간은 무언가를 **하고 있는** 것이 아니라 무언가를 **하게끔 되고 있기** 때문이다.

그러므로 들뢰즈는 권력이 아니라 욕망에 주목하는 것이다. 욕망은 어디서부턴가 무언가로 작용하는 것은 아니다. 그 주체에 내재하는 힘이다. 그리고 그 내재하는 힘이 여러 요소들과 조합되어 욕망의 배치가 구성된다. 신체형을 보러 오는 민중은 처형장에 오기를 강요받고 있지는 않다. 기율에 있어서 감시에 따르는 노동자나 학생이나 병사는 따르도록 강요받고 있지는 않다. 그들은 그렇게 행위를 하고 싶다는 욕망을 품고 있다. 욕망의 배치라는 생각은 그 욕망의 발생을 명백하게 하기 위한 시각을 제공하는 것이다. 권력의 개념은 그러한 발생 과정의 결과("욕망 배치의 선단")밖에 다룰 수 없다. 그러므로 권력장치의 분석은 불가결하기는 하지만 '이차적' 인 의미만 갖는다. "권력에 대한 욕망의 우위"라는 시각이 없으면 사회의 현실에는 접근할 수 없는 것이다.[28]

『안티 오이디푸스』(1972년)는 스스로 제창하는 '분열분석'이 지향하는 바를 다음과 같이 설명했다. "따라서 분열분석의 목표는 다음과 같은 것이다. 경제적인 것과 정치적인 것의 리비도 집중의 특수한 본성을 분석하는 것. 다음으로 이것에 의해 욕망하는 주체 속에서 **어떻게 욕망이 자기 자신의 억제를 욕망하게 되는가를 명백하게 하는 것**"(AO, pp.124-125. 강조는 지은이). 사회적인 억제가 존재하지 않는 것은 아니다. 사회 속에 억제는 확실히 존재한다. 그러나 그것을 권력장치에 의해 행사되는 것으로 정의함으로써 만족해서는 안 된다. 특정 억제는 그것을 가능하게 하는 특정 욕망의 배치를 전제로 하고 있다. 그러므로 사람은 스스로의 억제를 욕망하는 일조차 있을 수 있다. 그렇다기보다 그것은 오히려 흔한 사태인 것이다. 『안티 오이디푸스』가 스스로의 정치철학적 과제로서 들고 있던 질문을 상기하자.

> **단지 욕망이라는 것과 사회라는 것만이 존재하고 그 이외의 어떤 것도 존재하지 않는다.** 사회적 재생산의 가장 억제적인, 또한 가장 치명적인 형태조차도 욕망 그 자체에 의해 발생된다. 이러저러한 조건하에서 욕망에서 파생되는 조직 속에서 발생된다. 우리는 이 이러저러한 개개의 조건을 분석해야만 할 것이다. 따라서 정치철학의 기본적인 문제는 여전히 스피노자가 제기할 수 있었던 다음 문제(이 문제를 재발견한 것은 라이히이다) 이외에 아무것

도 아니게 된다. 즉, '왜 사람들은 흡사 자신들이 구원받기 위해서이기라도 한 듯이 자진해서 종속하기 위해 싸우는가'라는 문제 말이다. 어떻게 사람은 '더 많은 세금을! 빵은 더 줄여도 좋다!' 등을 외치게 되는 것인가. 라이히가 말하듯이 놀랄 만한 일은 어떤 사람들이 도둑질을 한다는 것은 아니다. 또한 어떤 사람들이 파업을 한다는 것도 아니다. 그런 것이 아니라 오히려 굶주리고 있는 사람들이 반드시 도둑질을 하지는 않는다는 것이고 착취받고 있는 사람들이 반드시 파업을 하지는 않는다는 것이다. 왜 사람들은 수 세기나 되는 시간 동안 착취나 모욕이나 노예상태를 참고, 단지 타인을 위해서만이 아니라 자기들 자신을 위해서도 이것들을 원하기까지 하고 있는 것인가. (AO, pp.36~37. 첫 번째 강조는 원문. 두 번째 강조는 지은이)

푸코의 권력론, 그것에 대한 들뢰즈의 의문을 분석한 지금 우리는 이 구절을 보다 엄밀하게 이해할 수 있다. 정치철학의 문제는 왜 그리고 어떻게 사람들이 어떤 것을 하게끔 되는가가 아니다. 왜 그리고 어떻게 사람들이 자진해서 무언가를 하려고 하는가이다. 사람들은 자진해서 착취나 모욕이나 노예상태를 참고, 단지 타인을 위해서만이 아니라 자기들 자신을 위해서도 이것들을 원한다. 정치철학은 그것을 물어야만 한다. 이 지점에 도달하지 않는 한 정치철학은 억압하는 것과 억압되는 것, 지배하는 것과 지배되는 것이라는 도식을 결코 빠져나올 수 없을 것이다. 따라서 밑에서부터, '낮은 곳'에서부터 오는 실로 끔찍한 권력이라는 것을 파악하기도 불가능할 것이다. 복종을 구하는 민중이 다른 자에게도 복종을 강요한다는 흔한, 그러나 언제까지 겪어도 우리의 눈앞에서 사라지지 않는, 저 끔찍한 현실에 다가가기는 불가능할 것이다.

이 질문은 다음과 같이 환언해도 좋다. 왜 사람은 자유롭게 될 수 없는가? 아니, 왜 사람은 자유롭게 되려고 하지 않는가? 어떻게 하면 자유를 추구할 수 있게 되는가? 이것이야말로 '정치적 들뢰즈'가 발發하는 질문이다. 들뢰즈=가타리는, 예컨대 들뢰즈가 단독으로 쓴 저작 내에서 제시하고 있던 타입의 실천, '실패를 지향하는' 타입의 실천을 주장하지 않는다. 즉, 온갖 경우에 응용 가능한 추상적 모델을 주장하지 않는다. 들뢰즈=가타리는 바로 정신분석가가 환자 일반이 아니라 개개의 환자를 대하듯이 하나하나의 구체적인 권력장치, 그것을 작동시키는 다이어그램, 그리고 무엇보다도 우선 그 전제에 있는 욕망의 배치를 분석할 것을 주장한다. 그것에서부터 자유를 향한 질문이 열린다. 그 질문은 항상 구체적인 개개의 상황에 대해 묻게 된다.

6. 욕망의 배치와 권력장치 — 『천 개의 고원』의 이론적 위치

반복해서 기술해두자면 욕망의 배치라는 아이디어에 기반을 두는 이상과 같은 생각은 푸코에 의한 권력분석, 나아가서는 권력분석 일반을 폄하하는 것은 추호도 아니다. 들뢰즈는 '욕망 일원론의 철학'이라고도 지명할 수 있는 것을 가타리와 함께 만들어내었지만, 그것은 바로 욕망의 배치가 권력의 미시 장치를 동반하듯이 권력의 분석을 동반하고 있다. 따라서 "권력에 대한 욕망의 우위"를 확인한 다음 또 그 원칙에 기반을 두는 한에서 권력장치의 분석은 유효하고 또한 필수이기도 할 것이다. 예컨대,『푸코』는 다이어그램의 개념을 확장하여 그것이 결코 근대사회에만 적용되지는 않음을 지적하고 있다. "어떤 사회도 하나든 복수든 그 다이어그램을 갖고 있다." 따라서 '그리스적 다이어그램', '로마적 다이어그램', '봉건적 다이어그램', 나아가서는 '미개사회의 다이어그램' 등을 생각할 수 있다(F, pp.43, 90–92). 다이어그램의 개념을 사용해 각 사회의 권력장치를 분석할 수 있다. 그리고 그러한 분석 작업은 "권력에 대한 욕망의 우위"라는 원칙과 모순되지 않는다. 중요한 것은 실용주의적 권력분석을 행하고 있을 때에도 그 권력의 발생 기원에 있는 욕망의 배치를 놓치지 않는 것이다. 그것을 놓치면 우리는 곧 지배/피지배라는 도식을 부활시켜 '욕망이 자기 자신의 억제를 욕망한다'라는 사태를 이해할 수 없게 되어버리기 때문이다.

이렇게 논해온 욕망의 배치와 권력장치라는 관점perspective하에서 들뢰즈=가타리의 저작을 배치해보면, 「자본주의와 분열증」 시리즈의 제1권, 제2권으로서 위치하고 있던 『안티 오이디푸스』와 『천 개의 고원』의 관계가 보이게 된다. 『천 개의 고원』은 다채로운 용어(재-영토화/탈-영토화, 매끈한 공간/홈이 파인 공간, 다수자major/소수자minor, 전쟁기계와 국가장치, 유목주의nomadism…)를 화려하게 사용하고 있기 때문에 어떤 의미에서는 들뢰즈=가타리의 저작 중에는 가장 찬사를 받아온 것이지만 그 이론적 자리매김은 전혀 행해지지 않았다. 그렇지만 이 책의 관점에서 보면 『안티 오이디푸스』가 프로이트=라캉적 정신분석을 비판적으로 고찰하면서 그것을 마르크스적 정치경제학과 접속하여 '욕망 일원론의 철학'의 원리를 구축한 저작인데 비해, 『천 개의 고원』은 그 원리에 기반을 두어 권력장치의 분석을 실로 다양한 테마 아래서 수행한 저작이라고 말할 수 있을 것이다.

들뢰즈는 권력장치 분석의 과제를 기술함에 있어 여기에서는 "영토성 내지 재-영토화와, 배치를 일으키는 탈-영토화의 운동[…]이 구별될 것이다"라고 기술하고 있다(DRF, pp.114-115). '영토성territorialité', '재-영토화 re-territorialisation', '탈-영토화dé-territorialisation'는 들뢰즈=가타리가『천 개의 고원』에서 도입하여 대대적으로 활용한 개념이다. 들뢰즈는 "재-영토화가 일어나는 곳에서는 어디에서나 권력장치가 나타난다"라고 말한다(DRF, p.115). 재-영토화란, 예를 들어 국가가 주민을 일정 영토 내에 통합하고 통치하듯 에워싸는 작용을 말한다. 탈-영토화란 그것이 분해되는 것이다. 『천 개의 고원』은 고고학적 지식을 살리면서[29] 획기적인 국가론을 제시했지만 그것은 이 책이 욕망의 배치보다 오히려 권력장치의 분석을 중심으로 두고 있음을 의미할 것이다.『천 개의 고원』이 제기한 '전쟁기계'의 개념도 '권력의 다이어그램'으로서 정의되는 국가와의 대비에 있어서 '탈주선의 다이어그램'으로서 정의되고 있다(DRF, p.121). 그러면 전쟁기계와 국가장치에 대응하는 '매끈한 공간'과 '홈이 파인 공간'의 구별 등도 마찬가지로 권력분석의 계열에 있어서 이해할 수 있다는 것이 된다.『천 개의 고원』의 짧은 결론부「구체적 규칙과 추상기계」를 읽으면 이 두꺼운 책 전편全篇이 대략 권력장치의 분석에 적용되고 있음을 알 수 있다. 이러한 관점은 다소 화제가 산만한 듯 생각되는『천 개의 고원』이라는 저작을 들뢰즈 및 들뢰즈=가타리의 저작군 내에 명확히 위치시키고, 전체 속에서 수미일관하게 독해하기를 가능하게 할 것이다.

이리하여 들뢰즈와 들뢰즈=가타리의 저작 전체를 하나의 관점 속에 거두었을 때 실용주의적인 권력분석을 결코 배척하지 않고 오히려 적극적으로 수행하며, 그러나 거기에 머무르는 일 없이 욕망의 문제를 파고들면서 인간의 자유를 묻는 들뢰즈의 모습이 명확하게 나타나게 된다. 들뢰즈가 권력장치의 분석을 통해 현대사회에 내린 진단은 결코 장밋빛은 아니다.

그러나 그 들뢰즈의 철학이 자유를 지향하는 것이었다는 사실은 우리에게 용기를 준다. '자연의 발견'으로서 시작한 철학은 항상 자유를 지향한다. 들뢰즈는 그것을 위한 확실한 한 걸음을 철학 속에서 내딛었다.

국가와 고고학

들뢰즈=가타리는 고대 전제국가를 출발점으로 해서 국가를 논하고 있다(MP, p.560). 그들이 이 점에서 최종적으로는 비판하면서도 일정한 평가를 제시해 참조하고 있는 것이 인류학자 피에르 클라스트르Pierre Clastres(1934~1977)의 작업이다. 클라스트르는 원시사회를 전쟁에 의해 국가에 저항하는 도당徒黨집단으로서 이해했다. 전쟁은 오히려 집단의 분산성을 유지하고 권력의 중심을 막는다. 따라서 홉스적인 '국가는 전쟁에 반대한다'라는 명제는 클라스트르에 의하면 '전쟁은 국가에 반대한다. 그리고 국가를 불가능하게 한다'로 역전되어야만 한다(MP, p.442. 강조는 원문).

들뢰즈=가타리는 이 도당집단을 보다 추상화하여 '전쟁기계'라는 개념을 만들어낸다. 그것은 국가와는 이질적인 논리logic로 움직이는 무형의 잡다한 힘의 집합, 리좀Rhyzome(리좀은 뿌리와 비슷하게 땅속으로 뻗어나가는 땅속줄기를 가리키는 식물학에서 온 개념이다. 위계적이고 이분법적인 구분으로 이루어지는 수목형 구조와 대비되는 개념으로, 이질적인 차이들이 연결되고 접속되어 새로운 이질성을 낳는 운동을 묘사하기 위해 도입되었다──옮긴이)상의 집단이다. 그에 비해 국가는 각 원시사회 사이에서 제국으로서 존재하여 부를 포획하는 수목樹木상의 조직, '포획장치'로서 정의된다. 국가는 원시사회와 긴장관계에 있고 그 연장선상에는 존재하지 않는다. 국가는 오히려 원시사회 사이에서 일거에 출현한다. 혹은 국가는 항상 존재했다(MP, pp.444-445).

클라스트르의 문제는 원시사회의 반국가성을 강조하는 나머지 그것을 국가적 사회와는 무관계한 자족적 실체로 간주해버렸다는 것이다(MP, p.444). 원시사회에는 확실히 국가를 제거하는 메커니즘이 있다. 그렇지만 거기에는 국가로 향하는 벡터도 또한 존재하고 있다(MP, p.537). 그리고 원시사회는 항상 국가를 경유해서 서로 관계하고 있었다. "원시공동체의 자급자족, 자율성, 독립, 선재성 등은 민속학자의 꿈에 불과하다. 원시공동체가 필연적으로 국가에 의존하는 것은 아니며, 그것은 복잡한 네트워크 속에서 국가와 공존하고 있는 것이다. 그럭저럭 정말인 듯한 것은 '최초부터' 각 원시사회가 근린만이 아니라 먼 곳과도 서로 관계하고 있고 국가에 의한 포획은 국지적이며 부분적일 뿐이라고는 해도, 역시 그러한 원시사회 간의 관계는 국가를 경유하고 있었다는 것이다"(MP, pp.535-536).

들뢰즈=가타리는 클라스트르도 포함한 인류학자들이 고고학의 성과로부터 눈을 돌리고 있다고 지적하고 있다. 인류사人類史상 항상 이미 존재하고 있었다는 '원原국가' 가설도 고고학에 의해 실증되고 있다(MP, p.445). 고대 전제국가를 고찰함에 있어 모델로 간주되고 있는 것도 아나톨리아 지방에서 1958년에 그 유적이 발견된 도시 차탈휘위크Çatal Höyük이다. 차탈휘위크는 이미 2,000킬로미터에 걸친 영향권을 가지고 있었던 듯 보이고 있다(MP, p.535). 고고학자 고든 차일드Gordon Childe(1892~1957)는 국가를 신석기 시대의 것으로 간주했지만(신석기 혁명설), 그것은 구석기 시대의 것일 수 있다. 구석기 시대나 원시 사회에서 '국가 없는 사회'를 보는 것은 근대에 절망한 연구자들의 꿈을 투영한 것에 불과하다.

고고학을 경유한 국가론은 경제를 보는 시각도 일변시킬 것이다. 역사고고학자 에두아르 뷜(1920~1979)을 참고로 해서 들뢰즈=가타리는 "세稅가 경제의 화폐화를 야기하는 것이고 세가 화폐를 만들어낸다"라고 기술한다(MP, p.553). 화폐가 교환을 위해 만들어졌다는 시각은 뿌리 깊다. 그러나 "교환이란 외관상의 것일 뿐이다"(MP, p.547). 화폐는 국가라는 포획장치가 세 징수의 공통척도로서 만들어낸 것이다.

국가론이나 화폐론은 관념론적인 외양을 좀처럼 벗어나지 못한 채 있다. 들뢰즈=가타리가 고고학을 참조하면서 그것에서부터 완전히 빠져나올 전망vision을 제시하고 있었다는 것은 더 주목되어야 한다.

주

시작하며

1. 홀워드는 여기서 인용한 부분에 붙인 주석 속에서 '앵글로색슨적'인, '정치적 들뢰즈'상을 둘러싼 논자들의 의견을 요약하고 있으므로 참조하라.

2. 『안티 오이디푸스』에 관한 연구에서 질 들뢰즈만을 저자로 드는 것을 여기서 인용하는 것은 그만두자. 그 숫자만 살펴보아도 매우 많다. 두 친구가 함께 작업을 한 그 방식에 관심을 갖고 있는 자라면 이러한 취급을 슬프게 생각하지 않을 수 없다!"(Nadaud 2004, p.11)

3. 여기서 주목해야할 것은 바디우의 들뢰즈 독해 태도이다. 그는 앞에서 든 『들뢰즈—존재의 함성』 내에서 들뢰즈 본인의 저작만을 언급하고 있다. 가타리는 그 이름조차 들고 있지 않고 들뢰즈와 들뢰즈=가타리를 혼동해서는 안 된다는 주장조차 쓰여 있지 않다. '들뢰즈론이므로 당연할 것이다'라는 대답이 예상되지만, 실은 이 태도는 들뢰즈와 들뢰즈=가타리를 무조건적으로 동일시하는(들뢰즈에 호의적인) 논자들보다도 성실하다고 말해도 좋다.

제1장

1. 예를 들어, 같은 책 제5장 주(82)에는 정황과 믿음의 관련을 설명한다고 간주되는 한 구절이 흄으로부터 인용되고 있다. "자주 있는 일이지만, 두 사람의 인물이 어떤 활동의 현장에 관계하게 된 경우가 있고 한쪽 인물이 다른 사람보다도 당시를 잘 기억하고 있으며 거기서 그가 그 상대에게 당시를 상상시키려고 하지만, 대단

히 어려워서 좀처럼 그렇게 할 수 없다고 하자. 그는 다양한 **정황**을 꺼내보지만 헛수고이다. 즉, 그는 시간이나 현장이나 당시 말해졌던 것이나 도처에서 행해지던 것을 언급해보지만 전체를 되살려서, 그리고 그의 친구에게 모든 정황의 완전한 기억을 부여해줄 어떤 요행에 의한 정황을 최후로 마음으로 짚게 되기까지는 헛수고인 것이다"(ES, p.116. 강조는 지은이).

2. 『철학이란 무엇인가』는 질 들뢰즈와 펠릭스 가타리의 공동 서명이 된 저작이다. 그러나 프랑수아 도스의 방대한 평전에 의해 이 책이 들뢰즈 한 사람에 의해 쓰이고 완성된 뒤에 가타리의 청에 의해 공동 서명이 되었음이 명백해졌다(Dosse 2007, chap.25). 이 책에서는 『철학이란 무엇인가』를 들뢰즈의 저작으로서 다룰 것이다.

3. "개념은 우선 서명署名이 들어간 것이고, 서명을 계속 남기는 것이다"(QPh, p.13).

4. "두 번째로 개념의 고유한 성격은 여러 합성요소들을 **개념 속에서** 서로 불가분한 것으로 하고 있다는 점에 있다"(QPh, p.25. 강조는 원문).

5. "세 번째로 개념은, 따라서 어느 것이나 그 자신의 여러 합성요소들의 합치점, 의문점 혹은 집적점으로 간주될 것이다"(QPh, p.25).

6. "첫 번째로, 어떤 개념도 그 역사에 있어서만이 아니라 그 생성에 있어서도 혹은 현전하고 있는 여러 연결들에 있어서도 다른 몇몇 개념들로 되돌려 보내진다" (QPh, p.24).

7. "상대적이라는 것은 그 자신의 합성요소에 대해, 다른 개념들에 대해, 그 개념이 거기서 한정되는 그곳으로서의 면에 대해, 또 개념이 그 해解라고 간주되는 그 문제들에 대해 상대적이라는 것이다"(QPh, p.26).

8. "그러나 절대적이라는 것은 그 개념이 수행하는 [그 합성요소들의] 응축에 의해, 그 개념이 면 위에서 점하는 장소에 의해, 또 그 개념이 문제에 부여하는 조건들에 의해 절대적이라는 것이다"(QPh, p.26).

9. 이하를 참조하라. DR, p.116, F, p.67, QPh, p.34.

10. 단, 주의해야만 하는 것은 이때 칸트가 시간의 새로운 개념을 만들어내고 있다는 것이다. 칸트가 부가한 시간의 개념이란 아리스토텔레스가 생각하고 있던 전후에 관한 운동의 수로서의 시간은 아니다. 칸트는 그러한 운동에 종속하는 시간이 아니라 역으로 시간에 운동이 종속하는 그러한 시간, 운동에 앞서서 그 속에서 운동이 행해지는 시간의 개념을 내세웠다.

11. Gilles Deleuze, «Sur quatre formules poétiques qui pouraient résumer la philosophie kantienne», in CC.

12. "묻는다는 것은 사태를 질문에 종속시키고 복종시켜 결과적으로 그 사태가 강요되고 강제된 복종에 있어서 하나의 본질, 하나의 본성을 우리에게 개시해주도록 하는 것을 의미한다. 질문을 비판한다는 것은 어떠한 조건하에서 그 질문이 가능하고, 또 적절하게 세워지는가를 보여주는 것, 바꿔 말하면 질문이 그러한 질문이 아니었다면 그 사태가 그 자신인 채로는 있을 수 없음이 어떻게 일어나는가를 보여주는 것이다. 그것은 이 두 조작들은 일심동체를 이루고 있다는 것이다. 이 조작은 항상 한 문제 속에 접혀진 여러 의미들을 필연적인 방식으로 전제하는 것에 있고, 그리고 그것이 이론으로서의 철학에 하나의 의미를 부여하는 것이다. 철학에 있어서는 질문과 질문의 비판이란 단 하나의 것에 지나지 않는다"(ES, p.119).

제2장

1. 들뢰즈에 의해 해석된 흄의 '정신'은, 따라서 스피노자가 말하는 그것에 가깝다. "인간 정신의 현실적 존재를 구성하는 최초의 것은 현실에 존재하는 어떤 개체의 관념에 다름 아니다"(『에티카』 제2부 정리11). 즉, 어떤 관념에 앞서서 정신이 존재하는 것은 아니다. 역으로 정신을 하나의 용기容器와 같은 것으로 해서 파악하는 견해는, 예컨대 라이프니츠에게서 발견된다.

2. 우리가 그럼에도 어떠한 성질을 인간본성으로서 확정해버리는 것은 관념연합의 결과로서 나타나는 관념들의 체계가 각 사람들 사이에서 그렇게 다르지 않기 때문이다. 그리고 그것들이 그렇게 다르지 않은 것은 사회가 각 사람들에 대해 대략 항상적인 반응을 반복하기 때문이다(ES, p.2).

3. "재생의 이 법칙이 전제하고 있는 것은 현상들 그 자체가 현실에서 그러한 규칙에 따르고 있다는 것이고, 또한 현상들의 표현의 다양에 있어서 어떤 종류의 규칙에 따른 수반 내지는 계기가 생긴다는 것이다. 왜냐하면 이것이 없으면 우리의 경험적 구상력은 결코 그 능력에 어울리는 무언가를 이룰 수 있도록 되지 않을 것이기 때문이다. 만약 진사辰砂(수은으로 이루어진 붉은색의 황화 광물—옮긴이)가 붉거나

검거나 가볍거나 무겁거나 한다면, 또 어떤 인간이 이 동물로 형태를 바꾸거나 저 동물로 형태를 바꾸거나 한다면, 또 하지夏至에 토지가 작물로 덮여 있었다고 생각했는데 얼음이나 눈으로 갇히게 되거나 하는 등의 일이 가령 있었다고 한다면, 나의 경험적 구상력은 무거운 진사를 붉은 색의 표상과 함께 사유 속으로 받아들일 기회를 얻는 일은 없었을 것이다"(『순수이성비판』(제1판), 「구상력에서의 재생의 종합에 관하여」)(칸트 2001, 180쪽).

4. 『경험론과 주체성』은 앞의 주석에서 인용한 진사를 둘러싼 텍스트를 인용하면서 "칸트는 연합설의 본질을 이해했다"라고 기술하고(ES, p.123), 『칸트의 비판철학』은 흄 비판에서 생기는 칸트에 의한 문제의 전환에 대해 언급하고 있다(PCK, pp.20-21).

5. 『칸트의 비판철학』은 인식(『순수이성비판』), 윤리(『실천이성비판』), 판단(『판단력비판』)의 세 영역으로 이루어지는 거대한 칸트 철학의 체계를 감성, 구상력, 오성, 이성의 조합만으로 성립하는 '치환체계'로 환원한다. 들뢰즈는 그렇게 하는 것으로 이 체계의 위태로운 쐐깃돌(능력들의 내적인 일치와, 그것을 지탱하는 능력들과 자연의 외적인 일치)을 부각시킨다. 상세한 바는 國分 2008을 참조하라.

6. "그 때문에 초월론적인 것은 고차高次 경험론의 관할에 속하고 있고 경험적인 것의 영역과 범위를 탐색할 수 있는 것은 이 고차 경험론뿐이다. 게다가 칸트가 생각하고 있던 것과는 반대로 초월론적인 것은 공통감각의 규정하에서 나타나는 흔한 경험적 형식에서는 유도할 수 없기 때문이다. 능력들의 이론은 확실히 철학체계에 있어서는 빠질 수 없는 것이지만, 그것이 오늘날 왜 불평을 사고 있는가 하면 원래는 초월론적인 이 경험론에 대한 몰이해 탓인 것이다. 예전에는 경험적인 것의 모방으로서의 초월론적인 것이 이 경험론 대신에 사용되고 있었지만 그렇게 해봐야 헛수고이다. […] 초월론적 경험론은 경험적인 것의 형상을 모방함으로써 초월론적인 것을 그리거나 하지 않기 위한 유일한 수단이다"(DR, pp.186-187).

7. "비인칭적인 초월론적 영역이라는 사르트르의 가정이 내재에게 그 권리를 되찾게 해준다. 내재가 이미 그 자신과는 다른 것에 내재하는 것이 아닐 때에 비로소 내재면을 말할 수 있다. 그러한 면은 필시 어떤 근원적인 경험론일 것이다. 이 경험론은 자아에 속하는 것 속에서 개체화되는 경험의 흐름이라든가, 주관에 내재하는 체험의 흐름이라는 것을 제시하지는 않을 것이다. 그 경험론이 제

시하는 것은 개념인 한에서 가능세계로서의 사건뿐이고, 가능세계의 표현 혹은 개념적 인물로서의 타자뿐이다"(QPh, p.49).

8. "하나의 초월론적 영역이란 어떤 것일까? 그것은 대상으로 되돌려 보내지는 것도 아니고 주체에 속하고 있는 것도 아니라는(즉, 경험적인 표상은 아니라는) 의미에서 경험과는 구별된다. 그것은 비−주체적인 의미, 비인칭적이고 전前−반성적인 의식, 자아가 없는 의식의 질적인 지속, 그러한 것의 순수한 흐름으로서도 나타난다. 초월론적인 것을 이러한 무매개의 여건에 의해 정의하는 것은 기묘하게 생각될지도 모른다. 그렇다면 세계를 주체·객체로부터 만들어내는 온갖 것에 반대하여 초월론적 경험론에 관해 말하도록 하자. 이러한 초월론적 경험론 속에는 뭔가 야생적이고 힘찬 것이 있다. 그것은 확실히 감각을 구성하는 요소는 아니다(그것은 순수한 경험론이다). 게다가 감각은 절대적인 의식의 흐름 속에서 하나의 단절에 지나지 않기 때문이다. 그 야생적이고 힘찬 무언가란 오히려 아무리 가까운 두 감각이어도 그 속에서 발견되는 한쪽에서부터 다른 쪽을 향한 생성으로서의 이행, 역능力能의 증대 내지 감소(잠재적인 양)로서의 이행이다. 그렇다면 초월론적 영역은 끝도 시작도 없는 운동으로서의 순수의식, 대상도 자아도 결여한 무매개의 순수의식에 의해 정의되어야만 할 것인가?"(DRF, p.359)

9. 들뢰즈의 단행본 미수록 논문을 모은 『무인도』의 편자인 다비드 라푸자드David Lapoujade에 의하면, 들뢰즈는 1989년에 자신의 저작 서지를 만들어 거기에 다음과 같은 11개의 카테고리를 만들었다. I : 흄에서 베르그송으로/II : 고전(철학) 연구/III: 니체 연구/IV: 비판과 임상/V : 미학/VI: 영화 연구/VII: 현대(철학) 연구/VIII: 의미의 논리/IX: 안티 오이디푸스/X : 차이와 반복/XI: 천 개의 고원. 이 중에서 「무인도의 원인과 이유」는 「X : 차이와 반복」의 카테고리로 분류되고 있다(ID: p.7, note 1).

10. 「미셸 투르니에와 타자가 없는 세계」(LS, pp.350~372). 투르니에론에서 일종의 '들뢰즈의 철학원리'를 발견하고 이 철학자를 "독아론자—더 이상 자아도 필요로 하지 않을 정도로 과격한 독아론자"로 정의한 것은 아사다 아키라浅田彰이다(財津·蓮實·前田·浅田·柄谷 1996, 23쪽).

11. "나란 나에게 있어서의 지나쳐간 대상 이외의 무엇도 아니다. 나의 자아는 지나쳐간 세계, 정확히는 타자가 지나쳐가게 한 세계로부터 생겨나 있을 뿐이다"

(LS, p. 360).

12. 현상학자인 무라카미 야스히코村上靖彦는 자폐증 환자의 연구를 통해 자폐증을 현상학적으로 해명함과 함께 현상학에 한층 더 발전을 야기할 중요한 연구를 행하고 있다(村上 2008). 이 연구가 우리에게 있어서 흥미로운 것은 거기서 논해지는 지각의 발생 메커니즘이 들뢰즈의 무인도론과 거의 완전히 일치하고 있다는 것이다. 예를 들어, 무라카미는 "모든 것의 이면에는 무언가가 있다!"라고 '대발견'을 하는 자폐증 아이의 사례를 전하고 있다(68쪽). "대상성의 본질은 눈에 보이는 것은 아니다. '외관'을 넘는 항상성을 설정하는 것이다. 즉, 대상성은 감성적인 소여가 아니라 개념이다"(91쪽).

무라카미의 시도는 후설 현상학의 '개정', 진일보한 '전개'를 지향하고 있다. 이때의 핵심은 후설이 사용한 반성이라는 방법의 한계를 자폐증 환자와 무라카미의 '만남', '어긋남의 감각'에 의해 극복하려고 한다는 점에 있다(8-9쪽). 무라카미는 '시선촉발視線觸發'이라는 개념을 사용하면서 후설의 '초월론적 독아론'을 비판하고 들뢰즈가 무인도를 통해 말하려고 한 것과 같은 상태를 그려내고 있다. "이 책의 방법에 있어서는 후설에게 방법론으로서 요청되는 초월론적인 독아론은 불가능하다. 더욱 원초적인 층에 있어서조차 시선촉발을 전제로 하지 않을 수 없기 때문이다. 그러나 이미 보았듯이 역으로 경험론에는 시선촉발이 작동하지 않는 상태가 인간에게는 있을 수 있다"(44쪽). 시선촉발이 작동하고 있지 않은 상태란 타자가 존재하지 않는 상태이다. 그것만이 아니라 외적인 대상으로서의 사태도 존재하지 않는다. 내면과 외적 세계라는 구별이 생겨나 있지 않다. 따라서 자기의 감각도 없다. "자기의 몸이 체험되지 않는 이상 자기와 타자, 자기와 사태의 구별이 행해지지 않는다. 정확히는 자타미분이 아니라 자타부재이다"(7쪽).

무라카미와 들뢰즈의 평행성은 이유 없는 것은 아니다. 현상학이 칸트의 초월론 철학을 독자적 방식으로 철저히 추구하려고 했음은 잘 알려져 있다. 그러나 그 창설자인 후설에게는 아직 창설자이기에 한계가 있었다. 무라카미는 후설 자신은 현상학이 상호비판을 겪으면서 발전해갈 것을 바라고 있었다고 기술하고, 실제로 현상학을 발전시키고 있다('시선촉발' 등의 새로운 개념의 창조). 마찬가지로 들뢰즈도 역시 칸트의 초월론 철학을 독자적 방식으로 철저히 추구하려고 했다. 그 작업 내에는 후설의 비판적 극복도 포함되어 있다. 그렇다면 무라카미가 주장하는 새로운 현상학(발생론적 현상학)과 들뢰즈의 철학이 호응하는 것은 오히려 당연하다.

13. 들뢰즈에게 있어서 라이프니츠 철학의 중요성에 관해서는 國分 2004를 참조하라.

14. 라이프니츠에 있어서 가능세계라는 생각은 '필연적 진리'와 '우연적 진리'의 구별에 기반을 두고 있다. 이 구별은 '영원진리'와 '사실진리', '사고의 진리'와 '사실의 진리'등으로도 환언되고, 라이프니츠 철학의 한 기초를 이루고 있다(Letter à Arnauld, 4/14 juillet 1686, in Leibniz 1988, p.115). 필연적 진리란 그 반대를 생각할 수 없는 것으로, '논리학, 수, 기하학의 진리'가 그 예이다. 그에 비해 우연적 진리, 사실 진리란 그 이름대로 사실 혹은 현실의 것을 말한다. 바꿔 말하면 라이프니츠에 의하면 현실은 우연이다(Leibniz 1714(1986), §33, p.89).

15. "어떤 단순실체도 다른 모든 실체를 표현하는 관계들을 갖고, 따라서 우주를 비추는 영원의 살아 있는 거울인 것이다"(Leibniz 1714(1986), §56, pp.103-105). 이 단순실체를 라이프니츠는 '모나드Monad'라 부른다. 모나드는 '우주 전체를 표상하고 있다'라고 표현되지만, 이것도 완전히 같은 것을 의미하고 있다.

16. "어떤 개별적 실체도 각자의 방식으로 우주 전체를 표현하고 있고 또한 그 개별적 실체들이 갖는 개념 중에는 그 실체에서 일어나는 모든 사건이, 그 사건에 동반되는 온갖 상황이나 외적 사물과 함께 포함되어 있다"(Leibniz 1686(1988), §9, p.44). "무릇 참된 긍정명제에 있어서는 필연적인지 우연적인지, 보편적인지 특수적인지의 여부는 관계없이 술어의 개념은 이른바 항상 주어의 개념 속에 포함되어 있다"(Letter à Arnauld, 4/14 juillet 1686, in Leibniz 1988, p.121).

17. 들뢰즈도 또한 술어의 주어에 대한 내재에 앞서 공가능적인 관계가 있음에 주의해야 한다고 기술하고 있다. "라이프니츠의 철학 속에서 술어의[주어에 대한] 내재를 새삼스레 특권화하는 것은 자의적이다. 왜냐하면 표현적인 모나드에 대한 술어의 내재는 우선 첫 번째로, 표현된 세계의 공가능성을 전제하고 있기 때문이다"(Ls, p.135). "공가능성은 개체적 주어 혹은 모나드 속에 술어가 내재하는 것조차 전제하고 있지 않다. 사태는 그 반대로, 우선 최초로 공가능적인 사건에 대응하는 술어만이[주어에] 내재하는 술어로서 규정되는 것이다"(LS, p.200).

18. 『주름』(1988년) 내에서 들뢰즈는 라이프니츠가 『형이상학 서설』에 적어둔 "술어, 즉 사건[prédicat ou événement]"이라는 표현에 주목하고 다음과 같이 기술하고 있다. "술어는 동사이고 동사는 계사繫辭, copula와 속사屬辭로는 환원할 수 없다는

것이 라이프니츠 사건 개념의 기초이다"(PL, p.71). 예를 들어, 죄인 아담이라는 모나드를 발생시키는 것은 '죄를 범하다pécher'라는 사건이지, 아담이라는 모나드를 분석해보면 '죄인이다être pécher'라는 속성attribut이 발견되는 것은 아니다. 라이프니츠에게 술어란 사건이며 그것은 '죄를 범하다'와 같은 동사verbe에 의해서만 지시할 수 있는 것이다. 『의미의 논리』는 나아가 다음과 같이도 기술하고 있다. "**푸르게 되다**[verdoyer]는 그 주변에서 수목樹木이 구성됨의 특이성-사건을 지시하고 있다. 혹은 **죄를 범하다**[pécher]는 그 주변에서 아담이 구성됨의 특이성-사건을 지시하고 있다. 그러나 **푸르다**[être vert]나 **죄인이다**[être pécheur]는 이미 구성이 끝난 주어인 수목이나 아담의 분석적 술어이다"(LS, p.136. 강조는 원문). 들뢰즈에 의하면 라이프니츠는 항상 '주어-동사-목적보어subjet-verbe-complément'라는 도식으로 사고하고 있는 것이고, 그것은 고대로부터의 '주어-빈사-목적보어subjet-copule-attribut'라는 도식에 저항하는 것이다(PL, p.71).

19. "이것이 설명하고 있는 것은 라이프니츠가 특이점과 작용의 이론에 있어서는 이 정도로까지 앞서 나아가 있었음에도 전前-개체적인 것을 구성이 끝난 개체의 부근에서만, 양식에 의해 이미 형성되어 있는 지대 속에서만 구성할 수 있었다는 것이다(새로운 개념의 창조라는 임무를 철학에 부여하면서도 '기성의 감정들'을 전도하지 않는 한에서라는 조건을 거기에 부가하는, 라이프니츠가 부끄럽게 여겨야 할 선언문을 참조하라)"(LS, p.141).

20. "실재적인 것이 가능해지는 것이지, 가능한 것이 실재적으로 되는 것은 아니다" (Bergson 1934(2008), p.115).

21. "잠재적인 것은 현실적인 대상에 관여하는 대역적 특징에는 복종하고 있지 않은 것이다. 잠재적인 것은 그 기원에서부터 보아도, 또 그것만이 아닌 그 고유한 본성에서부터 보아도, 절편이고 단편이며 박피剝皮이다"(DR, p.133).

22. '죽음 본능'이라는 말에 관해 한마디 언급해두고자 한다. 프로이트는 생물 내에서 발견되는 죽음을 향한 충동을 "Todestrieb"라 불렀다. 이것은 종종 '죽음 욕동欲動'이라고 번역되지만 이 책에서는 들뢰즈의 독자적 논의에 따라 이것을 '죽음 본능'이라 부른다. 이하 그 이유를 간단히 설명한다. "Todestrieb"는 프랑스어로는 일반적으로 "Pulsion de mort"라 번역된다(라플랑슈&퐁탈리스Laplanche & Pontalis 1977을 참조하라). "Pulsion"이라는 말은 '욕동'에 가깝고, 에너지의 발출이나 움직임을 상기시키는 말이다. 그렇지만 독일어의 "Trieb"라는 말에는 이

른바 '본능'이라는 의미도 있기 때문에 이것을 "instinct de mort"라고 번역하는 것도 가능하다. 실제로 영어에서는 "death instinct"라는 번역어가 일반적이다. 이 번역의 경우는 원리나 원칙이라는 의미가 강해진다. 들뢰즈는 이상의 사태에 입각해서 또한 '생의 본능'을 '에로스', '죽음 본능'을 '타나토스'라고 환언하고 다음과 같이 논한다. 순수한 에로스나 순수한 타나토스를 그 자체로서 경험하기는 불가능하다. 실제로 경험세계에 주어지는 것은 성적인 충동이나 파괴충동 등 에로스와 타나토스가 혼합된 것이다. "Pulsion"이라는 말은 이 경험세계에서의 현현을 지명하는 데 적합하다. 그에 비해 '조용한 초월론적 심급'(경험세계를 정초하는 초월론적 원리)을 지명하는 데 있어서는 "instinct"라는 말을 사용해야 할 것이다(PSM, p.100). 이 책은 들뢰즈의 논의에 따라 초월론적 원리로서의 Todestrieb를 논하고 있으므로 이것을 "instinct de mort"라고, 즉 '죽음 본능'으로 번역하기로 한다.

23. "그 기능[외상성 신경증 환자의 꿈에서 작동하고 있는 심적 장치의 기능]은 쾌락원리에 모순되는 일 없이, 게다가 그것과는 독립해 있고 쾌락의 획득이나 불쾌의 회피의 도모 이상으로 근원적인 것이라 생각된다"(Freud 1920(1999), S.32).

24. 이 점은 자크 데리다가 『우편엽서』에 수록된 「사변하다―'프로이트'에 관하여」 내에서 명확히 지적하고 있다(Derrida 1980, p.374). 쾌락원리(데리다는 이것을 'PP'라고 약기略記한다)는 그 지배를 주장했을 때 현실원리(마찬가지로 'PR'이라 약기된다)와 쌍이 되지만 그 지배가 확립되기 이전에도 심적 장치 내부에는 PP를 향한 경향이 있고, 데리다는 이것을 'pp'라고 쓰면서 pp를 분모, PP+PR을 분자로 하는 정식을 제시하여 이상의 과정을 정리하고 있다.

25. 들뢰즈도 그것을 강조하고 죽음 본능(타나토스)은 삶의 본능(에로스)에 대치하는 것은 아니며 어떠한 의미에 있어서도 그것과 대칭적으로 되는 일은 없다고 기술하고 있다(DR, p.147).

26. 그 때문에 우울증 환자에게는 과잉한 자조나 자책이라는 자아감정의 저하가 보인다. 사랑하는 대상으로 향해지는 비난이 자기 안의 일부(유령과 같은 것으로서 자기 내에 재현된 상실대상)로 향해지기 때문이다.

27. 또한 대상상실이 반드시 우울증을 일으키는 것은 아니다. 우울증이 일어나는 조건 중 하나는 최초의 집중대상의 선택이 자기애적인 기반 위에서 행해지고 있다는 것이다. 원래의 선택이 자기애적이었기 때문에 대상집중이 깨끗하게 방기됨

과 함께 그 리비도만이 강력하게 계속 남아 잃어버린 대상과의 동일시에 충당되는 것이다.

28. "자아는 이렇게 해서 대상집중의 리비도를 지배하고 유일한 사랑의 대상이 되거나, 에스의 리비도를 탈성화하든가 승화하면서 에로스의 의도와 반대로 작동, 적 쪽의 본능활동에 봉사한다"(Freud 1923(1999), S. 274–275).

제3장

1. 혹은 또 다음과 같이도 기술하고 있다. "프루스트의 작품은 과거와 기억의 발견을 향하고 있는 것이 아니라 미래와 습득의 진전을 향하고 있다"(PS, p. 36).

2. "여기서 문제가 되는 것은 무의식적인 기억의 제시가 아니라 한 습득의 이야기이다. 더 명확하게 말하자면 **한 사람의 문학자의 습득**이다"(PS, p. 10. 강조는 지은이).

3. 그러면 주인공이 최초의 단계에서 알지 못했던 것은 무엇인가? 그는 제3편 『게르망트 쪽』에서 다음과 같이 기술하고 있다. "그렇지만 프랑수아즈가 누구보다도 먼저 보여준 본보기가 있다(그것을 내가 이해하게 된 것은 훨씬 나중이 되어서로, 이 **작품의 말미쪽 권**에서 보이듯이 더욱더 중요한 인물에 의해 다시 한 번 그 예가 더욱 강한 형태로 주어졌을 때에 지나지 않다). 그것은 진리가 명백해지기 위해서는 말해질 필요는 없다는 것[que la vérité n'a pas besoin d'être dite pour être manifestée]이고 필시 말을 기대할 것까지도 없이, 또 말 따위는 일절 고려할 것까지도 없이 외부에 나타난 무수한 기호signe 속에서, 아니 그뿐 아니라 물리적 자연계에 있어서 대기의 변화처럼 인간의 성격에 관한 영역의 눈에 보이지 않는 몇몇 현상 속에서조차 더 한층 확실히 진리를 이해할 수 있다는 것이었다"(프루스트 2006—07. (5) 133쪽). 강조는 지은이. 원문을 참조해서 일부 번역문을 수정했다. 또한 일어판 번역자에 의하면 '이 작품의 말미쪽 권'이란 제5편 말미에서 제6편 초반에 걸친 부분을 가리킨다). 진리는 말해질 필요가 없다. 기호의 해독 방식을 자신 나름의 방식으로 습득하고 자신 나름의 방식으로 획득하는 것이야말로 중요하다. 그리고 그 습득에는 시간이 걸린다. 여기에서는 베르그송적인 직관, 스피노자적인 진리관과 통하는 생각이 발견된다.

4. "이미 콩브레에서도, 나는 어떠한 이미지에 마지못해 강요당해 자신의 정신이 직

면하는 그 이미지를 주의 깊게 응시하는 일이 있었다. 그것은 한쪽의 구름이었거나 삼각형이었거나 종탑이나 꽃이나 자갈이었거나 했지만 그때 나는 필시 이러한 기호signe 아래에서 완전히 다른 무언가가 있고, 나는 그 발견에 힘써야만 하며, 그러한 기호는 바로 물질적인 대상밖에 나타내고 있지 않다고 생각될 법한 그 상형문자와 같은 방식으로, 하나의 사상을 표현하고 있는 것이라고 느끼고 있었다. 아무래도 그 판독은 곤란하겠지만 그러나 그것만이 읽을 만한 어떠한 진리를 부여하는 것이었다. 왜냐하면 휘황하게 빛을 뒤집어쓴 세계 속에서 지성이 틈을 통해 직접 파악된다는 진실은 인생이 뜻하지 않게 하나의 인상 속에서(감각을 통해 들어온 것이므로 물질적인 것이지만, 그러나 거기서부터 정신을 꺼내는 것도 가능한 인상 속에서) 전해준 진실에 비하면 그렇게 깊지도 필연적이지도 않기 때문이다. 요컨대 마르탱빌 종탑의 풍경이 부여해준 인상이든, 두 개의 고르지 않은 포석이나 마들렌의 맛 등이 준 잠재적인 기억reminiscence이든, 어느 경우에도 골똘히 생각하고, 요컨대 어두운 곳에서부터 내가 느낀 것을 꺼내고 그것을 정신적인 등가치의 것으로 바꾸려고 노력하면서 감각을 그것에 따른 법칙이나 관념의 표징signe으로 해석하는 데 노력해야만 하는 것이었다"(프루스트 2006—07, (12) 388-389쪽).

5. "우리에게 탐구를 강요하고 우리로부터 평화를 빼앗는 기호의 폭력이 항상 존재하고 있다. 진리는 친화적 관계나 적극적 의지에 의해서는 발견되지 않고 비의지적 기호에 있어서 **스스로 나타나버린다**[*se trahit*]"(PS, p.24. 강조는 원문). 우리는 나중에 여기서 말하고 있는 '평화'를 '수동적 종합'이라는 지복至福으로서 재정의할 것이다.

6. "'나는 진리를 원한다'라고 하는 사람은 무엇을 원하고 있는 것일까? 그는 강제되고 강요되어야만 진리를 원하는 것이다. 그는 어떤 기호에 대해 한 만남의 지배 하에서만 진리를 원한다"(PS, p.25).

7. "만남의 우연과 강제의 압력은 프루스트에 있어서 두 가지 기본적인 테마이다. 명확히 말한다면 한 만남의 대상이 되고 있는 것은 기호이고, 기호가 우리에게 이 폭력을 행사하는 것이다. 사유되는 것의 필연성을 보증하는 것은 만남의 우연이다"(PS, p.25).

8. "의지의 노력에 의해 기획된 작업은 없는 것과 같다. 문학에 있어서는 그러한 작업은 필연성의 흔적이 결여하고 있는 지성의 진리로만 우리를 유도할 수 있다"(PS, p.30).

9. "행동으로서의, 또한 시점으로서의 반복은 교환 불가능한, 치환 불가능한 어떤 특이성에 관여한다"(DR, p.7).

10. "일반성이란 어떤 항도 다른 항과 교환 가능하고 다른 항으로 치환할 수 있다는 시각을 표현하고 있다"(DR, p.7).

11. "그러한 융합[마음속에서 수행되는, 계기繼起하는 것의 융합]이 수동적 종합인 것이고, 이것은 **산다는 우리의 습관**을, 즉 **'그것'이 계속되어간다는 우리의 기대**[notre attente que «cela» continue]를, 혹은 두 요소의 한쪽이 다른 쪽에 이어서 생긴다는 우리의 기대를 구성하고 그렇게 해서 우리 **사례**의 영속을 보증하는 것이다"(DR, p.101. 처음과 두 번째 강조는 지은이, 마지막 강조는 원문).

12. "사유 속에서 강제적으로 일어나게 되는 비의지적 사유 외에 사유는 존재하지 않고 불법침입에 의해 우연에서부터 세계 속에 생겨나기 때문에 더욱더 절대적으로 필연적인 사유밖에 존재하지 않는다. 사유에 있어서 시원적始原的인 것, 그것은 불법침입이자 폭력이며, 그것은 또한 적이고, 어떤 것도 애지=철학을 전제하지 않으며, 일체는 혐지에서 출발한다"(DR, pp.181-182).

13. "숙고를 요하는 것은, 항상 단지 숙고를 요하는 것이 그 자신에서부터 이미 숙고되어야 할 것인 한에 있어서 이 '숙고하게 한다'라는 선물을 주는 것이다"(Heidegger 1954(1997), S.6).

14. "[하이데거는 사유와 사유시키는 것과의 유비·상동을 전제하고 있지만] 그것은 그가 '같은 것'의 우위를, 설령 이 '같은 것'이 차이로서의 차이를 긁어모아 포함한다고 간주되고 있어도 역시 놓지 않기 때문이다. 거기에서 '선물'에 관한 은유가 유래하고 있고, 폭력의 은유의 대용이 되고 있는 것이다. 이상의 모든 의미에 있어서 하이데거는 우리가 앞에서 주관적 전제라 부른 것을 방기하고 있지 않은 것이다"(DR, p.188 note 1).

15. 들뢰즈에게 있어서 '습득'의 중요성을 강조하고, 들뢰즈 철학에 의한 교육철학이라고도 말할 만한 것을 주장하려고 하는 시도가 세바스찬 샤르보니에의 『교육자, 들뢰즈』이다(Charbonnier 2009). 학생 내에 어떻게 사고를 도래하게 하는가 하는 질문(p.25)으로 관철된 이 책은 들뢰즈 연구를 넘어 교육 일반에 관한 유익한 시사를 주고 있다.

16. "사유의 초월론적 조건들이 선취되는 것은 어디까지나 '배운다'라는 것에서부터이지, 아는 것에서부터는 아니다"(DR, p.216).

17. "습득은 표상=재현전화와 행동의 관계에 있어서 ('같은 것'의 재생으로서) 행해지는 것이 아니라 기호signe와 응답의 관계에 있어서 ('다른 것'과의 만남으로서) 행해진다"(DR, p.35).

18. 『프루스트와 기호들』에서도 다음과 같이 말하고 있다. "어떻게 한 사람의 학생이 돌연 라틴어에 능숙하게 되는가, 어떠한 기호가 (사랑의 필요 또는 털어놓기 어렵기까지 한 필요에 의해) 그에게 있어서 습득에 도움이 된 것인가를 누가 알고 있을 것인가? 우리는 선생이나 부모가 빌려준 사전으로는 결코 습득할 수 없다. 기호는 관계로서의 이질성을 자신 속에 포함하고 있다. 사람은 누군가 어떤 사람처럼[comme] 하는 것에 의해서는 결코 습득할 수 없고, 습득의 대상과 유사한 관계에 있지 않는 어떤 누군가와 함께[avec]하는 것에 의해 습득한다"(PS, pp.31-32. 강조는 원문).

19. 들뢰즈의 '배운다'라는 테마에 주목할 때, 만년의 회화론『감각의 논리』(1981년)와 영화론『시네마』(1983, 1985년)가 단순한 '들뢰즈의 예술론'이라는 틀을 넘어, 실천적 과제를 담고 있는 저작으로서 나타나게 된다. 어느 저작도 각자의 방식으로 이미지의 독해 방식에 관여하고 있다. 또한 어느 저작이나 '어떻게 판에 박힌 형태에 빠지지 않는가' 하는 질문으로 일관되어 있다. 이것들은 어느 것이나 '어떻게 기호를 해독하는가' 하는 실천의 교육서가 아닐까?

20. "한 사람의 인물이 어떻게 배우려고 하는가(예를 들면, 어떠한 애착이 있어서 라틴어에 능숙한가, 어떠한 만남이 있어서 철학자가 되었는가, 어떠한 사전을 이용해서 사유하는 기술을 배우는가)는 결코 미리 알 수 있는 것은 아니다"(DR, p.215).

21. 확실히 '사유'라는 것에는 맨주먹의 이미지가 항상 따라다니고 있고, 또 들뢰즈는『프루스트와 기호들』에서는 다음과 같이 기술하고 있다. "'방법'이라는 철학적인 개념에 프루스트는 '강제'와 '우연'이라는 이중의 관념을 대립시킨다"(PS, p.25). '방법'이라는 말에는 '같은 것'의 재생을 떠올리게 하는 점이 있을지도 모르나, 이하 살펴보겠지만 문제와 질문을 둘러싼 들뢰즈의 논의는 그러한 것으로 환원할 수 없는 한 "방법"으로서 극히 유익하고 또한 실천적인 것이다. 또 앞에서 인용한 "조우하는 것, 그것은 발견하는 것이고, 포획하는 것이며, 훔치는 것이다. 단, 긴 시간에 걸쳐 준비하는 것 이외에 발견하기 위한 방법 따위는 존재하지 않는다"라는 문구로부터 알 수 있듯이, 들뢰즈는 '방법méthode'이라는 말을 까닭 없이 거부하고 있던 것도 아니다.

22. 일반적으로 방법은 복수의 수순을 포함하지만 직관은 단순한 것이므로 후자는 전자에는 친숙하지 않다고 생각되고, 실제로 베르그송 자신도 "직관이라는 말을 사용하기까지 오랫동안 망설였다"라고 기술하고 있다(B, p.1). 그러나 들뢰즈가 강조하듯이 "사실은 베르그송이 절대적으로 '명확한' 이론으로서의 철학을 만들기 위해 직관이라는 방법에 의지했던 것이다"(B, p.2).

23. "첫 번째 규칙: 문제 그 자체 내에서 진위의 검증을 행하고 거짓 문제를 부정하여 문제의 수준에 있어서 진리와 창조를 조화시킨다", "두번째 규칙: 환상과 싸우고, 참된 질적 차이 또는 실재의 구별을 발견한다", "세번째 규칙: 공간에 의해서가 아니라 차라리 시간에 의해 문제를 제기하고 해결한다"(B, pp.3, 11, 22. 원문에 있는 강조는 삭제).

24. "나는 철학의 중요한 문제는 일반적으로 제기 방식이 틀렸기 때문에 그 표현을 정정하면 자연히 해결되는 것이 많다[…]고 생각하고 있다"(Bergson 1934(2008), p.104).

25. "사고의 운동은 가정적인 것에서부터 필히 당연한 것으로 나아가는 것이 아니라 문제적인 것에서부터 질문으로 나아간다"(DR, p.255).

26. "질문은 명령이다"(DR, p.255).

27. 들뢰즈는 문제와 해의 이론을 논함에 있어서 '유태인 문제의 해결'이라는 사례를 든다(DR, p.241). 이 '해결'은 엄청난 공포를 야기했다. 들뢰즈의 문제와 해의 이론은, 철학이나 수학에는 머무르지 않는 우리의 '사유의 이미지' 그 자체에 관여하는 문제로서 제기되고 있다.

28. 실은 베르그송도 자신이 문제를 소멸시키려고 하는 것은 어디까지나 "우리를 공허에 직면시키기 때문에 현기증을 불러일으키는" 문제뿐이라고 기술하고 있다(Bergson 1934(2008), p.68, note 1). 들뢰즈는 "대단히 중요한 주석" 등으로 이것을 언급하고 있다(B, p.10, note 1). 베르그송의 경우도 무엇이든 '해결'하려고 하고 있던 것은 아니다. 단지 들뢰즈에게는 '거짓 문제'라는 문제 제기의 중요성에 입각한 다음 '문제' 그 자체를 보다 섬세하게 정의하는 이론이 필요했다.

29. "배운다는 것, 그것은 '이념'을 구성하고 있는 여러 관계들의 보편을 통찰하는 것이고, 그 관계들에 대응하고 있는 특이성들을 통찰하는 것이다"(DR, p.214). 수영도 또한 이 문제='이념'의 이론에서부터 다음과 같이 설명된다는 것은 대단히 흥미로운 일이다. "수영을 배우기는 우리 신체의 여러 특별한 점들을 대칭

적[객관적]인 '이념'의 여러 특이적인 점들과의 공역적^{共役的} 관계에 두고 문제적인 장을 형성하는 것이다"(DR, p.214).

30. 들뢰즈는 네오리얼리즘에 있어서 아이가 중요한 역할을 하고 있다고 말하고 있다. "네오리얼리즘, 특히 데 시카에 있어서(그 뒤 프랑스에서는 트뤼포에 있어서) 아이의 역할이 강조되어왔다. 즉, 어른의 세계에서 아이는 어떤 종류의 운동불능 상태에 사로잡혀 그것이 더욱 아이를 **보는 것과 듣는 것**으로 내모는 것이다" (IT, p.10. 강조는 지은이).

31. 들뢰즈는 운동 이미지로부터 시간 이미지로의 이행을, 철학사에 있어서 아리스토텔레스적 시간개념에서 칸트적 시간개념으로의 이행과 겹치고 있다. 운동 이미지에서는 시간은 간접적으로 제시되는 데 지나지 않는다. 즉, 행동 A로부터 행동 B, 그리고 행동 C라는 운동이 우선 있고 그것에 부수하는 것으로서 시간이 나타난다. 들뢰즈는 이것을 가리켜 '시간이 운동에 종속하고 있다'라고 말한다. 이것은 '운동의 수'로서 시간을 정의한 아리스토텔레스의 시간개념에 대응한다. 그에 비해 시간 이미지에서는 순수한 공허로서의 시간이 직접 제시된다. 즉, '운동이 시간에 종속하고 있다.' 이것은 감성의 순수형식으로서 시간을 정의한 칸트의 시간개념에 해당한다.

32. 들뢰즈는 아이린의 시각적 이미지에 관해서만 말하고 있지만 〈유럽 1951년〉의 공장 신^{scene}에서는 오히려 공장의 폭음이야말로 아이린을 졸도시킨 것처럼 그려지고 있다. 그렇지만 들뢰즈는 소리는 언급하지 않는다. 들뢰즈에 있어서 시각의 특권화는 하나의 논점이 될 것이다. 그에 비해 들뢰즈=가타리는 음악에 관해서 자주 이야기하고 있다.

33. 들뢰즈의 사유상을 설명하면서 우리는 『차이와 반복』의 시간론에서 나타나는 '수동적 종합이라는 지복'에 주목하고 그것에 의해 인간 속에 사유를 향한 적극적 의지를 발견해온 철학에 대한 들뢰즈의 비판을 뒷받침했다. 이 시간론은 (1) 습관의 시간(살아 있는 현재), (2) 기억의 시간(순수 과거), (3) 공허하고 순수한 형식으로서의 시간(미래)이라는 3구분의 도식에 의해 성립하고 있지만, 이것은 재인의 3구분, 즉 (1) 자동적 재인, (2) 성공한 주의 깊은 재인, (3) 실패한 주의 깊은 재인에 대응하고 있다. 여기서부터도 이 주체성의 논의와 사유의 이론이 그 발상에 있어서 공통적으로 깔려 있음을 이해할 수 있을 것이다.

34. "실망은 탐구 또는 습득의 기본적인 계기^{契機}이다. 기호 각자의 영역에 있어서 우

리가 기대하고 있는 비밀을 사물이 주지 않을 때에 우리는 실망한다. 그리고 이 실망 자체가 각자의 선에 따라 다원적이고 가변적이다. 최초로 보았을 때 우리를 실망시키는 것은 우선 없다. 최초의 경우란 미경험의 경우이고, 우리는 아직 기호와 사물을 구별하기가 불가능하며, 사물은 기호와 겹쳐져 기호를 혼란시키기 때문이다"(PS, p.46).

제4장

1. 『안티 오이디푸스』(1972년), 『카프카: 소수적인 문학을 위하여』(1975년), 『천 개의 고원』(1980년)의 세 권. 두 사람은 이 외에도 몇 개의 논문을 공동 서명으로 발표하고 있다. 그 서지정보에 관해서는 요시카와芳川·호리堀 2008에 수록된 훌륭한 문헌표를 참조하라. 또한 1991년에 두 사람은 공동 서명으로 『철학이란 무엇인가』를 출판했지만 이미 접했듯이 이 책은 들뢰즈 한 사람이 썼음이 명백해졌다(제1장 주2). 이 사실은 이 책의 내용에서도 확인 가능한 바이고, 여기서는 일관해서 이 책을 들뢰즈의 저작으로서 다룰 것이다.

2. 이상의 경위로부터 용이하게 추찰할 수 있듯이 '둘이서 쓰다'라는 이 실험은 완전히 들뢰즈의 주도하에 행해졌다. 저작활동이나 이론의 전환점에 접어들고 있던 들뢰즈는 그 난점을 극복하기 위해 가타리를 이용했다. 그렇게 말해도 좋을 정도이다. 실제로 가타리는 『안티 오이디푸스』의 출판 뒤 허탈감과 열등감에 시달리는 곤란한 시기를 맞이하게 되었다. 도스는 가타리의 일기로부터 다음과 같은 말을 골라내고 있다. "쭈그러들고 싶다, 다시 한 번 하찮게 되고 싶다, 자신이 잘난 것처럼 존재하고 있는 상태와 연을 끊고 싶다… 그러한 기분이 강해져서 질이 나를 이런 고역에 끌어들인 것을 원망스럽게 생각할 정도다", "[들뢰즈는] 실로 잘 작업했다. 나와는 전혀 비교할 바가 안 된다. 나는 애초부터 독학에, 아마추어보다 조금 더 나은 정도로, 해보니 쥘 베른 같았다…" 가타리는 다음과 같은 고백까지 하고 있다. "나는 『안티 오이디푸스』 속에서 자신의 모습을 인식하기가 불가능하다"(Dosse 2007, p.24).

3. 이것은 원래는 자크 라캉이 창설한 '파리 프로이트파Ecole freudienne de Paris'에 대한 구두발표이다. 롤랑 바르트가 이 텍스트를 절찬하고 잡지 《코뮤니카시옹》에 발표

할 것을 가타리에게 요청했다고 한다. 그렇지만 그것을 안 라캉이 분개하여 어째서 자신의 잡지《실리셋Scilicet》에 게재하지 않는가 하고 가타리에게 강요했다. 가타리는 이 명령에 따라 그 연유를 바르트에게도 전하지만, 라캉 쪽은 언제까지고 게재의 약속을 지키지 않고 텍스트의 간행을 질질 끌게 되어 결국 1972년에 장 피에르 파이유의 잡지《샹쥬》(Change, n⁰, 12, seuil)에 게재된다(이상의 경위에 관해서는 Dosse 2007, p.92를 참조하라). 또한 가타리는 1964년 라캉에 의한 파리 프로이트파의 창설에도 참가하고 있었고, 당초는 라캉으로부터도 높은 평가를 받고 있었다. 그러나 라캉이 자크-알랭 밀레유 일파를 우대했기 때문에 점차 후계자가 될 가능성을 잃어갔다. 라캉은 들뢰즈를 높이 평가하고 있었다. 자신의 아랫사람이라고 생각하고 있던 가타리가 그 들뢰즈와 함께 작업하고 있다고 알고 저작의 내용을 살피려고 다시금 가타리에게 급히 접근한 일도 있었지만, 가타리는 라캉과 재회했을 때 자신이 그와 결정적으로 단절되어버리고 있음을 이해했다. 1971년 10월의 일이다(Dosse 2007, p.223).

4. 이 책은 질 들뢰즈를 논술 대상으로 하고 있으므로 넓은 의미에서 구조주의의 문제를 다루기는 불가능하다. 이른바 '프랑스 현대사상'에 있어서 구조주의적 사고의 문제에 관해서는 사토佐藤 2008을 반드시 참조하라. 특히 여기서는 라캉의 해석을 둘러싸고 이 책에 많은 것을 빚지고 있다.

5. "현대의 인간노동은 **기계노동의 잔여의 부분집합**에 지나지 않는다. 잔여인 인간행동은 이미 기계의 질서로부터 스며 나오는 주체적인 과정의 부속적·부분적인 과정일 뿐이다. 실제로 **기계가 욕망의 핵심으로 이행한** 것이고, 잔여인 인간의 행동은 개인의 상상계 전체에 대한 기계의 **체크포인트일 뿐이다**"(MS, p.242. 강조는 원문).

6. 지바 마사야干葉雅也는 이 책과 마찬가지로「기계와 구조」의 이 한 구절을 독해하면서 가타리가 이용한 '대상=기계 a'라는 표현을 1970년대 후기 라캉의 사상과 연결한다는 흥미로운 독해를 행하고 있다.「기계와 구조」에 대한 우리의 독해는 대단히 한정된 것으로 이 텍스트를 보다 폭넓은 관점perspective에 두기 위해서도 지바의 논고는 필독해야 한다(干葉 2012).

7. 이러한 다소 난폭하게 생각되기도 하는 표현은, 예컨대 라캉파 정신분석 이론을 다음과 같이 설명하는 후지타 히로시藤田博史의 말에 약간 수정을 가한 것이다. "상징적 거세에 의해 생긴 Φ라는 진리는 **인간을 인간이게 하고 있는 궁극적인**

조건이고, 이 진리야말로 프로이트가 분석의 경험 속에서부터 명백하게 한 '역사적 진리die historische Wahrheit'에 다름 아니다"(藤田 1990, 80쪽. 강조는 지은이). '인간'이라는 말을 사용한 설명은 모호함을 동반하고 있을지도 모르지만 역으로 라캉파 정신분석 이론에서 '인간'의 한 이미지가 역시 존재하고 있다는 것, 그리고 들뢰즈=가타리의 비판은 그것과 무관계하지는 않다는 것을 제시하기 위해 유익하다고 생각한다.

8. 이상의 설명은 후지타藤田 1990, 2002에 많은 것을 빚지고 있다. 특히 원 저서의 제4장을 참조하라. 또한 아래에서는 적절하게 라플랑스&퐁탈리스 1977, 카우프만 편 1997도 참고하고 있다.

9. 또한 라캉 이론에 있어서 '대상 a'는 그 이름에 반해서 욕망의 단순한 대상이 아니라 욕망의 원인으로서 위치하고 있다. "object a를 '욕망의 대상'이라 부르는 것은 라캉의 가르침 속에서는 과도적過渡的 용어이다"(小笠原 1989, 69쪽).

10. 또한 들뢰즈의 미분이라는 생각은 칸트의 물 자체를 미분계수와 같은 것으로서 이해하려고 한 포스트칸트학파 철학자 살로몬 마이몬Salomon Maimon(1754~1800)을 참고하고 있는 듯하다.

11. 들뢰즈는 이것을 알튀세르와 그 협력자들에 의한 새로운 마르크스주의 해석과도 연결한다. 그것에 의하면 생산적 관계들은 미분적 관계로서 규정된다. 생산적 관계들은 구체적인 인간 사이에 있는 것이 아니라 상징적인 가치를 지닌 자로서 규정된 '대상object'과 '행위자agent' 사이에 있다. 각 생산양식은 이 생산적 관계들에 대응하는 특이성에 의해 특징지어진다(ID, p.248).

12. 『의미의 논리』는 시간이 아닌 사건에 주목하고 다음과 같이 기술하고 있다. "구조와 사건을 대립시키는 것은 부정확하다. 구조는 이념적 **사건**[*événements idéaux*]의 지대, 즉 구조에 있어서 내적인 **역사**[*historie*] 전체를 지니고 있다"(LS, p.66. 강조는 원문). 여기서도 들뢰즈의 어떤 망설임을 읽어낼 수 있을 것이다. 구조는 확실히 사건을 다룬다. 그러나 그것은 "이념적"인 사건에 지나지 않는다. 구조는 확실히 역사를 다룬다. 그러나 그것은 "구조에 있어서 내적"인 역사에 지나지 않는다. 가타리는 이에 비해 '기계'의 개념에 의해 사건이나 역사 그 자체를 다루려고 하고 있었다.

13. 아즈마 히로키東浩紀는 그 주목할 만한 자크 데리다론(東 1998) 내에서 데리다의 이론적 궤적을 부정신학否定神學에 대한 투쟁으로서 그려 보았다. 아즈마는 그 도

중에 들뢰즈와 접하고 그 사상이 부정신학적임을 지적하고 있다(196쪽 이하). 그렇지만 아즈마 자신이 『차이와 반복』의 상세한 독해로 제시하고 있는 바대로 (205쪽 이하), 들뢰즈와 부정신학적 사고의 관계는 오히려 **모호하다**고 생각해야 할 것이다.

14. 들뢰즈는 다음과 같이 확실히 기술하고 있다. "**구조주의는 주체를 소거하는 사유는 전혀 아니다.** 그런 것이 아니라 주체를 세분하고 그것을 체계적으로 배분하는 사상이고, 주체의 자기동일성에 이론異論을 주장하며 주체를 확산시킴과 함께 장소로부터 장소로 이동시키는 사상이다. 그때 주체는 항상 노마드Nomad 적이다. 이 노마드적 주체는 여러 개체화로 이루어져 있지만, 단 이 개체화는 비인칭적인 것이며, 혹은 그것은 여러 특이성으로 이루어져 있지만 이 특이성은 전前−개체적인 것이다"(ID, p.267. 강조는 지은이).

15. 슬라보예 지젝은 라캉파 정신분석을 절반쯤 노악露惡적으로 사회분석에 응용하여 이 난해한 이론을 실로 명쾌하게 설명해 보였다. 그가 최초로 고른 대상은 이데올로기였다. 이데올로기는 일반적으로 생각되고 있는 것과는 반대로, 믿을 수 없는 것에 의해서 비로소 작동한다(Žižek 1989). 예를 들면, 누구도 스탈린의 위대함 같은 것은 믿고 있지 않고 그가 치열한 권력투쟁과 숙청 끝에 '위대한 동지'의 지위에 도달했음을 알고 있다. 그러나 바로 그 때문에 스탈린니즘은 작동한다. 따라서 사람들이 정말로 이것을 믿기 시작했을 때 이데올로기는 붕괴한다. 정말로 믿어버리면 믿고 있는 것과 현실의 간극이 충돌하지 않을 수 없기 때문이다. 이것이 들뢰즈가 들고 있는 대상=x가 실제로 메워져버리는 사태이다.

16. 아즈마 히로키의 정리에 따라 전자를 '초월론적 시니피앙', 후자를 '초월론적 시니피에'라 부르는 것이 가능할 것이다(東 1998, 101쪽, 주(26)).

17. "따라서 원억압, 즉 욕동의 심적 표상이 의식에 받아들여짐이 거부되는 것으로 이루어지는 제1단계의 억압을 인정하는 이유가 있다. 이 원억압과 함께 **고착**이 생긴다. 왜냐하면 해당 대표는 그 이후 불변인 채 존속하고 욕동이 그것과 결부하는 상태가 이어지기 때문이다"(Freud 1915(1991), S.250. 강조는 원문).

18. "원억압의 원리는 무엇보다도 그 결과로부터 지정되고 있다"(라플랑스&폰탈리스 1977, 119쪽).

19. "내가 다른 곳에서 기술한 것이지만 우리가 치료활동에 있어서 관계를 갖는 대부분의 억압은 **원억압을 답습한** 억압의 사례인 것이다. 그것들은 이전에 행해

졌던 **원억압**을 전제로 하고 이것이 보다 최근의 상황에 대해 인력적인 영향을 미치는 것이다. 억압의 이 배경과 전 단계에 관해서는 아직 너무나 적은 것밖에 알려져 있지 않다"(Freud 1926(1991), S.121. 강조는 원문).

20. 나아가 바꿔 쓰기 한다면, 위장을 '표면에 있는 의식'과 '심층에 있는 무의식'이라는 도식에 적용하면 '억압'이라 불리는 것이다. 예를 들면, 프로이트의 환자였던 소년 한스는 '말에게 물린다'라는 공포를 품고 거리에 나가지 않게 되었지만, 이것은 분석 결과, 아버지에 대한 적의가 변화한 것이었음을 알 수 있었다. 이것은 통상 아버지에 대한 적의가 억압되고 그 뒤에 말에 대한 공포로 위장되었다고 생각되기 쉽지만, 들뢰즈의 진단에 의한다면 함께 말놀이를 한 부친 표상의 위장이 단지 있는 것으로, 그것이 다른 면에서는 억압으로서 설명된다.

21. "반복은 그 반복을 구성하는 요소들로서의 위장과 치환 속에서 짜이는 것으로, 반복이 그것에 앞서는 것은 아니다"(DR, p.148). 무릇 들뢰즈는 서론에서 이미 다음과 같이 기술하고 있다. "위장과 이형variant, 가면 혹은 가장은 '위로' 씌워지는 것이 아니라, 반대로 반복 그 자체의 내적인 발생적 요소인 것이고 반복을 만드는 구성적 부분인 것이다"(DR, p.27).

22. "프로이트에게 있어서 갈등 모델의 우위를 거들고 있는 것은 억압 이론뿐만 아니라 욕동 이론에 있어서 이원론이기도 하다. 그렇지만 갈등은 그것보다도 훨씬 정묘한 차이적=미분적인 메커니즘(치환과 위장)의 소산인 것이다"(DR, p.140). '치환'과 '위장'이 '차이적=미분적'이라는 말로 형용되고 있음은 들뢰즈가 여기서 구조주의적으로 생각하고 있다는 증거이다.

23. "잠재적 대상으로서의 팔루스는 항상 그것이 거기서 결여하고 있는 그 장소에 있어서 불가사의와 수수께끼에 의해 지시되는 것인데, 그것은 바로 팔루스가 그 치환의 공간과 혼연일체가 되고 있기 때문이다"(DR, p.141).

24. 이하의 한 구절은 그런 의미에서 결정적일 것이다. 중요한 부분을 볼드체로 표시해둔다. "이 [잠재적] 대상 그 자체에 관해 말한다면, **그것을 궁극적 혹은 근원적인 항으로서 다루기는 더욱더 불가능한 것이다.** […] 그 대상이 팔루스와 '동일화'될 수 있음은 팔루스가 라캉의 표현을 사용한다면, 있어야 할 장소에 항상 없고 자신의 동일성에 있어서 결여되어 있으며 자신의 표상=재현전화에 있어서 결여하고 있는 한에서인 것이다. **요컨대, 궁극적인 항 따위는 존재하지 않는 것**이고 우리의 사랑은 어머니를 지시하고 있지는 않은 것이다. 어머니는 단지 우

리의 현재를 구성하는 계열 속에서는 잠재적 대상에 대해 어떤 한 장소를 점하고 있을 뿐이고, 이 잠재적 대상은 다른 주체성의 현재를 구성하는 계열 속에서 **필연적으로 다른 인물에 의해 채워지고**, 게다가 그때 항상 그러한 대상=x의 **치환이 고려의 대상이 되고 있는 것이다**"(DR, p.139).

25. 예를 들면, 다음 한 구절은 '그것인가 이것인가'라는 형태로 무의식 모델을 묻고 있지만 대립 모델과 대치시킴에 의해 계열 모델과 미세지각 모델이 모호하게 겹쳐 있다(알기 쉽도록 겹쳐지는 양자를 언급하는 부분에 밑줄을 그었다). "만약 어떤 이가 무의식이란 결국 대립적인가, 그렇지 않으면 <u>차이적=미분적인가</u>, 혹은 갈등의 상태에 있는 큰 위력들의 무의식인가, 그렇지 않으면 <u>계열상</u>ᵎ의 작은 요소들의 무의식인가, 혹은 대립한 큰 여러 표상=재현전화의 무의식인가, 그렇지 않으면 <u>차이화=미분화한 여러 미세지각</u>의 무의식인가 하고 묻는 것이라면, 그때 그 사람은 마치 라이프니츠 전통과 칸트 전통 사이의 저 오랜 망설임을, 또 저 오랜 논쟁도 부활시키고 있는 듯 보일 것이다"(DR, p.143).

26. 또한 다음과 같이도 말하고 있다. "이러한 구속은 참된 재생의 종합으로, 즉 하비투스이다"(DR, p.128). '하비투스'라는 말은 『차이와 반복』 내에서 '습성'이나 '습관'이라는 의미로 사용되고 있다.

27. 이 명제에 따른다면 들뢰즈에 의한 도라의 증상 해석은 다시 다음과 같이 재해석 가능할 것이다. 프로이트에 의하면 도라는 K에게 사랑을 품고 있었지만 그것을 부정하기 위해 유소년기의 부친에 대한 사랑을 부활시켰다. 그러나 도라는 동시에 K 부인에 대한 동성애적 사모도 품고 있었다. 그래서 이것들은 이미 대역적으로 파악된 '사랑'의 상태이다. 이 이전에 다양한 부분대상을 둘러싼 부분 욕동이 에스 속에서 오가고 있다(예를 들어, 도라는 K 부인의 '흰 육체'에 강하게 끌리고 있다). 그것들은 각자가 흥분해서 에스 안에서 반복되고 있다. 이것이 대역적으로 통합되었을 때 위와 같은 복잡하고 수미일관되지 않은 감정의 흐름이 만들어진다. 그에 따라 위장이 행해지고 그 결과 억압이 일어난다. 계열 모델에 의한 설명이 유효한 것은 어디까지나 대역적으로 통합된 사랑의 상태 이후의 일이다.

28. "라캉주의를 공연하게 신앙하고 있든 비밀리에 신앙하고 있든, 어쨌든 얼마나 많은 라캉주의적 해석이 구조론적 오이디푸스를 이렇게 해서 증거로 삼고, 이중의 종극ᵎᵎᵎ을 형성하고는 닫혀서, 우리를 아버지의 문제로 데려오며, 분열자

마저 오이디푸스화하고, 상징계에 있는 구멍이 우리를 상상계로 향하게 한다든가, 반대로 상상계에 있어서 실패나 혼란이 우리를 구조로 향하게 한다는 등으로 주장해왔던 것인가. 한 저명한 선구자가 그를 따르는 자들에게 말하고 있던 대로 당신 쪽은 이미 그것을 틀에 박힌 말로 삼아버린 것이다…. 우리가 상상계와 상징계 사이에서, 나아가서는 위기로서의 오이디푸스와 구조로서의 오이디푸스 사이, 혹은 문제와 해결 사이에서 어떠한 본성상의 차이도, 국경도, 한계도 긋게 할 수 없었던 것은 그 때문이다"(AO, p.98).

29. 신경증과 정신병에 관해서는 이 장에서 참조한 복수의 문헌에 의거하고 있지만 일단 마쓰모토松本 2012에서 극히 많은 시사를 얻었다.

30. "신경증에 있어서는 자아는 실재의 다양한 요구에 따르고, 에스의 여러 욕동을 억압하기를 개의치 않는다. 그렇지만 정신병에 있어서는 자아는 에스의 제국帝國 아래에 있고 실재와 단절되기를 개의치 않는다"(AO, p.145).

31. 가벼운 신경증 환자로서의 '정상인'이라는 이미지는 어떤 흥미로운 사례에 의해 전복되고 있다. 마쓰모토 2012에 의하면 근년 자크-알랭 밀레유가 '보통정신병 psychose ordinaire'이라는 새로운 심적 구조의 개념을 제창하고 있다고 한다. 이것은 정신병이라는 사태가 보통으로 생겨나 있는 증상을 가리킨다. 근년 프랑스에서는 공적 기관에서 무료로 정신분석을 제공하는 시도가 행해지고 있는데 그 기관을 방문하는 상담자 대부분이 '보통정신병'의 구조를 갖고 있었다고 한다. 마쓰모토는 "'보통정신병'은 21세기라는 시대의 지배적인 심리구조일지도 모른다"라고 기술하고 있다(마쓰모토 2012, 38쪽). 건강부회라 생각될지도 모르지만 필자에게는 이 사실은 들뢰즈=가타리의 분열분석이 갖는 선견성先見性을 증명하고 있는 듯 생각된다.

제5장

1. 이 책은 1961년에 『광기와 비이성』이라는 제목으로 출판되었지만 1972년의 재판에서는 『고전주의 시대의 광기의 역사』로 제목이 변경되었다(자크 데리다의 이 책에 대한 비판과 관계하고 있다고 생각된다). 여기서는 혼란을 피하기 위해 '광기의 역사'라는 제목만을 사용했다.

2. 이시오카 요시하루石岡良治는 푸코의 역사연구는 그 저작이 집필될 때마다 새로운 대상영역을 열어젖히고 있다는 것, 게다가 그 저작들은 해당 영역의 통념을 결정적으로 타파하고 있다는 것, 나아가서는 필시 통념을 타파 가능하다는 확신이 있을 때에만 서적이라는 형태가 선택되고 있다는 것을 지적하고 있다(이시오카 2003, 94쪽). 이시오카에 의하면 "설령 잠재적으로는 풍부한 테마—계일지라도 그것이 서적이라는 형태를 취할지 그렇지 않을지는, 명증성이 절단되고 새로운 대상이 구축될지 그렇지 않을지에 관한 그의 판단에 달려 있다." 마네론, 통치론, 신자유주의론 등 논고나 논의로 채택되고 또한 충분히 저작으로 할 가치가 있다고 생각되는 연구 테마가 몇 가지나 방기된 이유를 여기서 알 수 있을 것이다.

3. 푸코는 책을 쓸 때 한 번 전부 쓰고서 그것을 방기하고, 그 다음에 최종 원고를 쓰는 방법을 취하고 있었다. 『지식의 고고학』은 출판되지 않은 첫 번째 원고가 존재한다고 알려져 있다.

4. "역사가 푸코의 방법 일부를 이루고 있던 것은 확실합니다. 그러나 푸코는 결코 역사가는 아니었습니다. 푸코는 역사로써, 허다한 역사철학과는 완전히 다른 [역사와의] 관계를 만들어낸 철학자인 것입니다"(PP, p.130).

5. "고전주의 시대에 무종교자, 독신자瀆神者, 방탕자, 낭비가가, 우리가 뒤에 '정신증환자'라 명명할 자와 혼동되어 취급되고 있던 것은 사람들이 광기(그 고유한 결정론이나 무죄성)를 그다지 중요시하고 있지 않았기 때문은 아니다. 사람이 여전히 비이성에 그 완전한 권리를 인정하고 있었기 때문이다. 광인들을 이러한 연루로부터 해방하고 '자유롭게 하는' 것은 오랜 편견을 버리게 하는 것은 아니다. 그것은 고전주의 시대의 합리주의에 가장 날카로운 의미를 부여하고 있던, 비이성에 대한 저 철야의 경계를 '심리적인 잠' 때문에 방기하여 눈을 감는 것이다" (Foucault 1961(1972), p.210). 19세기 이성은 스스로가 실증성이라는 기초를 획득했다고 자부하게 되고, 데카르트나 스피노자의 철학(고전주의 시대의 합리주의)에서 보이던 "비이성에 대한 저 철야의 경계"를 방기하고 "심리적인 잠"에 도달한다.

6. 예를 들면, 어떤 시대의 의학서에 쓰인 하나하나의 '언표'는 그 시대의 의학적 '담론'의 규칙에 따르고 있다. '담론적 편성'이라는 말은 어떤 특정 시대의 '담론'이 아니라, '담론'이라는 것이 속하는 영역을 지명하기 위해 사용되고 있다.

7. 『고고학』은 경첩의 역할을 한 것이다. 이 책은 두 형태의 엄밀한 구별을 제창했

지만 언표의 형태를 정의하기를 과제로 하고 있었으므로, 또 하나의 형태 쪽은 '비담론적'으로서 부정적으로 다룰 뿐인 것에 머무르고 있다"(F, pp.38-39).

8. 담론적 편성과 비담론적 편성의 쌍은 들뢰즈에 의해 '언표énoncé'와 '가시성 visibilité', '언표 가능한 것l'énonçable'과 '가시적인 것le visible' 등으로도 환언된다. 이 쌍이 푸코에게 있어서의 '시대'라는 것을 구성하고 있음을 들뢰즈는 다음과 같이 설명하고 있다. "하나의 '시대[époque]'는 그것을 표현하는 여러 언표들과 그것을 만족하는 여러 가시성들에 앞서서는 존재하고 있지 않다. 그것들은 본질적인 두 측면이다. 한편으로 각자의 층, 각자의 역사적 편성은 가시적인 것과 언표 가능한 것의 한 배분을 포함하고 있다. 이 배분은 그 자신 위에서 행해지는 것이다. 다른 한편으로 어떤 층에서도 배분의 변이가 있다. 게다가 가시성 그 자체도 양태를 변경하고 언표도 그 자신이 체제를 변경하기 때문이다"(F, p.56). '언표'와 '가시성'은 알기 쉽게 환언하면 '언표'와 '사물'이 된다. 그러면 '언표'는 차치하고 왜 '가시성' 같은 용어가 필요하게 되는 것일까? 그것은 역사를 관통해서 존재하는 동일한 '사물'을 상정하는 것은 부정확하기 때문이다. 무엇이 가시적인가, 즉 무엇이 보이게 되고 있는가는 그 시대의 규칙에 따라 다르다. "물 자체"는 상정할 수 없는 것이다. 따라서 푸코에 의하면, 한 시대는 '무엇이 어떻게 말해질 수 있는가'(언표 가능성)와 '무엇이 어떻게 보이고 있는가'(가시성)라는 두 질문의 조합으로 생각해야만 할 것이다.

9. 당시는 범죄, 즉 법을 어기는 것은 군주의 인격 그 자체를 상처 입힌 것으로서 이해되었다. 따라서 형벌은 범죄자에 대한 군주로부터의 보복이었다. "법을 어김으로써 범죄자는 군주의 인격 그 자체를 상처 입힌 것이고 바로 그 인격이 […] 피처형자의 신체에 달려들어 낙인을 찍고 거꾸러뜨려 닦아세운 그 신체를 과시하는 것이다"(Foucault 1975, p.60).

10. "개혁자들이 행한 비판 중에 논구論究되고 있는 것은 권력의 원활함을 결여한 [사법상의] 경제책에 관해서이지 권력의 약체나 잔혹함에 관해서는 아니다[…]. /개혁의 참된 목적은, 게다가 개혁의 가장 일반적인 문언의 표명 당초부터 그 목적은 새로운 처벌권을 보다 공정한 원칙에 기반을 두어 수립한다는 점에 그다지 있지는 않다. 징벌권력의 새로운 '경제책'을 확립하는 것, 징벌권의 보다 좋은 배분을 확보하는 것, 징벌권이 특권적인 몇몇 지점에 과도하게 집중하거나 서로 대립하는 재판裁判 심급 사이에 과도하게 분열되거나 하지 않도록 하는 것, 따

라서 징벌권이 도처에서 연속적으로, 게다가 사회체의 최소 단위에까지 행사될 수 있는 동질적인 회로 속에 할당되도록 하는 것, 이상의 점에 존재하고 있다"(Foucault 1975, pp.95-96).

11. 이 '어떻게'는 푸코의 서술을 특징짓는 데 있어 극히 중요한 것이다. 즉, 푸코는 '왜'라고는 묻지 않는다. 왜냐하면 '왜'라 묻는 것은 어떠한/누군가의 의도를 상정해버리기 때문이다. 권력에는 전략은 있지만 의도는 없다.

12. '기율'의 논의는 대단히 알기 쉽기 때문에 안이한 논자에 의한 '응용'이 반복되었다. 그 때문에 『감옥의 탄생』 전체의 흐름이 그다지 주목되지 않은 듯 생각된다. 특히 제2부인 '개혁자'의 논의와 감옥 탄생의 어긋남의 문제는 이 책의 핵심을 이루는 논점임에도 거의 논의되고 있지 않다. 또한 이 책 전체를 읽는다는 것이 나태하게도 대수롭지 않게 생각되어왔기 때문에 푸코 논의의 모호한 점도 거의 지적되고 있지 않다. 예를 들면, 제4부에서는 감옥에 의한 재범자의 재생산이라는 실패(즉, 성공)를 논하고 있지만, 그것이 제3부에서 정식화된 기율과 어떠한 관계에 있는가를 푸코는 전혀 논하고 있지 않다.

13. "감옥=징벌은 사회의 작용 그 자체와 극히 밀접하게, 게다가 심층부에서 결부되어 있었으므로 18세기의 개혁자들이 상정하고 있던 다른 모든 처벌을 망각 속에 던져 넣어버릴 정도였다. /[…] 감옥이 갖는 자명성은 전제가 되고 혹은 요구되기도 한 그 역할, 즉 개개인을 변용하는 장치라는 역할에도 근거를 두고 있다. 오히려 감옥이 즉시 받아들여지지 않은 이유가 있을 것이다. 게다가 사람을 감금해서 강제하고 고분고분하게 만들면서, 그것은 사회체 속에서 발견되는 모든 메커니즘을, 경우에 따라서는 몇 가지 강조하면서 재생산하는 데 지나지 않기 때문이다"(Foucault 1975, p.269).

14. "『감옥의 탄생』의 몇몇 텍스트는 비행성을 감옥 쪽에 두고 있다. 그러나 실은 두 비행성, 즉 언표로 반송되는 '위법행위로서의 비행성'과 감옥으로 반송되는 '대상으로서의 비행성' 두 개가 있는 것이다"(F, p.69, note 20).

15. 들뢰즈는 다음과 같이 기술하고 있다. "방법론적인 결론을 끌어내어 지층화의 두 요소, 즉 언표 가능한 것과 가시적인 것, 담론적 편성과 비담론적 편성, 표현의 형태와 내용의 형태에 관한 일반이론을 만들어내는 것은 『지식의 고고학』이다. 그러나 이 책은 **언표에 근본적인 우선성을 주고 있는** 듯 생각된다. 가시성의 지대는 이미 부정적으로서만, 언표의 영역에 대해 보완적인 것에 지나지 않는

공간에 놓인 '비담론적 편성'으로서만 지시되는 것이다", "두 개[의 편성]는 서로를 전제로 하고 있고 또한 언표에 우선성은 부여되고 있지만 둘 사이에 동형성이나 일치는 존재하지 않는다. **언표의 우선성을 강조하는『지식의 고고학』에서조차 이렇게 말하고 있는 것이다**"(F, pp.57, 68, 강조는 지은이).

16. 들뢰즈에 의하면『감옥의 탄생』을 거치는 것으로 그때까지의『광기의 역사』, 『임상의학의 탄생』이라는 저작에서도 두 편성이 확실히 문제가 되고 있었음이 보다 잘 이해 가능하게 된다고 한다. 들뢰즈는『감옥의 탄생』의 서평논문 속에서 다음과 같이 말한다. "푸코가 이전의 책에서 이 두 형태들을 끊임없이 연구하고 있었음을 이제 우리들은 더 잘 이해할 수 있다. 그는『임상의학의 탄생』에서는 가시적인 것과 언표 가능한 것이라 말하고,『광기의 역사』에서는 시료원에서 보이는 것으로서의 광기와 의학에서 언표되는 것으로서의 비이성이라 말하고 있었다[…].『지식의 고고학』이 인식하고는 있으면서 비담론적 환경으로서 부정적으로만 지시되고 있었던 것이,『감옥의 탄생』에서 마침내 긍정적인 형태를 발견하는 것이다"(F, p.40).

17. 이 참조부분에 관해서는 보충이 필요하다. 최초의 부분은 단행본용 세 논고의 첫 번째『지층 혹은 역사적 구성체』와 두 번째『전략 혹은 지층화되지 않는 것』의 이음매이다. 들뢰즈는 전자의 말미에서 두 편성을 결부하는 '세 번째 차원'은 무엇인가 하고 묻는다. "이 차원, 이 새로운 축이란 어떠한 것일까?" 그리고 다른 논문에서 들뢰즈는 그 첫머리에서 "권력이란 무엇일까?" 하고 묻는다. 두 번째 논문은 권력과 앎의 관계나 권력의 다이어그램이라는 것 내에서 이 '세 번째 차원'을 권력으로서 위치시키고 있다. 이 논문을 읽으면 '세 번째 차원'이 권력임은 명백하지만 들뢰즈는 확실히 단언하기를 피하고 있는 듯 읽힌다.

18. "푸코는 봉인상을 분석하면서 '왕의 변덕'은 초월적인 권력의 속성으로서, 높은 곳에서부터 낮은 곳으로 가는 것이 아니라 오히려 실로 얌전한 사람들, 근친, 이웃, 동료 등에 의해 요청되었음을 보여준다. 이러한 사람들은 분쟁의 근원이 된 하찮은 골칫거리를 감시해주었으면 하여 가족이나 부부나 마을이나 일의 분규를 해결할 수 있는 내재적인 '공적 기관'으로서 절대군주를 이용하는 것이다"(F, p.35).

19. 권력이 '낮은 곳'에서 오는 가장 소름끼치는 예로서, 전쟁 전 일본의 '무라이켄운동無癩県運動'을 들 수 있을 것이다. 1930년대 한센병 환자를 밀고 등에 의해 적

발하고 시설에 강제 수용하여 현県에서 한센병을 없애려 한 사회운동이 일어났다. 정부에 의한 추진도 있었지만 이것을 지지한 것은 바로 '낮은 곳'에 있던 민중이었다. 이 운동에 관해 필자는 다카사키高崎경제대학의 고쿠분 제미나르國分 Seminar 소속 다카나시 미노리高梨みのり의 졸업논문「한센병 환자의 격리에서 본 권력ハンセン病患者の隔離から見た権力」(2013년)에서 많은 시사를 얻었다.

20. 일본에서는 파견노동을 둘러싼 법률이 푸코=들뢰즈가 기술하고 있는 것을 너무나도 알기 쉽게 재현해주고 있다. 파견노동은 경제적 격차를 낳는다고 용이하게 예상 가능했기 때문에 전후戰後는 법률에 의해 금지되어 있었다. 그렇지만 싼 값에 유연한 노동력이 필요해지자 재계로부터의 영향으로 법률이 변경되어 파견노동은 거의 전면적으로 해금되었다.

21. "마찬가지로 권력적인 관련들이 일시 유보되는 경우에만 앎은 존재할 수 있다든가, 앎은 자신이 행하는 금지명령이나 요청이나 이해관계와 떨어진 경우에만 발달할 수 있다든가, 그렇게 상정시켜두는 전통적인 생각 전부를 버릴 필요가 아마도 있을 것이다. 권력이 광인을 낳는다든가, 역으로 권력을 버리는 것이 사람이 학자일 수 있는 조건의 하나라든가, 그러한 생각을 버릴 필요가 아마도 있음에 틀림없다. 오히려 우리가 승인해야만 하는 것은 권력이 어떤 앎을 낳는다[…]는 점이고 권력과 앎은 서로 직접 포함한다는 점, 또한 어떤 앎의 영역과의 상관관계가 조합되지 않으면 권력관계는 존재하지 않고 동시에 권력관계를 상정하거나 조합하거나 하지 않는 앎은 존재하지 않는다는 점이다"(Foucault 1975, p.36).

22. "푸코의 실용주의"란 들뢰즈의 말이다(F, pp.59, 81).

23. 또한 푸코의 침묵의 8년에 관해서는 근년 콜레주드프랑스에서의 강의가 서적으로서 출판됨에 따라 그 사정이 구체적으로 판명되고 있다. 히로세廣瀨 2011을 반드시 참조하라.

24. '배치agencement'는『안티 오이디푸스』에 이어서 출판된 들뢰즈=가타리의 저작『카프카』(1975년)에서 도입된 개념이다. 이것은 대략『안티 오이디푸스』가 전면적으로 의거하고 있던 '기계'의 개념을 대신하는 것으로서 채용되고 있고 종종 '기계상狀의 배치'라는 형태로 등장한다. 필시 '기계'의 개념에는 다소 모호함이 있고 그것에 전면적으로 의거하기가 주저된 것이 이유였다고 생각된다(이 점에 관해서는 이 책 제4장을 참조하라). 또한 본문에서도 시사한 대로 "agencement"이

라는 말에는 그 자체가 자율적으로 작동한다는 의미가 들어가 있는 듯하다. '어레인지먼트'라는 역어는 강하게 객관적인 인상을 주기 때문에 그다지 바람직하다고는 말할 수 없지만 이미 보급되어 있으므로 이 책에서도 이것을 채용했다. 또한 "agencement"이라는 말에 '자율적으로 작동한다'라는 의미가 들어가 있다는 점에 관해서 필자는 스즈키 마사히로鈴木雅大 씨와의 사적인 대화에서 유익한 시사를 얻었다. 여기에 기록하여 감사하고 싶다.

25. 들뢰즈는 같은 부분에서 "사실을 말하자면 푸코는 기율사회란 우리가 지금 바로 거기서부터 탈각하려고 하고 있는 사회이고, 기율사회는 이미 우리들과는 무연하다는 것을 기술한 선구자의 한 사람인 것입니다" 등으로도 기술하고 있다. 그러나『감옥의 탄생』말미에서 기술되고 있던 것은 지배층에 의한 비행자의 활용이라는 폭력적인 형태가 기율이라는 온화한 형태로 대체되었다는 것이다("종별적이고 폐쇄적으로 단속할 수 있는 위법행위로서 계획 배치되는 비행성의 효용을 줄이는[…] 과정", "기율의 그물코의 증강"(Foucault 1975, pp.357, 358)). 들뢰즈의 이 발언은 꽤 창조적인 독해에 기반을 두고 있다.

26. 프랑스어에서는 공항의 여권 심사를 "contrôle des passeports"라 한다.

27. 고속도로에 감시 카메라를 두는 것으로 속도제한을 꾀함이 기율형 권력이라고 하면, 출구에서 ETC 카메라를 체크하고 입구에서 출구까지의 거리와 시간으로부터 속도를 계산하여 그것이 법정기준을 넘고 있다면 벌하는 것이 통제형 권력이다. 후자는 현재 일본의 고속도로에서 채용되고 있는 방식이다.

28. 가야노 도시히토萱野稔人는 논문「푸코의 방법―권력·앎·담론」내에서 들뢰즈의 푸코 독해를 설득력 있는 방식으로 비판하고 있다. 그 비판은 이 책의 논의와 직결되는 것이므로 여기서 소개해둔다.
가야노에 의하면 "들뢰즈는 권력의 관계를 힘의 관계 일반으로부터 구별하고 있지 않다." 들뢰즈는 "권력이란 여러 힘들의 관계이고, 혹은 오히려 온갖 힘들의 관계는 하나의 '권력관계'이다"라 말한다(F, p.77). 가야노는 이에 대해 "권력이란 여러 힘들의 관계이다"라는 명제로부터 "온갖 힘의 관계는 하나의 '권력관계'이다"라는 명제로의 이행에는 비약이 있다고 말한다. 확실히 권력관계는 힘의 관계의 하나이다. 그러나 힘의 관계는, 예를 들어 물리적인 힘의 관계(관성 등)도 포함하는 것으로 그것을 권력관계와 동일시하기는 불가능하다(萱野 2007, 214쪽).

이것은 극히 중요한 지적이라고 생각된다. 가야노와 같은 방식으로 들뢰즈의 푸코 독해를 읽어낸 작업은 지금까지 하나도 없고 그것에 응답한 논고도 존재하지 않는다. 푸코가 사용하는 각 개념에 관해서도 가야노만큼 명석하게 설명하고 있는 것은 달리 없으며, 이 논문은 지금까지 푸코에 관해 쓰여온 논문 중에서 가장 뛰어난 것 중 하나라고 말할 수 있다. 이 가야노의 지적에 이 책에서는 다음과 같이 대답하고 싶다.

푸코의 논의 내부에 머무르는 한 가야노의 지적은 완전히 옳다. 그러나 들뢰즈가 권력과 힘을 구별할 필요를 특히 느끼고 있지 않은 것은 본문에서 기술했듯이 들뢰즈가 권력이 아닌 욕망으로 생각하고 있기 때문이다. 권력을 최종적인 결정수준이라 생각한다면 권력과 힘의 구별은 불가결하다. 그러나 권력이 욕망의 변양에 지나지 않고 또한 욕망의 배치를 전제로 하고 있다면 이 구별은 이차적인 의미밖에 갖지 않는다. 그러므로 들뢰즈는 거기에 그다지 구애되지 않는다. 물론 이것은 아래에서도 기술하는 대로, 푸코=가야노의 실용주의의 가치를 조금도 폄하하지 않는다. 들뢰즈의 '욕망의 일원론의 철학'은 "권력에 대한 욕망의 우위"를 인정한 다음 권력장치의 분석을 중시하기 때문이다.

또한 가야노는 들뢰즈의 언표 이해에 대해서도 의문을 표하고 있다. 조금 길어지게 되겠지만 여기에 소개해두자. 들뢰즈는 『푸코』 내에서 언표에 관하여 다음과 같이 설명했다.

> 가령 언표가 반복하는 것은 '다른 것'이고, 게다가 '언표와 기묘하게도 유사하고 거의 동일한[lui être étrangement semblable et quasi identique]' 다른 것이어도 언표는 역시 그 자체로 반복인 것이다. 그러므로 푸코에게 있어서 최대의 문제는 언표가 전제로 하는 이러한 특이성은 어떠한 것인가를 알기일 것이다. 그러나 『고고학』은 여기서 멈추고 '앎'의 한계를 일탈해버리는 이 문제를 아직 다룰 준비가 되어 있지 않다. 푸코의 독자는 새로운 영역에, 즉 앎과 결합되는 것으로서의 권력의 영역에 접어들고 있음을 이해한다. 그것을 탐구하는 것은 다음 저작이다. 그러나 우리들은 이미 키보드 위의 **AZERT**는 **힘의 다양한 초점의 집합**[ensemble de foyers de pouvoir]이고, 또한 스스로의 빈도에 따르는 프랑스어 알파벳 문자와 스스로의 간격에 따르는 손가락 사이의, 힘의 관계의 집합[ensemble de rapports de forces]임을 예감하고 있다. (F, p.21. 강조는 지은이)

들뢰즈에 의하면 언표는 힘(권력)의 다양한 초점의 집합이다. 즉, 일정한 권력관계가 있고 그것에 의해 어떤 기호가 언표가 된다. 'AZERT'는 그것만 있다면 단순한 기호이지만 그것이 어떠한 힘에 의해 타이프라이터의 교칙본에 실려 있으면 언표가 된다.

그에 비해 가야노는 들뢰즈의 설명을 비판하고 "언표는 힘의 관계를 실현하는 기능을 그것 자체로 갖춘 것으로서 위치해야만 한다"라고 기술한다(萱野 2007, 215쪽). 가야노는 언표의 힘을 기호 그 자체로 내재하는 것으로 보고 있다. "언표란 **이른바 기호의 존재에 내재하는 힘**이다. 물론 그 힘은 피지컬(물리적, 신체적)한 힘은 아니다. 또한 기호를 발하는 신체의 힘이 그 힘의 원천인 것은 아니다. **기호는 그 고유의 존재에 있어서 힘을 갖는다.** 이 힘은 결코 **권력과 무관계하지는 않을 것이다**"(萱野 2007, 202쪽. 강조는 지은이). 가야노는 언표의 힘을 기호에 내재하는 것으로 한 다음 그 힘을 권력과 관계시키고 있다. 그러나 그 경우 어떤 기호가 기호인 채로 계속 있거나 언표가 되거나 하는 사태는 어떻게 설명 가능한가? 물론 권력과의 관계가 그러한 사태를 설명할 것이다. 그렇다면 역시 언표를 힘(권력)의 초점의 집합으로 간주하고 그것에 의해 기호가 언표가 된다고 설명하는 쪽이 좋은 것은 아닐까?

푸코 자신은 관련 부분에서 다음과 같이 설명하고 있다.

> 하나의 기호열이 언표가 되는 것은, 그 기호열이 그것과는 '다른 것'(여기서 채택된 예에 있어서 그렇듯이, 그것에 기묘하게도 유사하고 거의 동일한 것도 있을 수 있는 '다른 것')과의 사이에 그 기호열 그 자체에 관계하는 한(그리고 그 원인이나 그 요소들에 관계하는 것은 아닌 한) 특수한 관계를 갖는다는 조건에 있어서이다.
>
> (Foucault 1969, p.122)

대단히 난해한 구절이다. 들뢰즈는 이른바 하나의 기호열이 그것과 유사한 '다른 것'과의 사이에서 '특수한 관계'를 갖는 데 이르는 메커니즘의 근저에서 권력을 보고 있는 셈이 된다. 그 독해는 확실히 푸코의 논의를 권력 일원론으로 독해하는 들뢰즈의 독해틀로 강하게 규정되고 있을 것이다. 단, 가야노의 이해에는 '특수한 관계'의 유래가 이론적으로 설명 불가능하게 되는 것은 아닌가 하는 의문은 남는다. 어쨌든 논의는 열려 있다.

들뢰즈의 푸코 독해에 관한 이 책의 견해들에 대해 가야노 씨 본인으로부터 개인적으로 유익한 논평을 얻었다. 또한 쓰다주쿠津田塾대학에서 열린 세미나(2010년 11월 19일), 다마多摩미술대학에서 개최된 심포지엄 〈일원론을 둘러싸고—경제·정치·철학·문학으로부터〉(예술인류학연구소 주최, 2012년 5월 26일) 등에서 들뢰즈와 푸코의 차이를 둘러싸고 그와 유익한 토론을 행할 수 있었다. 감사하고 싶다.

29. 『천 개의 고원』은 고고학에 높은 지위를 주고 철학이 이 영역을 충분히 고려해야만 함을 강조하고 있다(MP, p.535). 실제로 최근에는 고고학의 진보가 철학, 특히 고대 그리스 연구에 새로운 깨달음을 주고 있다(예를 들면, 플라톤 연구도 고고학에 의해 새로운 국면에 들어가고 있다. 그 하나의 성과로서 세테가스트Settegast 1986을 들 수 있다). 이것은 당시의 철학이 구조주의 인류학 등을 통해 민속학이나 인류학의 깨달음을 막 활용하기 시작했었다는 것을 감안하건대 극히 뛰어난 통찰이라고 말할 수 있다.

마치며

 들뢰즈는 어떤 일에 의해 사고가 강제된다는 만남의 우연성에 걸고 있었다. 만남의 우연성이라는 생각에는 실은 역설적인 곳이 있다. '필연성'이라는 말이 강한 보편성을 느끼게 함에 비해 '우연성'이라는 말은 특수성을 떠올리게 한다. 그러므로 우연성을 강조하는 사상은 개별적인 것을 중시하고 있는 듯 보인다. 확실히 우연의 만남은 개개의 특수한 상황에 있어서만 발견되는 것이다. 그렇지만 우연의 만남이야말로 사고를 발동시킨다는 생각 그 자체는 상황에 관계없이 언제 어디서든지 원용援用 가능한 사고방식이다. 보편적 타당성을 갖는가 갖지 않는가는 차치하고, 그것은 일반적으로 적용 가능하다. 그런 의미에서는 추상적이라고 말해도 좋다.

 들뢰즈는 가타리와의 협동작업에 있어서 개개의 구체적인 것을 분석하기 위한 이론적 시각을 정신분석의 비판적 독해에 의해 획득했다. 거기서 얻어진 것은 상황에 관계없이 원용 가능한 이론이 아니라 그 상황 그 자체를 명백하게 하기 위한 이론이다. 이 시각 그 자체는 결코 놀라운 것은 아니다. 그러나 들뢰즈=가타리가 권력 대신에 욕망에 주목하고, 그리고 정신분석을 사회적 영역으로 여는 형태로 이 시각을 획득한 것에는 큰 의미가 있다. 그 욕망의 이론은 어떤 일정 지배가 왜 유지되는가를 설득력 있게 설명한다. 또한 정신분석의 비판적 계승을 출발점으로 하는 것은 사회의 경향을 지적하고 만족하는 것이 아니라 그것을 구성하는 하나하나의 요소, 들뢰즈=가타리의 용어로 말하자면 '분자'에 주목함을 가능하게 한다.

분자적인 것을 몰적molaire인 경향으로서 파악하는 한 우리는 사회의 실상에 다가갈 수 없다. 들뢰즈=가타리는 『천 개의 고원』에서 에밀 뒤르켐Emile Durkheim(1858~1917)이 다룬 사회의 집단적 표상을 믿지 않고 무한소의 입자로 이루어지는 것으로서 사회를 구상한 사회학자 가브리엘 타르드Jean Gabriel Tarde(1843~1904)에 주목했다. 그 타르드에 관해 그들은 다음과 같이 말하고 있다.

> 가브리엘 타르드가 주장했듯이 최초로 어떠한 농민이 남프랑스의 어느
> 지역에서 이웃 지주地主에게 인사하지 않게 되었는가를 조사해야만 한다.
> (MP, p.264)

어떤 사회의 혁명도 남프랑스에서 최초로 이웃 지주에게 인사하지 않게 된 농민에 해당하는 분자적인 점을 갖고 있다. 그것을 '조사해야만 한다'. 어떠한 욕망의 배치가 분자적인 변화를 야기했는가를 이해해야만 한다. 이리하여 구체적으로, 그리고 분자적으로 사태가 파악되었을 때 그 상황 속에서 행해져야 할 것이 명백해진다. 단지 변화를 갖는다든가 변화를 야기하는 '실패'를 기대하는 것이 아닌, 변혁을 위한 길이 보이게 된다.

들뢰즈=가타리는 이 '길'을 '탈주선ligne de fuite'이라 부른다. 여기서 '탈주'라고 번역된 "fuite"라는 말에는 '누수漏水'라는 의미도 있다. 사회는 마르크스주의가 말하듯이 '모순'에 의해 정의되는 것은 아니다. 사회는 '탈주선=누수선'에 의해 정의된다는 것이 들뢰즈=가타리의 주장이다(MP, p.263). 사회는 하나의 시스템으로서 상상되지만 이 시스템은 결코 완전한 것이 아

니라 여기저기서 누수를 일으키고 있다는 것이다. 남프랑스에서 최초로 지주에게 인사를 하지 않게 된 농민은 당시의 그 땅에 있어서 '탈주선=누수선'일 것이다. 지주가 농민을 억압하고 있었지만 후에 농민은 반란을 일으키고… 등의 몰적=대역적 설명(사회적 '모순'에 의거한 설명)으로는 이 '탈주선=누수선'을 설명하기는 불가능하고 그것을 가능하게 한 욕망의 배치를 파악하기도 불가능하다. 욕망의 배치라는 시각에서 분자적으로 사회가 고찰되었을 때 비로소 변혁의 발단이 되는 누수를 발견할 수 있다.

『안티 오이디푸스』가 그 원리를 내세우고, 『천 개의 고원』이 그 응용 예를 보여준 들뢰즈=가타리의 '욕망 일원론의 철학'은 이렇게 이론과 실천이라는, 오래전부터 있던 문제를 쇄신하는 철학이라고 말할 수 있을 것이다. 단, 이 책은 들뢰즈를 읽기 위한 최소한의 조건을 갖추기를 지향했기 때문에 들뢰즈=가타리 저작의 총체를 충분히 해설하는 데까지는 미치지 않았다. 따라서 이 책의 문제설정은 이것으로 완결되는 것은 아니다. 다음에 나올 '들뢰즈=가타리의 철학원리'로 이어져간다. 다음 과제는 들뢰즈=가타리 저작의 총체를 상세히 검토하는 것이다.

이상이 이 책의 결론이며 이 책으로부터 유도되는 다음 과제이다. 이 책은 들뢰즈가 하나의 실천을 통해 스스로의 과제를 극복해간다는 큰 스토리에 기반을 두어 쓰였다. 그렇지만 거기에 부가해두어야만 하는 것이 한 가지 있다.

그것은 가타리와의 협동작업이라는 실험을 거친 뒤 들뢰즈가 완전히 다른 철학자가 되어버리지는 않았다는 것이다. 그 자신은 전혀 변하지 않았다. 들뢰즈는 가타리와 작업을 할 때에만 욕망의 배치에 관해 말하는 것이다. 그리고 다시 한 사람으로 작업을 할 때에는 언제나처럼 초월론적 경험론의 철학자 질 들뢰즈로 돌아가 버린다.

그 자신이 이렇게까지 무변화였던 것은 만남의 우연에 건다는 그의 태도가 역시 어떠한 진리를 포함하고 있었기 때문이라고 생각해서는 안 된다. 이 진리는 '만남이 있을 수 있다'라는 의미에서는 희망을 부여해준다. 그러나 '그것은 우연에 좌우되는 것이므로 결국은 아무것도 어찌할 도리가 없다'라는 절망도 부여한다. 그런 진리를 산다는 것은, 즉 희망도 절망도 없는 세계를 산다는 것은 어떠한 것일까. 희망도 절망도 없는 세계. 그것은 가능성이 없는 세계이다. 사람은 가능성을 믿기 때문에 희망을 갖거나 절망하거나 한다. 들뢰즈는 희망도 절망도 없는 세계를 사무엘 베케트의 작품에서 보았다. 베케트를 논한「소진한 것」(국내에는『소진된 인간』으로 번역 출간되었다－옮긴이)이라는 글에서 그는 '피로한 것'과 '소진한 것'을 구별한다. "피로한 것은 단지 실현을 다해버린 데 지나지 않지만, 소진한 것은 가능한 것 전부를 다해버린 것이다"(E, p.57). 피로한 것은 아직 가능성을 믿고 있다. 단지 그것이 실현 불가능할 뿐이다. 소진한 것은 가능성 그 자체를 다해버리고 있다. 이미 무엇 하나 가능하지 않다.

희망도 절망도 없는, 이른바 뜨겁지도 차갑지도 않는 세계. 단지 사건만이 있다. 그것에 때때로 자신이 부딪히고 그리고 어떤 일이 일어난다…. 들뢰즈는 그런 세계를 계속 살고 있었던 것은 아닐까. 들뢰즈 자신이 살고 있던 그런 세계를, 지금이기 때문에 비로소 실감 가능하다는 느낌이 든다. 들뢰즈=가타리가 산 뜨거운 세계를 통해 비로소 들뢰즈가 산 뜨겁지도 차갑지도 않은 세계를 슬쩍 엿볼 수 있다는 느낌이 든다.

이 책은 2011년부터 2013년에 걸쳐 잡지 《사상思想》(이와나미쇼텐岩波書店에 연재한 원고((1) 2011년 11월호, (2) 2012년 5월호, (3) 2012년 8월호, (4) 2013년 1월호, (5) 2013년 5월호)가 기반이 되고 있다. 연재를 권해주셨던 것은 이 잡지 편집부의 다가이 모리오互盛央 씨이다. 다가이 씨와 처음 작업을 하게 된 것은 2004년에 출판한 자크 데리다 『마르크스와 자식들』의 번역으로, 따라서 처음 뵙게 된 것은 이미 10년 이상 전의 일이 된다. 다가이 씨와의 만남은 완전히 우연이었다.

다가이 씨는 그 무렵부터 '언젠가 고쿠분 군이 들뢰즈론을 써주었으면 한다'라고 말씀하셨다. 그리고 그 '언젠가'는 어느 날 돌연히 찾아왔다. 정직하게 말해서 들뢰즈론을 정리할 자신은 없었다. 그렇지만 마감은 시시각각 다가왔고 또 다가이 씨로부터는 '이 들뢰즈론이 재미있지 않다면 나는 더 이상 고쿠분 군과는 만나지 않을 거야'라는 말을 들었다. 그래서 필사적으로 공부했다.

연재가 시작되고서도 연재종료 후에 완성될 터인 내 들뢰즈론의 전체상은 전혀 상상할 수 없었다. 그 정도로 괴로운 집필 작업이었다. 던져버리지 않고 마무리한 것은 연재라는 강제가 있었기 때문이다. 특히 다가이 씨로부터 '가장 곤란한 부분일 거야'라고 들은 제4장의 집필 때문에 고생했다. 그것을 집필하고 있던 2012년 여름은 논문에만 매달리고 있었기 때문에 가족에게 부담을 주었다. 머리가 시니피앙의 일로 꽉 차게 되어 논문의 집필 이외에는 아무것도 할 수 없게 되었기 때문이다.

그 때문인지 제4장의 끝이 보여 말미에서 『안티 오이디푸스』의 한 구절에 집중하고 있었을 때에는 왠지 눈물이 나왔다. 원고를 보내고 다가이 씨로부터 '이런 들뢰즈=가타리론은 읽은 적이 없습니다!'라는 평가를 받았을 때는 정말로 기뻤다.

다가이 씨로부터 '이 책은 고쿠분 군의 제1기 작업의 매듭'이라고 듣게 되었다. 아직 나의 작업이 몇 기까지일지는 알 수 없다.

이 책은 다가이 씨와 둘이서 쓴 것과 다름없다. 다가이 씨에게는 정말로 마음으로부터 감사하고 있다. 또한 집필 이외에 아무것도 할 수 없게 되어 버렸어도 외면하지 않고 지켜봐준 아내 란과 딸 하나의 협력이 없었다면 도저히 이 책을 완성시킬 수 없었을 것이다. 두 사람이 준 마음의 지원에 감사한다.

2013년 4월 21일
고쿠분 고이치로

참고문헌

1. 외국어 문헌

Bergson, Henri 1934(2008), *La pensée et le mouvant*(1934), PUF(coll. «Quadrige»). (ベルクソン 『思想と動くもの』 河野与一訳, 岩波書店(岩波文庫), 一九九八年)

Buchanan, Ian 2000, *Deleuzizm: A Metacommentary*, Edinburgh University Press.

Buchanan, Ian and Nicholas Thoburn(eds.) 2008, *Deleuze and politics*, Edinburgh University Press.

Charbonnier, Sébastien 2009, *Deleuze pédagogue: la fonction transcendantale de l'apprentissage et du probléme*, L'Harmattan.

Chatelet, François(dir.) 1972, *Histoire de la philosophie*, tome Ⅷ: Le X Xe siècle, Hachette. (フランソワ・シャトレ編 『西洋哲学の知』 第Ⅷ巻 「二十世紀の哲学」 中村雄二郎監訳, 白水社, 一九九八年)

Derrida, Jacques 1980, «Spéculer: sur "Freud"», in *La carte postale: de Socrate à Freud et au-delà*, Flammartion.

Dosse, François 2007 *Gilles Deleuze et Félix Guattari: biographie croisée*, La découverte. (フランソワ・ドス 『ドゥルーズとガタリ交差的評伝』 杉村昌昭訳, 河出書房新社, 二〇〇九年)

Foucault, Michel 1961(1972), *L'histoire de la folie à l'âge classique*(1961), Gallimard. (ミシェル・フーコー 『狂気の歴史‐古典主義時代における』 田村俶訳, 新潮社, 一九七五年)

──1969, *L'archéologie du savoir*, Gallimard. (ミシェル・フーコー── 『知の考古学』 慎改康之訳, 河出書房新社(河出文庫), 二〇一二年)

──1975, *Surveiller et punir: naissance de la prison*, Gallimard. (ミシェル・フーコー 『監獄の誕生‐監視と処罰』 田村俶訳, 新潮社, 一九七七年)

──1976, *Histoire de la sexualité*, Ⅰ: *La volonté du savoir*, Gallimard. (ミシェル・フーコー 『性の歴史Ⅰ 知への意志』 渡辺守章訳, 新潮社, 一九八六年)

──1978(1994), «La scène de la philosophie»(1978), in *Dits et écrits, 1954-1988*, édition établie sous la direction de Daniel Defert et François Ewald avec la collaboration de Jacques Lagrange, tome Ⅲ, Gallimard. (ミシェル・フーコー+渡辺守章 「哲学の舞台」『哲学の舞台』(増補改訂版),

朝日出版社, 二〇〇七年)

Freud, Sigmund 1905(1991), "Bruchstück einer Hysterie–Analyse"(1905), in *Gesammelte Werke*, Bd, Ⅴ, Fischer. (『あるヒステリー分析の断片[ドーラ]』 渡邉俊之・草野シュワルツ美穂子訳, 『フロイト全集』 第六巻, 岩波書店, 二〇〇九年/ジークムント・フロイト『あるヒステリー分析の断片――ドーラの症例』 金関猛訳, 筑摩書房(ちくま学芸文庫), 二〇〇六年)

――1915(1991), "Die Verdängung"(1915), in *Gesammelte Werke*, Bd, Ⅹ, Fischer. (『抑圧』 新宮一成訳, 『フロイト全集』 第一四巻, 岩波書店, 二〇一〇年)

――1917(1991), "Trauer und Melancholie"(1917), in *Gesammelte Werke*, Bd, Ⅹ, Fischer. (『喪とメランコリー』 伊藤正博訳, 『フロイト全集』 第一四巻, 岩波書店, 二〇一〇年)

――1920(1999), *Jenseits des Lustprinzips*(1920), in *Gesammelte Werke*, Bd, ⅩⅢ, Fischer. (『快原理の彼岸』 須藤訓任訳, 『フロイト全集』 第一七巻, 岩波書店, 二〇〇六年)

――1923(1999), *Das Ich und das Es*(1923), in *Gesammelte Werke*, Bd, ⅩⅢ, Fischer. (『自我とエス』 道籏泰三訳, 『フロイト全集』 第一八巻, 岩波書店, 二〇〇九年)

――1926(1991), *Hemmung, Symptom und Angst*(1926), in *Gesammelte Werke*, Bd, ⅩⅣ, Fischer. (『制止, 症状, 不安』 大宮勘一郎・加藤敏訳, 『フロイト全集』 第一九巻, 岩波書店, 二〇一〇年)

Gueroult, Martial 1930, *L'évolution et la structure de la doctrine de la science chez Fichte*, tome Ⅰ, Les Belles Letters.

Heidegger, Martin 1954(1997), *Was heißt denken?*(1954), 5. Auflage, Max Niemeyer. (『思惟とは何の謂いか』 四日谷敬子＆ハルトムート・ブフナー訳, 『ハイデッガー全集』 第八巻, 創文社, 二〇〇六年)

Jain, Dhruv(ed.) 2009, *Deleuze and Marx*, Edinburgh University Press.

Lacan, Jacques 1966, *Ecrits*, Seuil. (ジャック・ラカン 『エクリ』(全三冊), 佐々木孝次・宮本忠雄・竹内迪也・高橋徹・三好暁光・早水洋太郎・海老原英彦・芦原睿訳, 弘文堂, 一九七二―八一年)

Leibniz, Gottfried Wilhelm 1686(1988), *Discours de Métaphysique*(1686), in *Dsicours de Métaphysique et correspondance avec Arnauld*, introduction, texte et commentaire par Georges le Roy, 5ᵉ éd., Vrin. (『形而上学叙説』 西谷裕作訳, 『ライプニッツ著作集』 第八巻, 工作舎, 一九九〇年)

――1714(1986), *Monadologie*(1714), in *Principles de la nature et de la grâce fondés en raison / Principles de la philosophie ou Monadologie*, présentés par André Robinet, 3ᵉ éd. revue, PUF. (『モナドロジー』 西谷裕作訳, 『ライプニッツ著作集』 第九巻, 工作舎, 一九八九年)

───1988, *Correspondance avec Arnauld*, in *Discours de Métaphsique et correspondance avec Arnould*, introduction, texte et commentaire par Georges le Roy, 5e, éd., Vrin. (『アルノーとの往復書簡』 竹田篤司訳, 『ライプニッツ著作集』 第八巻, 工作舎, 一九九〇年)

Lévi-Strauss, Claude 1958, *Anthropologie structurale*, Plon. (クロード・レヴィ=ストロース 『構造人類学』 荒川幾男・生松敬三・河田順造・佐々木明・田島節夫訳, みすず書房, 一九七二年)

Nadaud, Stéphane 2004, «Les amours d'une guêpe et d'une orchidée», in Félix Guattari, *Ecrits pour l'anti-Œdipe*, textes agencés par Stéphane Nadaud, Léo Scheer. (ステファン・ナドー編.國分功一郎・千葉雅也訳, みすず書房, 二〇一〇年)

Read, Jason 2003, *The Micro-Politics of Capital: Marx and the Prehistory of the Present*, State University of New York Press.

Settegast, Mary 1986, *Plato Prehistorian: 10,000 to 5,000 B.C. in Myth and Archeology*, The Rotenberg Press.

Thoburn, Nicholas 2003, *Deleuze, Marx, and Politics*, Routledge.

Žižek, Slavoj 1989, *The sublime Object of Ideology*, Verso. (スラヴォイ・ジジェク 『イデオロギーの崇高な対象』 鈴木昌訳, 河出書房新社, 二〇〇〇年)

Zourabichvili, François 1998, «Deleuze et le possible (de l'involontarisme en politique)», in *Gilles Deleuze, une vie philosophique: rencontres internationales Rio de Janeiro-São Paulo, 10-14 juin 1996*, sous la direction d'Eric Alliez, Institut Synthélabo.

2. 일본어 문헌

東浩紀 一九九八 『存在論的,郵便的ージャック・デリダについて』 新潮社.

石岡良治 二〇〇三 「ミシェル・フーコーと「手法外」の作品」,『現代思想』 臨時増刊 「総特集 フーコー」(二〇〇三年一二月).

宇野邦一・浅田彰 一九九七 「再びドゥルーズをめぐって」,『批評空間』 第Ⅱ期第一五号 (一九九七年一〇月).

江川隆男 二〇〇三 『存在と差異ードゥルーズの超越論的経験論』 知泉書簡.

小笠原晋也 一九八九 『ジャック・ラカンの書ーその説明の一つの試み』 金剛出版.

萱野稔人 二〇〇七 『権力の読みかたー状況と理論』 青土社.

國分功一郎 二〇〇四 「特異性, 出来事, 共可能性ーライプニッツとドゥルーズ」(全二回), 『情況』 第三期第五巻七号(二〇〇四年七月), 第八・九号(二〇〇四年八月).

───二〇〇八「訳者解説」, ジル・ドゥルーズ 『カントの批判哲学』 國分功一郎訳, 筑摩書房

（ちくま学芸文庫）.

財津理·蓮實重彦·前田英樹·浅田彰·柄谷行人　一九九六　「共同討議　ドゥルーズと哲学」,『批評空間』　第Ⅱ期第九号（一九九六年四月）.

佐藤嘉幸　二〇〇八『権力と抵抗—フーコー·ドゥルーズ·デリダ·アルチュセール』　人文書院.

千葉雅也　二〇一二　「ガタリとドゥルーズの『分裂分析』における『機械』と『切断』の概念」,『フランス哲学·思想研究』　第一七号, 日仏哲学会.

原和之　二〇〇二　『ラカン—哲学空間のエクソダス』　講談社（講談社選書メチエ）.

廣瀬浩司　二〇一一　『後期フーコー—権力から主体へ』　青土社.

藤田博史　一九九〇　『精神病の構造—シニフィアンの精神病理学』　青土社.

松本卓也　二〇一二　「ラカン派の精神病研究—『精神病の鑑別診断』から『普通精神病』へ」,『思想』　第一〇六〇号（二〇一二年八月）.

村上靖彦　二〇〇八　『自閉症の現象学』　勁草書房.

荒川泰久·堀千晶　二〇〇八　『ドゥルーズ—キーワード89』　せりか書房.

カント, イマヌエル　二〇〇一　『純粋理性批判』　有福孝岳訳,『カント全集』　第四巻, 岩波書店.

コフマン, ピエール編　一九九七　『フロイト&ラカン事典』　佐々木孝次監訳, 弘文堂.

シェレール, ルネ　二〇〇三　『ドゥルーズへのまなざし』　篠原洋治訳, 筑摩書房.

ジジェク, スラヴォイ　二〇〇四　『身体なき器官』　長原豊訳, 河出書房新社.

スピノザ, バールーフ·デ　二〇一一　『エチカ』（改版）（全二冊）, 畠中尚志訳, 岩波書店（岩波文庫）.

ネグリ, アントニオ&マイケル·ハート　二〇〇三　『帝国—グローバル化の世界秩序とマルチチュードの可能性』　水嶋一憲·酒井隆史·浜邦彦·吉田俊実訳, 以文社.

バディウ, アラン　一九九八　『ドゥルーズ—存在の喧騒』　鈴木創士訳, 河出書房新社.

ハート, マイケル　一九九六　『ドゥルーズの哲学』　田代真·井上摂·浅野俊哉·暮沢剛巳訳, 法政大学出版局.

プルースト, マルセル　二〇〇六—一〇七　『失われた時を求めて』（全一三冊）, 鈴木道彦訳, 集英社（集英社文庫）.

ベネット, E. A　一九八五　『ユングが本当に言ったこと』　鈴木晶·入江良平訳, 思索社.

ホルワード, ピーター　二〇一〇　『ドゥルーズと創造の哲学—この世界を抜け出て』　松本潤一郎訳, 青土社.

ラプランシュ, ジャン&J–B. ポンタリス　一九七七　『精神分析用語辞典』　村上仁監訳, みすず書房.

リーチ, エドマンド　二〇〇〇　『レヴィ=ストロース』　吉田禎吾訳, 筑摩書房（ちくま学芸文庫）.